CHEFS-D'ŒUVRE
DRAMATIQUES
DE
VOLTAIRE

—

TOME DEUXIÈME

PARIS
LIBRAIRIE SPÉCIALE
des Ecoles Chrétiennes et Primaires
AMÉDÉE SAINTIN ET THOMINE
Rue Saint-Jacques, 38
—
1838

CHEFS-D'ŒUVRE

DRAMATIQUES

DE

VOLTAIRE

PARIS. — IMPRIMERIE D'AMÉDÉE SAINTIN, RUE ST-JACQUES, 38.

CHEFS-D'ŒUVRE
DRAMATIQUES
DE
VOLTAIRE

—

TOME DEUXIÈME

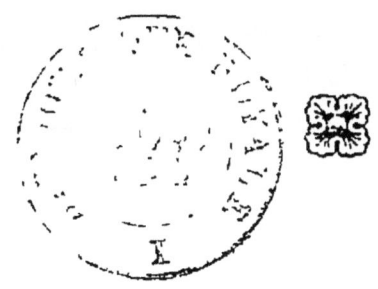

PARIS
LIBRAIRIE SPÉCIALE
des Écoles Chrétiennes et Primaires
AMÉDÉE SAINTIN ET THOMINE
Rue Saint-Jacques, 38.
—
1838

ADÉLAÏDE DU GUESCLIN,

TRAGÉDIE,

Jouée pour la première fois le 18 janvier 1734, donnée le 17 août 1752 sous le titre d'*Amélie, ou le duc de Foix*, reprise sous son premier titre le 9 septembre 1765.

PERSONNAGES.

LE DUC DE VENDÔME.
LE DUC DE NEMOURS.
LE SIRE DE COUCY.
ADÉLAIDE DU GUESCLIN.
TAISE D'ANGLURE.
DANGESTE, confident du duc de Nemours.
Un Officier.
Un Garde.

La scène est à Lille.

FRAGMENT

D'UNE LETTRE DE L'AUTEUR

A UN DE SES AMIS. (1765.)

Quand vous m'apprîtes, monsieur, qu'on jouait à Paris une Adélaïde du Guesclin avec quelque succès, j'étais très loin d'imaginer que ce fût la mienne; et il importe fort peu au public que ce soit la mienne ou celle d'un autre. Vous savez ce que j'entends par le public: ce n'est pas l'*univers*, comme nous autres barbouilleurs de papier l'avons dit quelquefois. Le public, en fait de livres, est composé de quarante ou cinquante personnes, si le livre est sérieux; de quatre ou cinq cents, lorsqu'il est plaisant, et d'environ onze ou douze cents, s'il s'agit d'une pièce de théâtre. Il y a toujours dans Paris plus de cinq cent mille âmes qui n'entendent jamais parler de tout cela.

Il y avait plus de trente ans que j'avais hasardé devant ce public une Adélaïde du Guesclin, escortée d'un duc de Vendôme et d'un duc de Nemours, qui n'existèrent jamais dans l'histoire. Le fond de la pièce était tiré des annales de Bretagne, et je l'avais ajusté comme j'avais pu, au théâtre, sous des noms supposés. Elle fut sifflée dès le premier acte; les sifflets redoublèrent au second, quand on vit arriver le duc de

Nemours blessé et le bras en écharpe; ce fut bien pis lorsqu'on entendit au cinquième le signal que le duc de Vendôme avait ordonné, et lorsqu'à la fin le duc de Vendôme disait : « *Es-tu content, Coucy ?* » plusieurs bons plaisants crièrent : *Coussi-coussi..* »

Vous jugez bien que je ne m'obstinai pas contre cette belle réception. Je donnai quelques années après la même tragédie sous le nom du duc de Foix; mais je l'affaiblis beaucoup par respect pour le ridicule. Cette pièce devenue plus mauvaise réussit assez, et j'oubliai entièrement celle qui valait mieux.

Il restait une copie de cette Adélaïde entre les mains des acteurs de Paris : ils ont ressuscité, sans m'en rien dire, cette défunte tragédie; ils l'ont representée telle qu'ils l'avaient donnée en 1734, sans y changer un seul mot, et elle a été accueillie avec beaucoup d'applaudissements : les endroits qui avaient été le plus sifflés ont été ceux qui ont excité le plus de battements de mains.

Vous me demanderez auquel des deux jugements je me tiens. Je vous répondrai ce que dit un avocat vénitien aux sérénissimes sénateurs devant lesquels il plaidait : « *Il mese passato, disait-il, le vostre eccellenze hanno judicato così, e questo mese; nella medesima causa, hanno judicato tutto'l contrario, e sempre ben* » : Vos excellences, le mois passé, jugèrent de cette façon; et ce mois-ci, dans la même cause, elles ont jugé tout le contraire, et toujours à merveille.

M. Oghières, riche banquier de Paris, ayant été

chargé de faire composer une marche pour un des régimens de Charles XII, s'adressa au musicien Mouret. La marche fut exécutée chez le banquier, en présence de ses amis, tous grands connaisseurs. La musique fut trouvée détestable. Mouret remporta sa marche et l'inséra dans un opéra qu'il fit jouer. Le banquier et ses amis allèrent à son opéra : la marche fut très applaudie. Eh! voilà ce que nous voulions, dirent-ils à Mouret : que ne nous donniez-vous une pièce dans ce goût-là? Messieurs c'est la même..

On ne tarit point sur ces exemples. Qui ne sait que la même chose est arrivée aux idées innées, à l'émétique et à l'inoculation? Tour à tour sifflées et bien reçues, les opinions ont ainsi flotté dans les affaires sérieuses, comme dans les beaux arts et dans les sciences,

Quod petiit, spernit; repetit quod nuper omisit.

La vérité et le bon goût n'ont remis leur sceau que dans la main du temps. Cette réflexion doit retenir les auteurs des journeaux dans les bornes d'une grande circonspection. Ceux qui rendent compte des ouvrages doivent rarement s'empresser de les juger: ils ne savent pas si le public à la longue jugera comme eux; et puisqu'il n'a un sentiment décidé et irrévocable qu'au bout de plusieurs années, que penser de ceux qui jugent de tout sur une lecture précipitée?

ADÉLAIDE DU GUESCLIN,

TRAGÉDIE.

ACTE PREMIER.

SCÈNE I.

LE SIRE DE COUCY, ADÉLAÏDE.

COUCY.

Digne sang de Guesclin, vous qu'on voit aujourd'hui
Le charme des Français, dont il était l'appui,
Souffrez qu'en arrivant dans ce séjour d'alarmes,
Je dérobe un moment au tumulte des armes :
Écoutez-moi. Voyez d'un œil mieux éclairci
Les desseins, la conduite, et le cœur de Coucy ;
Et que votre vertu cesse de méconnaître
L'ame d'un vrai soldat, digne de vous peut-être.

ADÉLAÏDE.

Je sais quel est Coucy ; sa noble intégrité
Sur ses lèvres toujours plaça la vérité.
Quoi que vous m'annonciez, je vous croirai sans peine.

COUCY.

Sachez que si ma foi dans Lille me ramène,
Si, du duc de Vendôme embrassant le parti,
Mon zèle en sa faveur ne s'est pas démenti,

Je n'approuvai jamais la fatale alliance
Qui l'unit aux Anglais, et l'enlève à la France :
Mais dans ces temps affreux de discorde et d'horreur,
Je n'ai d'autre parti que celui de mon cœur.
Non que pour ce héros mon ame prévenue
Prétende à ses défauts fermer toujours ma vue ;
Je ne m'aveugle pas ; je vois, avec douleur,
De ses emportements l'indiscrète chaleur ;
Je vois que de ses sens l'impétueuse ivresse
L'abandonne aux excès d'une ardente jeunesse ;
Et ce torrent fougueux, que j'arrête avec soin,
Trop souvent me l'arrache, et l'emporte trop loin.
Il est né violent, non moins que magnanime ;
Tendre, mais emporté, mais capable d'un crime.
Du sang qui le forma je connais les ardeurs ;
Toutes les passions sont en lui des fureurs :
Mais il a des vertus qui rachètent ses vices.
Et qui saurait, madame, où placer ses services,
S'il ne nous fallait suivre et ne chérir jamais
Que des cœurs sans faiblesse et des princes parfaits ?
Tout mon sang est à lui ; mais enfin cette épée
Dans celui des Français à regret s'est trempée ;
Ce fils de Charles six....

ADÉLAÏDE.

Osez le nommer roi ;
Il l'est, il le mérite.

COUCY.

Il ne l'est pas pour moi.
Je voudrais, il est vrai, lui porter mon hommage ;
Tous mes vœux sont pour lui ; mais l'amitié m'engage.
Mon bras est à Vendôme, et ne peut aujourd'hui
Ni servir, ni traiter, ni changer, qu'avec lui.

ACTE I, SCÈNE I.

Le malheur de nos temps, nos discordes sinistres,
Charles qui s'abandonne à d'indignes ministres ;
Dans ce cruel parti tout l'a précipité ;
Je ne peux à mon choix fléchir sa volonté.
J'ai souvent, de son cœur aigrissant les blessures,
Révolté sa fierté par des vérités dures :
Vous seule à votre roi le pourriez rappeler,
Madame, et c'est de quoi je cherche à vous parler.
J'aspirai jusqu'à vous avant qu'aux murs de Lille
Vendôme trop heureux vous donnât cet asile ;
Je crus que vous pouviez, approuvant mon dessein,
Accepter sans mépris mon hommage et ma main ;
Que je pouvais unir, sans une aveugle audace,
Les lauriers de Guesclin aux lauriers de ma race :
La gloire le voulait, et peut-être l'amour,
Plus puissant et plus doux, l'ordonnait à son tour :
Mais à de plus beaux nœuds je vous vois destinée.
La guerre dans Cambrai vous avait amenée
Parmi les flots d'un peuple à soi-même livré,
Sans raison, sans justice, et de sang enivré.
Un ramas de mutins, troupe indigne de vivre,
Vous méconnut assez pour oser vous poursuivre.
Vendôme vint, parut, et son heureux secours
Punit leur insolence, et sauva vos beaux jours.
Quel Français, quel mortel eût pu moins entreprendre?
Et qui n'aurait brigué l'honneur de vous défendre?
La guerre en d'autres lieux égarait ma valeur :
Vendôme vous sauva, Vendôme eut ce bonheur ;
La gloire en est à lui, qu'il en ait le salaire ;
Il a par trop de droits mérité de vous plaire ;
Il est prince, il est jeune, il est votre vengeur,
Ses bienfaits et son nom, tout parle en sa faveur ;

La justice et d'amour vous pressent de vous rendre :
Je n'ai rien fait pour vous, je n'ai rien à prétendre ;
Je me tais.... mais sachez que, pour vous mériter,
A tout autre qu'à lui j'irais vous disputer ;
Je céderais à peine aux enfants des rois même :
Mais Vendôme est mon chef, il vous adore, il m'aime ;
Coucy, ni vertueux, ni superbe à demi,
Aurait bravé le prince, et cède à son ami.
Je fais plus ; de mes sens maîtrisant la faiblesse,
J'ose de mon rival appuyer la tendresse,
Vous montrer votre gloire, et ce que vous devez
Au héros qui vous sert et par qui vous vivez.
Je verrai d'un œil sec et d'un cœur sans envie
Cet hymen qui pouvait empoisonner ma vie.
Je réunis pour vous mon service et mes vœux ;
Ce bras qui fut à lui combattra pour tous deux :
Voilà mes sentiments. Si je me sacrifie,
L'amitié me l'ordonne, et surtout la patrie.
Songez que si l'hymen vous range sous sa loi,
Si ce prince est à vous, il est à votre roi.

ADÉLAÏDE.

Qu'avec étonnement, seigneur, je vous contemple !
Que vous donnez au monde un rare et grand exemple !
Quoi ! ce cœur (je le crois sans feinte et sans détour)
Connaît l'amitié seule et peut braver l'amour !
Il faut vous admirer quand on sait vous connaître ;
Vous servez votre ami, vous servirez mon maître.
Un cœur si généreux doit penser comme moi :
Tous ceux de votre sang sont l'appui de leur roi.
Eh bien ! de vos vertus je demande une grâce.

COUCY.

Vos ordres sont sacrés ; que faut-il que je fasse ?

ACTE I, SCÈNE I.

ADÉLAÏDE.

Vos conseils généreux me pressent d'accepter
Ce rang dont un grand prince a daigné me flatter.
Je n'oublierai jamais combien son choix m'honore ;
J'en vois toute la gloire ; et quand je songe encore
Qu'avant qu'il fût épris de cet ardent amour
Il daigna me sauver et l'honneur et le jour,
Tout ennemi qu'il est de son roi légitime,
Tout vengeur des Anglais, tout protecteur du crime,
Accablée à ses yeux du poids de ses bienfaits,
Je crains de l'affliger, seigneur, et je me tais.
Mais, malgré son service et ma reconnaissance,
Il faut par des refus répondre à sa constance ;
Sa passion m'afflige ; il est dur à mon cœur,
Pour prix de tant de soins, de causer son malheur.
A ce prince, à moi-même épargnez cet outrage ;
Seigneur, vous pouvez tout sur ce jeune courage.
Souvent on vous a vu, par vos conseils prudents,
Modérer de son cœur les transports turbulents.
Daignez débarrasser ma vie et ma fortune
De ces nœuds trop brillants, dont l'éclat m'importune.
De plus fières beautés, de plus dignes appas
Brigueront sa tendresse, où je ne prétends pas.
D'ailleurs, quel appareil, quel temps pour l'hyménée !
Des armes de mon roi Lille est environnée ;
J'entends de tous côtés les clameurs des soldats,
Et les sons de la guerre, et les cris du trépas.
La terreur me consume, et votre prince ignore
Si Nemours.... si son frère, hélas ! respire encore.
Ce frère qu'il aima.... ce vertueux Nemours....
On disait que la parque avait tranché ses jours ;
Que la France en aurait une douleur mortelle !

Seigneur, au sang des rois il fut toujours fidèle.
S'il est vrai que sa mort.... Excusez mes ennuis,
Mon amour pour mes rois, et le trouble où je suis.

COUCY.

Vous pouvez l'expliquer au prince qui vous aime,
Et de tous vos secrets l'entretenir vous-même :
Il va venir, madame; et peut-être vos vœux....

ADÉLAÏDE.

Ah, Coucy! prévenez le malheur de tous deux.
Si vous aimez ce prince, et si, dans mes alarmes,
Avec quelque pitié vous regardez mes larmes,
Sauvez-le, sauvez-moi de ce triste embarras;
Daignez tourner ailleurs ses desseins et ses pas;
Pleurante et désolée, empêchez qu'il me voie.

COUCY.

Je plains cette douleur où votre ame est en proie;
Et, loin de la gêner d'un regard curieux,
Je baisse devant elle un œil respectueux :
Mais, quel que soit l'ennui dont votre cœur soupire,
Je vous ai déjà dit ce que j'ai dû vous dire;
Je ne puis rien de plus : le prince est soupçonneux,
Je lui serais suspect en expliquant vos vœux;
Je sais à quel excès irait sa jalousie,
Quel poison mes discours répandraient sur sa vie;
Je vous perdrais peut-être; et mon soin dangereux,
Madame, avec un mot, ferait trois malheureux.
Vous, à vos intérêts rendez vous moins contraire;
Pesez sans passion l'honneur qu'il veut vous faire.
Moi, libre entre vous deux, souffrez que, dès ce jour,
Oubliant à jamais le langage d'amour,
Tout entier à la guerre, et maître de mon ame,
J'abandonne à leur sort et vos vœux et sa flamme.

ACTE I, SCÈNE, I.

Je crains de l'affliger, je crains de vous trahir;
Et ce n'est qu'aux combats que je dois le servir.
Laissez-moi d'un soldat garder le caractère,
Madame; et puisque enfin la France vous est chère,
Rendez-lui ce héros qui serait son appui :
Je vous laisse y penser, et je cours près de lui.
Adieu, Madame.

SCÈNE II.

ADÉLAIDE, TAISE.

ADÉLAÏDE.

Où suis-je ? hélas ! tout m'abandonne.
Nemours.... de tous côtés le malheur m'environne.
Ciel ! qui m'arrachera de ce cruel séjour ?

TAISE.

Quoi ! du duc de Vendôme, et le choix, et l'amour,
Quoi ! ce rang qui ferait le bonheur ou l'envie
De toutes les beautés dont la France est remplie,
Ce rang qui touche au trône, et qu'on met à vos pieds,
Ferait couler vos pleurs dont vos yeux sont noyés ?

ADÉLAÏDE.

ci du haut des cieux du Guesclin me contemple.
De la fidélité ce héros fut l'exemple :
Je trahirais le sang qu'il versa pour nos lois,
Si j'acceptais la main du vainqueur de nos rois.

TAISE.

Quoi ! dans ces tristes temps de ligues et de haines,
Qui confondent des droits les bornes incertaines,
Où le meilleur parti semble encor si douteux,
Où les enfants des rois sont divisés entre eux;
Vous, qu'un astre plus doux semblait avoir formée

Pour unir tous les cœurs et pour en être aimée,
Vous refusez l'honneur qu'on offre à vos appas
Pour l'intérêt d'un roi qui ne l'exige pas ?

ADÉLAÏDE, *en pleurant.*

Mon devoir me rangeait du parti de ces armes.

TAÏSE.

Ah ! le devoir tout seul fait-il verser des larmes ?
Si Vendôme vous aime, et si, par son secours....

ADÉLAÏDE.

Laisse-là ses bienfaits, et parle de Nemours.
N'en as-tu rien appris ? sait-on s'il vit encore ?

TAÏSE.

Voilà donc en effet le soin qui vous dévore,
Madame ?

ADÉLAÏDE.

   Il est trop vrai ; je l'avoue, et mon cœur
Ne peut plus soutenir le poids de sa douleur.
Elle échappe, elle éclate, elle se justifie ;
Et si Nemours n'est plus, sa mort finit ma vie.

TAÏSE.

Et vous pouviez cacher ce secret à ma foi !

ADÉLAÏDE.

Le secret de Nemours dépendait-il de moi ?
Nos feux, toujours brûlants dans l'ombre du silence,
Trompaient de tous les yeux la triste vigilance ;
Séparés l'un de l'autre, et sans cesse présents,
Nos cœurs de nos soupirs étaient seuls confidents ;
Et Vendôme, surtout ignorant ce mystère,
Ne sait pas si mes yeux ont jamais vu son frère.
Dans les murs de Paris.... mais, ô moins superflus !
Je te parle de lui, quand peut-être il n'est plus.
O murs où j'ai vécu de Vendôme ignorée !

ACTE I, SCÈNE II.

O temps où de Nemours en secret adorée,
Nous touchions, l'un et l'autre, au fortuné moment
Qui m'allait aux autels unir à mon amant !
La guerre a tout détruit. Fidèle au roi son maître,
Mon amant me quitta pour m'oublier peut-être ;
Il partit : et mon cœur, qui le suivait toujours,
A vingt peuples armés redemanda Nemours.
Je portai dans Cambrai ma douleur inutile ;
Je voulus rendre au roi cette superbe ville :
Nemours à ce dessein devait servir d'appui ;
L'amour me conduisait, je faisais tout pour lui.
C'est lui qui d'une fille animant le courage,
D'un peuple factieux me fit braver la rage ;
Il exposa mes jours pour lui seul réservés,
Jours tristes, jours affreux, qu'un autre a conservés !
Ah ! qui m'éclaircira d'un destin que j'ignore ?
Français, qu'avez-vous fait du héros que j'adore ?
Ses lettres, autrefois chers gages de sa foi,
Trouvaient milles chemin pour venir jusqu'à moi ;
Son silence me tue : hélas ! il sait peut-être
Cet amour qu'à mes yeux son frère à fait paraître.
Tout ce que j'entrevois conspire à m'alarmer ;
Et mon amant est mort, ou cesse de m'aimer !
Et, pour comble de maux je doit tout à son frère !

TAÏSE.

Cachez bien à ses yeux ce dangereux mystère :
Pour vous, pour votre amant, redoutez son couroux.
Quelqu'un vient.

ADÉLAÏDE.
C'est lui-même, ô ciel !

TAÏSE.
Contraignez-vous.

SCÈNE III.

LE DUC DE VENDOME, ADÉLAIDE, TAISE.

VENDÔME.

J'OUBLIE à vos genoux, charmante Adélaïde,
Le trouble et les horreurs où mon destin me guide;
Vous seule adoucissez les maux que nous souffrons,
Vous nous rendez plus pur l'air que nous respirons.
La discorde sanglante afflige ici la terre;
Vos jours sont entourés des pièges de la guerre.
J'ignore à quel destin le ciel veut me livrer:
Mais si d'un peu de gloire il daigne m'honorer,
Cette gloire, sans vous obscure et languissante,
Des flambeaux de l'hymen deviendra plus brillante.
Souffrez que mes lauriers, attachés par vos mains,
Écartent le tonnerre et bravent les destins;
Ou, si le ciel jaloux a conjuré ma perte,
Souffrez que de nos noms ma tombe au moins couverte
Apprenne à l'avenir que Vendôme amoureux
Expira votre époux, et périt trop heureux.

ADÉLAÏDE.

Tant d'honneurs, tant d'amour servent à me confondre;
Prince.... que lui dirai-je? et comment lui répondre?
Ainsi, seigneur.... Coucy ne vous a point parlé?

VENDÔME.

Non, madame.... d'où vient que votre cœur troublé
Répond en frémissant à ma tendresse extrême?
Vous parlez de Coucy, quand Vendôme vous aime.

ADÉLAÏDE.

Prince, s'il était vrai que ce brave Nemours
De ses ans pleins de gloire eût terminé e cours;

ACTE I, SCÈNE III.

Vous qui le chérissez d'une amitié si tendre,
Vous qui devez au moins des larmes à sa cendre,
Au milieu des combats, et près de son tombeau,
Pourriez-vous de l'hymen allumer le flambeau!

VENDÔME.

Ah! je jure par vous, vous qui m'êtes si chère,
Par les doux noms d'amants, par le saint nom de frère;
Que Nemours, après vous, fut toujours à mes yeux
Le plus cher des mortels, et le plus précieux.
Lorsqu'à mes ennemis sa valeur fut livrée,
Ma tendresse en souffrit, sans en être altérée.
Sa mort m'accablerait des plus horribles coups;
Et pour m'en consoler mon cœur n'aurait que vous.
Mais on croit trop ici l'aveugle renommée,
Son infidèle voix vous a mal informée:
Si mon frère était mort, doutez-vous que son roi
Pour m'apprendre sa perte eût dépêché vers moi?
Ceux que le ciel forma d'une race si pure,
Au milieu de la guerre écoutant la nature,
Et, protecteurs des lois, que l'honneur doit dicter,
Même en se combattant savent se respecter;
A sa perte, en un mot, donnons moins de créance.
Un bruit plus vraisemblable, et m'afflige, et m'offense.
On dit que vers ces lieux il a porté ses pas.

ADÉLAÏDE.

Seigneur, il est vivant?

VENDÔME.

Je lui pardonne, hélas!
Qu'au parti de son roi son intérêt le range;
Qu'il le défende ailleurs, et qu'ailleurs il le venge;
Qu'il triomphe pour lui, je le veux, j'y consens:
Mais se mêler ici parmi les assiégeants,

Me chercher m'attaquer, moi son ami, son frère!...

ADÉLAÏDE.

Le roi le veut sans doute

VENDÔME.

Ah! destin trop contraire!
Se pourrait-il qu'un frère élevé dans mon sein,
Pour mieux servir son roi, levât sur moi sa main?
Lui qui devrait plûtôt, témoin de cette fête,
Partager, augmenter mon bonheur qui s'apprête

ADÉLAÏDE.

Lui!

VENDÔME.

C'est trop d'amertume en des moments si doux,
Malheureux par un frère, et fortuné par vous,
Tout entier à vous seule, et bravant tant d'alarmes,
Je ne veux voir que vous, mon hymen et vos charmes.
Qu'attendez-vous? donnez à mon cœur éperdu
Ce cœur que j'idolâtre, et qui m'est si bien dû.

ADÉLAÏDE.

Seigneur, de vos bienfaits mon ame est pénétrée;
La mémoire à jamais m'en est chère et sacrée:
Mais c'est trop prodiguer vos augustes bontés;
C'est mêler trop de gloire à mes calamités,
Et cet honneur....

VENDÔME.

Comment! ô ciel! qui vous arrête?

ADÉLAÏDE.

Je dois.

SCÈNE IV.

VENDOME, ADÉLAIDE, TAISE, COUCY.

COUCY.

Prince, il est temps, marchez à notre tête,
Déjà les ennemis sont au pied des remparts ;
Échauffez nos guerriers du feu de vos regards :
Venez vaincre.

VENDÔME.

Ah ! courons ; dans l'ardeur qui me presse,
Quoi ! vous n'osez d'un mot rassurer ma tendresse ?
Vous détournez les yeux ! vous tremblez ! et je voi
Que vous cachez des pleurs qui ne sont pas pour moi.

COUCY.

Le temps presse.

VENDÔME.

Il est temps que Vendôme périsse :
Il n'est point de Français que l'amour avilisse ;
Amants aimés, heureux, ils cherchent les combats ;
Ils courent à la gloire, et je vole au trépas.
Allons, brave Coucy, la mort la plus cruelle,
La mort que je désire, est moins barbare qu'elle.

ADÉLAÏDE.

Ah ! seigneur, modérez cet injuste courroux ;
Autant que je le dois je m'intéresse à vous.
J'ai payé vos bienfaits, mes jours, ma délivrance,
Par tous les sentiments qui sont en ma puissance ;
Sensible à vos dangers, je plains votre valeur.

VENDÔME,

Ah ! que vous savez bien le chemin de mon cœur !
Que vous savez mêler la douceur à l'injure !

Un seul mot m'accablait, un seul mot me rassure.
Content, rempli de vous, j'abandonne ces lieux,
Et crois voir ma victoire écrite dans vos yeux.

SCÈNE V.

ADÉLAIDE, TAISE.

TAISE.

Vous voyez sans pitié sa tendresse alarmée.

ADÉLAÏDE.

Est-il bien vrai? Nemours serait-il dans l'armée?
O discorde fatale! amour plus dangereux!
Que vous coûterez cher à ce cœur malheureux!

FIN DU PREMIER ACTE.

ACTE SECOND.

SCÈNE I.

VENDOME, COUCY.

VENDÔME.

Nous périssions sans vous, Coucy, je le confesse :
Vos conseils ont guidé ma fougueuse jeunesse ;
C'est vous dont l'esprit ferme et les yeux pénétrants
M'ont porté des secours en cent lieux différents.
Que n'ai-je, comme vous, ce tranquille courage,
Si froid dans le danger, si calme dans l'orage !
Coucy m'est nécessaire aux conseils, aux combats,
Et c'est à sa grande ame à diriger mon bras.

COUCY.

Ce courage brillant qu'en vous on voit paraître
Sera maître de tout quand vous en serez maître :
Vous l'avez su régler, et vous avez vaincu.
Ayez dans tous les temps cette utile vertu ;
Qui sait se posséder, peut commander au monde.
Pour moi, de qui le bras faiblement vous seconde,
Je connais mon devoir et je vous ai suivi :
Dans l'ardeur du combat je vous ai peu servi ;
Nos guerriers sur vos pas marchaient à la victoire ;
Et suivre les Bourbons, c'est voler à la gloire.
Vous seul, seigneur, vous seul avez fait prisonnier
Ce chef des assaillants, ce superbe guerrier ;
Vous l'avez pris vous-même ; et, maître de sa vie,
Vos secours l'ont sauvé de sa propre furie.

VENDÔME.

D'où vient donc, cher Coucy, que cet audacieux
Sous son casque fermé se cachait à mes yeux?
D'où vient qu'en le prenant, qu'en saisissant ses armes,
J'ai senti malgré moi de nouvelles alarmes?
Un je ne sais quel trouble en moi s'est élevé :
Soit que ce triste amour dont je suis captivé,
Sur mes sens égarés répandant sa tendresse,
Jusqu'au sein des combats m'ait prêté sa faiblesse,
Qu'il ait voulu marquer toutes mes actions
Par la molle douceur de ses impressions ;
Soit plutôt que la voix de ma triste patrie
Parle encore en secret au cœur qui l'a trahie,
Qu'elle condamne encor mes funestes succès,
Et ce bras qui n'est teint que du sang des Français.

COUCY.

Je prévois que bientôt cette guerre fatale,
Ces troubles intestins de la maison royale,
Ces tristes factions, céderont au danger
D'abandonner la France au fils de l'étranger.
Je vois que de l'Anglais la race est peu chérie;
Que leur joug est pesant; qu'on aime la patrie;
Que le sang des Capets est toujours adoré.
Tôt ou tard il faudra que de ce tronc sacré
Les rameaux divisés et courbés par l'orage,
Plus unis et plus beaux, soient notre unique ombrage.
Nous, seigneur, n'avons-nous rien à nous reprocher;
Le sort au prince anglais voulut nous attacher;
De votre sang, du sien, la querelle est commune;
Vous suivez son parti, je suis votre fortune.
Comme vous, aux Anglais le destin m'a lié,
Vous, par le droit du sang, moi, par notre amitié;

Permettez-moi ce mot.... Eh quoi ! votre ame émue...

VENDÔME.

Ah ! voilà ce guerrier qu'on amène à ma vue.

SCÈNE II.

VENDÔME, LE DUC DE NEMOURS, COUCY, SOLDATS, SUITE.

VENDÔME.

Il soupire, il paraît accablé de regrets.

COUCY.

Son sang sur son visage a confondu ses traits ;
Il est blessé, sans doute.

NEMOURS, *dans le fond du théâtre.*

Entreprise funeste !
Qui de ma triste vie arrachera le reste !
Où me conduisez vous ?

VENDÔME.

Devant votre vainqueur
Qui sait d'un ennemi respecter la valeur.
Venez ; ne craignez rien.

NEMOURS, *se tournant vers son écuyer.*

Je ne crains que de vivre ;
Sa présence m'accable, et je ne puis poursuivre.
Il ne me connaît plus, et mes sens attendris.....

VENDÔME.

Quelle voix, quels accents ont frappé mes esprits ?

NEMOURS, *le regardant.*

M'as-tu pu méconnaître ?

VENDÔME, *l'embrassant.*

Ah, Nemours ! ah, mon frère !

NEMOURS.

Ce nom jadis si cher, ce nom me désespère.
Je ne le suis que trop ce frère infortuné,
Ton ennemi vaincu, ton captif enchaîné.

VENDÔME.

Tu n'es plus que mon frère. Ah, moment plein de charmes
Ah! laisse-moi laver ton sang avec mes larmes.
(à sa suite.)
Avez-vous par vos soins ...

NEMOURS.

Oui, leurs cruels secours
Ont arrêté mon sang, ont veillé sur mes jours,
De la mort que je cherche ont écarté l'approche.

VENDÔME.

Ne te détourne point; ne crains point mon reproche
Mon cœur te fut connu; peux-tu t'en défier?
Le bonheur de te voir me fait tout oublier:
J'eusse aimé contre un autre à montrer mon courage
Hélas! que je te plains!

NEMOURS.

Je te plains davantage
De haïr ton pays, de trahir sans remords
Et le roi qui t'aimait, et le sang dont tu sors.

VENDÔME.

Arrête: épargne-moi l'infâme nom de traître;
A cet indigne mot je m'oublierais peut-être;
Frémis d'empoisonner la joie et les douceurs
Que ce tendre moment doit verser dans nos cœurs;
Dans ce jour malheureux, que l'amitié l'emporte!

NEMOURS.

Quel jour!

ACTE II, SCÈNE II.

VENDÔME.
Je le bénis.
NEMOURS.
Il est affreux.
VENDÔME.
N'importe :
Tu vis, je te revois, et je suis trop heureux.
O ciel ! de tous côtés vous remplissez mes vœux !
NEMOURS.
Je te crois. On disait que d'un amour extrême,
Violent, effréné (car c'est ainsi qu'on aime),
Ton cœur, depuis trois mois, s'occupait tout entier.
VENDÔME.
J'aime ; oui, la renommée a pu le publier ;
Oui, j'aime avec fureur : une telle alliance
Semblait pour mon bonheur attendre ta présence ;
Oui, mes ressentiments, mes droits, mes alliés,
Gloire, amis, ennemis, je mets tout à ses pieds.
  (à un officier de sa suite.)
Allez, et dites-lui que deux malheureux frères,
Jetés par le destin dans des partis contraires,
Pour marcher désormais sous le même étendard,
De ses yeux souverains n'attendent qu'un regard.
  (à Nemours)
Ne blâme point l'amour où ton frère est en proie ;
Pour me justifier il suffit qu'on la voie.
NEMOURS.
O ciel !..... elle vous aime !....
VENDÔME.
Elle le doit, du moins !
Il n'était qu'un obstacle aux succès de mes soins ;
Il n'en est plus ; je veux que rien ne nous sépare.

NEMOURS.

Quels effroyables coups le cruel me prépare !
Écoute : à ma douleur ne veux-tu qu'insulter ?
Me connais-tu ? sais-tu ce que j'ose attenter ?
Dans ces funestes lieux sais-tu ce qui m'amène ?

VENDÔME.

Oublions ces sujets de discorde et de haine.

SCÈNE III.

VENDOME, NEMOURS, ADÉLAIDE, COUCY.

VENDÔME.

Madame, vous voyez que du sein du malheur
Le ciel, qui nous protège, a tiré mon bonheur.
J'ai vaincu, je vous aime, et je retrouve un frère :
Sa présence à mon cœur vous rend encor plus chère.

ADÉLAÏDE.

Le voici ! malheureuse ! ah, cache au moins tes pleurs !

NEMOURS, *entre les bras de son écuyer.*

Adélaïde..... ô ciel !..... c'en est fait, je me meurs.

VENDÔME.

Que vois-je ! sa blessure à l'instant s'est rouverte !
Son sang coule.

NEMOURS.

Est-ce à toi de prévenir ma perte ?

VENDÔME.

Ah, mon frère !

NEMOURS.

Ote-toi, je chéris mon trépas.

ADÉLAÏDE.

Ciel !..... Nemours !

ACTE II, SCÈNE III.

NEMOURS, *à Vendôme.*
Laisse-moi.
VENDÔME.
Je ne te quitte pas.

SCÈNE IV.

ADÉLAÏDE, TAISE.

ADÉLAÏDE.
On l'emporte, il expire : il faut que je le suive.
TAÏSE.
Ah ! que cette douleur se taise et se captive.
Plus vous l'aimez, madame, et plus il faut songer
Qu'un rival violent....
ADÉLAÏDE.
Je songe à son danger :
Voilà ce que l'amour et mon malheur lui coûte.
Taïse, c'est pour moi qu'il combattait, sans doute,
C'est moi que dans ces murs il osait secourir ;
Il servait son monarque, il m'allait conquérir.
Quel prix de tant de soins ! quel fruit de sa constance !
Hélas ! mon tendre amour accusait son absence :
Je demandais Nemours, et le ciel me le rend :
J'ai revu ce que j'aime, et l'ai revu mourant ;
Ces lieux sont teints du sang qu'il versait à ma vue.
Ah, Taïse ! est-ce ainsi que je lui suis rendue ?
Va le trouver ; va, cours auprès de mon amant.
TAÏSE.
Eh ! ne craignez-vous pas que tant d'empressement
N'ouvre les yeux jaloux d'un prince qui vous aime ?
Tremblez de découvrir.....

ADÉDAÏDE.

J'y volerai moi-même.
D'une autre main, Taïse, il reçoit des secours!
Un autre a le bonheur d'avoir soin de ses jours?
Il faut que je le voie, et que de son amante
La faible main s'unisse à sa main défaillante,
Hélas! des mêmes coups nos deux cœurs pénétrés....

TAÏSE.

Au nom de cet amour arrêtez, demeurez;
Reprenez vos esprits.

ADÉLAÏDE.

Rien ne m'en peut distraire.

SCÈNE V.

VENDOME, ADÉLAIDE, TAISE.

ADÉLAÏDE.

Ah, prince! en quel état laissez-vous votre frère?

VENDÔME.

Madame, par mes mains son sang est arrêté;
Il a repris sa force et sa tranquillité.
Je suis le seul à plaindre et le seul en alarmes:
Je mouille en frémissant mes lauriers de mes larmes;
Et je hais ma victoire et mes prospérités,
Si je n'ai par mes soins vaincu vos cruautés;
Si votre incertitude, alarmant mes tendresses,
Ose encor démentir la foi de vos promesses.

ADÉLAÏDE.

Je ne vous promis rien; vous n'avez point ma foi.
Et la reconnaissance est tout ce que je doi.

VENDÔME.

Quoi! lorsque de ma main je vous offrais l'hommage!..

ACTE II, SCÈNE V.

ADÉLAÏDE.

D'un si noble présent j'ai vu tout l'avantage:
Et sans chercher ce rang qui ne m'était pas dû,
Par de justes respects je vous ai répondu.
Vos bienfaits, votre amour, et mon amitié même,
Tout vous flattait sur moi d'un empire suprême ;
Tout vous a fait penser qu'un rang si glorieux,
Présenté par vos mains, éblouirait mes yeux ;
Vous vous trompiez : il faut rompre enfin le silence.
Je vais vous offenser, je me fais violence ;
Mais, réduite à parler, je vous dirai, seigneur,
Que l'amour de mes rois est gravé dans mon cœur.
De votre sang au mien je vois la différence ;
Mais celui dont je sors a coulé pour la France.
Ce digne connétable en mon cœur a transmis
La haine qu'un Français doit à ses ennemis ;
Et sa nièce jamais n'acceptera pour maître
L'allié des Anglais, quelque grand qu'il puisse être.
Voilà les sentiments que son sang m'a tracés ;
Et s'ils vous font rougir, c'est vous qui m'y forcez.

VENDÔME.

Je suis, je l'avouerai, surpris de ce langage ;
Je ne m'attendais pas à ce nouvel outrage,
Et n'avais pas prévu que le sort en courroux
Pour m'accabler d'affronts dût se servir de vous.
Vous avez fait, madame, une secrète étude
Du mépris, de l'insulte, et de l'ingratitude ;
Et votre cœur enfin, lent à se déployer,
Hardi par ma faiblesse, a paru tout entier.
Je ne connaissais pas tout ce zèle héroïque,
Tant d'amour pour vos rois, ou tant de politique.
Mais vous, qui m'outragez, me connaissez-vous bien ?

Vous reste-t-il ici de parti que le mien ?
Vous qui me devez tout, vous qui, sans ma défense,
Auriez de ces Français assouvi la vengeance,
De ces mêmes Français à qui vous vous vantez
De conserver la foi d'un cœur que vous m'ôtez !
Est-ce donc là le prix de vous avoir servie ?

ADÉLAÏDE.

Oui, vous m'avez sauvée ; oui, je vous dois la vie :
Mais, seigneur, mais, hélas, n'en puis-je disposer ?
Me la conserviez-vous pour la tyranniser ?

VENDÔME.

Je deviendrai tyran, mais moins que vous, cruelle;
Mes yeux lisent trop bien dans votre ame rebelle.
Tous vos prétextes faux m'apprennent vos raisons :
Je vois mon déshonneur, je vois vos trahisons.
Quel que soit l'insolent que ce cœur me préfère,
Redoutez mon amour, tremblez de ma colère :
C'est lui seul désormais que mon bras va chercher;
De son cœur tout sanglant j'irai vous arracher;
Et si, dans les horreurs du sort qui nous accable,
De quelque joie encor ma fureur est capable,
Je la mettrai, perfide, à vous désespérer.

ADÉLAÏDE.

Non, seigneur, la raison saura vous éclairer;
Non, votre ame est trop noble, elle est trop élevée
Pour opprimer ma vie après l'avoir sauvée.
Mais si votre grand cœur s'avilissait jamais
Jusqu'à persécuter l'objet de vos bienfaits,
Sachez que ces bienfaits, vos vertus, votre gloire,
Plus que vos cruautés, vivront dans ma mémoire.
Je vous plains, vous pardonne, et veux vous respecter;
Je vous ferai rougir de me persécuter;

Et je conserverai, malgré votre menace,
Une ame sans courroux, sans crainte et sans audace.

VENDÔME.

Arrêtez; pardonnez aux transports égarés,
Aux fureurs d'un amant que vous désespérez.
Je vois trop qu'avec vous Coucy d'intelligence
D'une cour qui me hait embrasse la défense,
Que vous voulez tous deux m'unir à votre roi,
Et de mon sort enfin disposer malgré moi ;
Vos discours sont les siens. Ah! parmi tant d'alarmes,
Pourquoi recourez-vous à ces nouvelles armes?
Pour gouverner mon cœur, l'asservir, le changer,
Aviez-vous donc besoin d'un secours étranger?
Aimez, il suffira d'un mot de votre bouche.

ADÉLAÏDE.

Je ne vous cache point que du soin qui me touche
A votre ami, seigneur, mon cœur s'était remis;
Je vois qu'il a plus fait qu'il ne m'avait promis.
Ayez pitié des pleurs que mes yeux lui confient :
Vous les faites couler, que vos mains les essuient.
Devenez assez grand pour apprendre à dompter
Des feux que mon devoir me force à rejeter ;
Laissez-moi tout entière à la reconnaissance.

VENDÔME.

Le seul Coucy sans doute a votre confiance ;
Mon outrage est connu ; je sais vos sentiments.

ADÉLAÏDE.

Vous les pourrez, seigneur, connaître avec le temps,
Mais vous n'aurez jamais le droit de les contraindre,
Ni de les condamner, ni même de vous plaindre.
D'un guerrier généreux j'ai recherché l'appui ;
Imitez sa grande ame, et pensez comme lui.

SCÈNE VI.

VENDOME.

Eh bien, c'en est donc fait, l'ingrate, la parjure,
A mes yeux, sans rougir, étale mon injure :
De tant de trahisons l'abîme est découvert,
Je n'avais qu'un ami, c'est lui seul qui me perd.
Amitié, vain fantôme, ombre que j'ai chérie,
Toi qui me consolais des malheurs de ma vie,
Bien que j'ai trop aimé, que j'ai trop méconnu,
Trésor cherché sans cesse, et jamais obtenu,
Tu m'as trompé, cruelle, autant que l'amour même,
Et maintenant, pour prix de mon amour extrême,
Détrompé des faux biens trop faits pour me charmer.
Mon destin me condamne à ne plus rien aimer.
Le voilà cet ingrat qui, fier de son parjure,
Vient encor de ses mains déchirer ma blessure.

SCÈNE VII.

VENDOME, COUCY.

COUCY.

Prince, me voilà prêt, disposez de mon bras.....
Mais d'où naît à mes yeux cet étrange embarras ?
Quand vous avez vaincu, quand vous sauvez un frère,
Heureux de tous côtés, qui peut donc vous déplaire ?

VENDÔME.

Je suis désespéré, je suis haï, jaloux.

COUCY.

Eh bien! de vos soupçons quel est l'objet ? qui ?

VENDÔME.

Vous,

ACTE II, SCÈNE VII.

Vous, dis-je, et du refus qui vient de me confondre,
C'est vous, ingrat ami, qui devez me répondre.
Je sais qu'Adélaïde ici vous a parlé ;
En vous nommant à moi la perfide a tremblé ;
Vous affectez sur elle un odieux silence,
Interprète muet de votre intelligence :
Elle cherche à me fuir, et vous à me quitter.
Je crains tout, je crois tout.

COUCY.
    Voulez-vous m'écouter ?

VENDÔME.

Je le veux.

COUCY.
   Pensez-vous que j'aime encor la gloire ?
M'estimez-vous encore, et pourrez-vous me croire ?

VENDÔME.

Oui jusqu'à ce moment je vous crus vertueux ;
Je vous crus mon ami.

COUCY.
    Ces titres glorieux
Furent toujours pour moi l'honneur le plus insigne ;
Et vous allez juger si mon ame en est digne.
Sachez qu'Adélaïde avait touché mon cœur
Avant que, de sa vie heureux libérateur,
Vous eussiez par vos soins, par cet amour sincère,
Surtout par vos bienfaits, tant de droit de lui plaire.
Moi, plus soldat que tendre, et dédaignant toujours
Ce grand art de séduire, inventé dans les cours,
Ce langage flatteur, et souvent si perfide,
Peu fait pour mon esprit, peut-être trop rigide,
Je lui parlais d'hymen ; et ce nœud respecté,
Resserré par l'estime et par l'égalité,

Pouvait lui préparer des destins plus propices
Qu'un rang plus élevé, mais sur des précipices.
Hier avec la nuit je vins dans vos remparts :
Tout votre cœur parut à mes premiers regards ;
De cet ardent amour la nouvelle semée
Par vos emportemens me fut trop confirmée.
Je vis de vos chagrins les funestes accès ;
J'en approuvai la cause, et j'en blâmai l'excès.
Aujourd'hui j'ai revu cet objet de vos larmes ;
D'un œil indifférent j'ai regardé ses charmes ;
Libre et juste auprès d'elle, à vous seul attaché,
J'ai fait valoir les feux dont vous êtes touché ;
J'ai de tous vos bienfaits rappelé la mémoire,
L'éclat de votre rang, celui de votre gloire,
Sans cacher vos défauts, vantant votre vertu,
Et pour vous contre moi j'ai fait ce que j'ai dû.
Je m'immole à vous seul, et je me rends justice ;
Et, si ce n'est assez d'un si grand sacrifice,
S'il est quelque rival qui vous ose outrager,
Tout mon sang est à vous, et je cours vous venger.

VENDÔME.

Ah ! généreux ami, qu'il faut que je révère !
Oui, le destin dans toi me donne un second frère.
Je n'en étais pas digne, il le faut avouer ;
Mon cœur.....

COUCY.

Aimez-moi, prince, au lieu de me louer ;
Et si vous me devez quelque reconnaissance,
Faites votre bonheur ; il est ma récompense.
Vous voyez qu'elle ardente et fière inimitié
Votre frère nourrit contre votre allié :
Sur ce grand intérêt souffrez que je m'explique.

ACTE II, SCÈNE VII.

Vous m'avez soupçonné de trop de politique,
Quand j'ai dit que bientôt on verrait réunis
Les débris dispersés de l'empire des lis.
Je vous le dis encore au sein de votre gloire ;
Et vos lauriers brillans, cueillis par la victoire,
Pourront sur votre front se flétrir désormais,
S'ils n'y sont soutenus de l'olive de paix.
Tous les chefs de l'état, lassés de ces ravages,
Cherchent un port tranquille après tant de naufrages ;
Gardez d'être réduit au hazard dangereux
De vous voir ou trahir, ou prévenir par eux ;
Passez-les en prudence aussi-bien qu'en courage,
De cet heureux moment prenez tout l'avantage ;
Gouvernez la fortune et sachez l'asservir :
C'est perdre ses faveurs que tarder d'en jouir,
Ses retours sont fréquents, vous devez les connaître.
Il est beau de donner la paix à votre maître :
Son égal aujourd'hui, demain dans l'abandon,
Vous vous verrez réduit à demander pardon.
La gloire vous conduit, que la raison vous guide

VENDÔME.

Brave et prudent Coucy, crois-tu qu'Adélaïde
Dans son cœur amolli partagerait mes feux
Si le même parti nous unissait tous deux ?
Penses-tu qu'à m'aimer je pourrais la réduire.

COUCY.

Dans le fond de son cœur je n'ai point voulu lire :
Mais qu'importent pour vous ses vœux et ses desseins ?
Faut-il que l'amour seul fasse ici nos destins ?
Lorsque Philippe-Auguste, aux plaines de Bovines,
De l'état déchiré répara les ruines ;
Quand seul il arrêta, dans nos champs inondés,

De l'empire germain les torrents débordés ;
Tant d'honneurs étaient ils l'effet de sa tendresse ?
Sauva-t-il son pays pour plaire à sa maîtresse ?
Verrai-je un si grand cœur à ce point s'avilir ?
Le salut d'un état dépend-il d'un soupir ?
Aimez, mais en héros qui maîtrise son ame,
Qui gouverne à la fois ses états et sa flamme.
Mon bras contre un rival est prêt à vous servir :
Je voudrais faire plus, je voudrais vous guérir.
On connaît peu l'amour, on craint trop son amorce;
C'est sur nos lâchetés qu'il a fondé sa force ;
C'est nous qui, sous son nom, troublons notre repos!
Il est tyran du faible, esclave du héros.
Puisque je l'ai vaincu, puisque je le dédaigne,
Dans l'ame d'un Bourbon souffrirez-vous qu'il règne?
Vos autres ennemis par vous sont abattus,
Et vous devez en tout l'exemple des vertus.

VENDÔME.

Le sort en est jeté, je ferai tout pour elle :
Il faut bien à la fin désarmer la cruelle ;
Ses lois seront mes lois, son roi sera le mien :
Je n'aurai de parti, de maître que le sien.
Possesseur d'un trésor où s'attache ma vie,
Avec mes ennemis je me réconcilie ;
Je lirai dans ses yeux mon sort et mon devoir;
Mon cœur est enivré de cet heureux espoir;
Enfin plus de prétexte à ses refus injustes ;
Raison, gloire, intérêt, et tous ces droits augustes
Des princes de mon sang et de mes souverains,
Sont des liens sacrés resserrés par ses mains.
Du roi, puisqu'il le faut, soutenons la couronne ;
La vertu le conseille, et la beauté l'ordonne.

Je veux entre tes mains, en ce fortuné jour,
Sceller tous les serments que je fais à l'amour :
Quant à mes intérêts, que toi seul en décide.
  COUCY.
Souffrez donc près du roi que mon zèle me guide ;
Peut-être il eût fallu que ce grand changement
Ne fût dû qu'au héros, et non pas à l'amant :
Mais si d'un si grand cœur une femme dispose,
L'effet en est trop beau pour en blâmer la cause ;
Et mon cœur, tout rempli de cet heureux retour,
Bénit votre faiblesse, et rend grâce à l'amour.

FIN DU SECOND ACTE

ACTE TROISIÈME.

SCÈNE I.
NEMOURS, DANGESTE.

NEMOURS.

Combat infortuné; destin qui me poursuis!
O mort, mon seul recours, douce mort qui me fuis!
Ciel! n'as-tu conservé la trame de ma vie
Que pour tant de malheurs et tant d'ignominie?
Adélaïde.... au moins pourrai-je la revoir?

DANGESTE.

Vous la verrez, seigneur.

NEMOURS.

Ah! mortel désespoir!
Elle ose me parler, et moi je le souhaite!

DANGESTE.

Seigneur, en quel état votre douleur vous jette!
Vos jours sont en péril, et ce sang agité....

NEMOURS.

Mes déplorables jours sont trop en sûreté;
Ma blessure est légère, elle m'est insensible;
Que celle de mon cœur est profonde et terrible!

DANGESTE.

Remerciez les cieux de ce qu'ils ont permis
Que vous ayez trouvé de si chers ennemis.
Il est dur de tomber dans des mains étrangères:
Vous êtes prisonnier du plus tendre des frères

ACTE III, SCÈNE 1.

NEMOURS.

Mon frère! ah! malheureux!

DANGESTE.

Il vous était lié
Par les nœuds les plus saints d'une pure amitié;
Que n'éprouvez-vous point de sa main secourable!

NEMOURS.

Sa fureur m'eût flatté; son amitié m'accable.

DANGESTE.

Quoi! pour être engagé dans d'autres intérêts,
Le haissez-vous tant?

NEMOURS.

Je l'aime, et je me hais;
Et, dans les passions de mon ame éperdue,
La voix de la nature est encore entendue.

DANGESTE.

Si contre un frère aimé vous avez combattu,
J'en ai vu quelque temps frémir votre vertu;
Mais le roi l'ordonnait, et tout vous justifie.
L'entreprise était juste aussi-bien que hardie.
Je vous ai vu remplir, dans cet affreux combat,
Tous les devoirs d'un chef, et tous ceux d'un soldat;
Et vous avez rendu, par des faits incroyables,
Votre défaite illustre, et vos fers honorables.
On a perdu bien peu, quand on garde l'honneur.

NEMOURS.

Non, ma défaite, ami, ne fait point mon malheur.
Du Guesclin, des Français l'amour et le modèle,
Aux Anglais si terrible, à son roi si fidèle,
Vit ses honneurs flétris par de plus grands revers:
Deux fois sa main puissante a langui dans les fers:
Il n'en fut que plus grand, plus fier et plus à craindre,

Et son vainqueur tremblant fut bientôt seul à plaindre.
Du Guesclin, nom sacré, nom toujours précieux,
Quoi! ta coupable nièce évite encor mes yeux!
Ah! sans doute, elle a dû redouter mes reproches.
Ainsi donc, cher Dangeste, elle fuit tes approches?
Tu n'as pu lui parler?

DANGESTE.

Seigneur, je vous ai dit
Que bientôt....

NEMOURS.

Ah, pardonne à mon cœur interdit.
Trop chère Adélaïde! Eh bien! quand tu l'as vue,
Parle, à mon nom du moins paraissait-elle émue?

DANGESTE.

Votre sort en secret paraissait la toucher;
Elle versait des pleurs, et voulait les cacher.

NEMOURS.

Elle pleure, et m'outrage! elle pleure, et m'opprime!
Son cœur, je le vois bien, n'est pas né pour le crime :
Pour me sacrifier elle aura combattu;
La trahison la gêne, et pèse à sa vertu :
Faible soulagement à ma fureur jalouse!
T'a-t-on dit en effet que mon frère l'épouse?

DANGESTE.

S'il s'en vantait lui-même, en pouvez-vous douter?

NEMOURS.

Il l'épouse! à ma honte elle vient insulter!
Ah Dieu!

SCÈNE II.

ADÉLAÏDE, NEMOURS.

ADÉLAÏDE.

Le ciel vous rend à mon ame attendrie;
En veillant sur vos jours il conserva ma vie.
Je vous revois, cher prince, et mon cœur empressé...
Juste ciel! quels regards, et quel accueil glacé!

NEMOURS.

L'interêt qu'à mes jours vos bontés daignent prendre
Est d'un cœur généreux; mais il doit me surprendre.
Vous aviez en effet besoin de mon trépas :
Mon rival plus tranquille eût passé dans vos bras;
Libre dans vos amours et sans inquiétude,
Vous jouiriez en paix de votre ingratitude :
Et les remords honteux qu'elle traîne après soi,
S'il peut vous en rester, périssaient avec moi.

ADÉLAÏDE.

Hélas! que dites-vous? Quelle fureur subite...

NEMOURS.

Non, votre changement n'est pas ce qui m'irrite.

ADÉLAÏDE.

Mon changement? Nemours!

NEMOURS.

A vous seule asservi,
Je vous aimai trop bien pour n'être point trahi;
C'est le sort des amants et ma honte est commune :
Mais que vous insultiez vous-même à ma fortune!
Qu'en ces murs, où vos yeux ont vu couler mon sang,
Vous acceptiez la main qui m'a percé le flanc,

Et que vous osiez joindre à l'horreur qui m'accable
D'une fausse pitié l'affront insupportable !
Qu'à mes yeux....

ADÉLAÏDE.

Ah ! plutôt donnez-moi le trépas ;
Immolez votre amante, et ne l'accusez pas.
Mon cœur n'est point armé contre votre colère,
Cruel, et vos soupçons manquaient à ma misère.
Ah ! Nemours, de quels maux nos jours empoisonnés...

NEMOURS.

Vous me plaignez, cruelle, et vous m'abandonnez !

ADÉLAÏDE.

Je vous pardonne, hélas ! cette fureur extrême,
Tout, jusqu'à vos soupçons ; jugez si je vous aime.

NEMOURS.

Vous m'aimeriez ? qui, vous ? et Vendôme à l'instant
Entoure de flambeaux l'autel qui vous attend ;
Lui-même il m'a vanté sa gloire et sa conquête.
Le barbare ! il m'invite à cette horrible fête !
Que plutôt....

ADÉLAÏDE.

Ah, cruel ! me faut-il employer
Les moments de vous voir à me justifier ?
Votre frère, il est vrai, persécute ma vie,
Et par un fol amour, et par sa jalousie,
Et par l'emportement dont je crains les effets,
Et, le dirai-je encor, seigneur ? par ses bienfaits.
J'atteste ici le ciel, témoin de ma conduite....
Mais pourquoi l'attester ? Nemours, suis-je réduite,
Pour vous persuader de si vrais sentiments,
Au secours inutile et honteux des serments ?

ACTE III, SCÈNE II.

Non, non; vous connaissez le cœur d'Adélaïde;
C'est vous qui conduisez ce cœur faible et timide.

NEMOURS.

Mais mon frère vous aime?

ADÉLAÏDE.

Ah! n'en redoutez rien.

NEMOURS.

Il sauva vos beaux jours!

ADÉLAÏDE.

Il sauva votre bien:
Dans Cambrai, je l'avoue, il daigna me défendre;
Au roi que nous servons il promit de me rendre;
Et mon cœur se plaisait, trompé par mon amour,
Puisqu'il est votre frère, à lui devoir le jour.
J'ai répondu, seigneur, à sa flamme funeste
Par un refus constant, mais tranquille et modeste,
Et mêlé du respect que je devrai toujours
A mon libérateur, au frère de Nemours:
Mais mon respect l'enflamme, et mon refus l'irrite;
J'anime, en l'évitant, l'ardeur de sa poursuite;
Tout doit, si je l'en crois, céder à son pouvoir;
Lui plaire est ma grandeur, l'aimer est mon devoir.
Qu'il est loin, juste dieu! de penser que ma vie,
Que mon ame à la vôtre est pour jamais unie,
Que vous causez les pleurs dont mes yeux sont chargés,
Que mon cœur vous adore, et que vous m'outragez!
Oui, vous êtes tous deux formés pour mon supplice,
Lui, par sa passion; vous, par votre injustice;
Vous, Nemours, vous ingrat, que je vois aujourd'hui
Moins amoureux peut-être, et plus cruel que lui.

NEMOURS.

C'en est trop.... pardonnez.... voyez mon ame en proie

À l'amour, aux remords, à l'excès de ma joie.
Digne et charmant objet d'amour et de douleur,
Ce jour infortuné, ce jour fait mon bonheur.
Glorieux, satisfait, dans un sort si contraire,
Tout captif que je suis, j'ai pitié de mon frère :
Il est le seul à plaindre avec votre courroux ;
Et je suis son vainqueur étant aimé de vous.

SCÈNE III.
VENDÔME, NEMOURS, ADÉLAÏDE.

VENDÔME.

CONNAISSEZ donc enfin jusqu'où va ma tendresse,
Et tout votre pouvoir, et toute ma faiblesse :
Et vous, mon frère, et vous, soyez ici témoin
Si l'excès de l'amour peut emporter plus loin.
Ce que votre amitié, ce que votre prière,
Les conseils de Coucy, le roi, la France entière,
Exigeaient de Vendôme, et qu'ils n'obtenaient pas,
Soumis et subjugué, je l'offre à ses appas.
L'amour, qui malgré vous nous a faits l'un pour l'autre,
Ne me laisse de choix, de parti que le vôtre ;
Je prends mes lois de vous ; votre maître est le mien :
De mon frère et de moi soyez l'heureux lien ;
Soyez-le de l'état, et que ce jour commence
Mon bonheur et le vôtre, et la paix de la France.
Vous, courez, mon cher frère, allez dès ce moment
Annoncer à la cour un si grand changement.
Moi, sans perdre de temps, dans ce jour d'allégresse
Qui m'a rendu mon roi, mon frère, et ma maîtresse,
D'un bras vraiment français je vais, dans nos remparts,
Sous nos lis triomphants briser les léopards.

ACTE III, SCENE III.

Soyez libre, partez, et de mes sacrifices
Allez offrir au roi les heureuses prémices.
Puissé-je à ses génoux présenter aujourd'hui
Celle qui m'a domté, qui me ramène à lui,
Qui d'un prince ennémi fait un sujet fidèle,
Changé par ses regards, et vertueux par elle !

NEMOURS.
(à part.)
Il fait ce que je veux, et c'est pour m'accabler !
(à Adélaïde.)
Prononcez notre arrêt, madame, il faut parler.

VENDÔME.
Eh quoi ! vous demeurez interdite et muette ?
De mes soumissions êtes-vous satisfaite ?
Est-ce assez qu'un vainqueur vous implore à genoux ?
Faut-il encor ma vie, ingrate ? elle est à vous ;
Vous n'avez qu'à parler, j'abandonne sans peine
Ce sang infortuné proscrit par votre haine.

ADÉLAÏDE.
Seigneur, mon cœur est juste ; on ne m'a vu jamais
Mépriser vos bontés et haïr vos bienfaits ;
Mais je ne puis penser qu'à mon peu de puissance
Vendôme ait attaché le destin de la France ;
Qu'il n'ait lu son devoir que dans mes faibles yeux ;
Qu'il ait besoin de moi pour être vertueux :
Vos desseins ont sans doute une source plus pure ;
Vous avez consulté le devoir, la nature ;
L'amour a peu de part où doit régner l'honneur.

VENDÔME.
L'amour seul a tout fait, et c'est là mon malheur ;
Sur tout autre intérêt ce triste amour l'emporte.
Accablez-moi de honte, accusez-moi, n'importe.

Dussé-je vous déplaire et forcer votre cœur,
L'autel est prêt ; venez.

NEMOURS.

Vous osez....?

ADÉLAÏDE.

Non, seigneur.
Avant que je vous cède, et que l'hymen nous lie,
Aux yeux de votre frère arrachez-moi la vie.
Le sort met entre nous un obstacle éternel ;
Je ne puis être à vous.

VENDÔME.

Nemours.... ingrate.... Ah ciel !
C'en est donc fait... mais non... mon cœur sait se contraindre ;
Vous ne méritez pas que je daigne m'en plaindre.
Vous auriez dû peut-être, avec moins de détour,
Dans ses premiers transports étouffer mon amour,
Et par un prompt aveu, qui m'eût guéri sans doute,
M'épargner les affronts que ma bonté me coûte.
Mais je vous rends justice ; et ces séductions
Qui vont au fond des cœurs chercher nos passions,
L'espoir qu'on donne à peine, afin qu'on le saisisse,
Ce poison préparé des mains de l'artifice,
Sont les armes d'un sexe aussi trompeur que vain,
Que l'œil de la raison regarde avec dédain.
Je suis libre par vous : cet art que je déteste,
Cet art qui m'enchaîna, brise un joug si funeste ;
Et je ne prétends pas, indignement épris,
Rougir devant mon frère, et souffrir des mépris.
Montrez-moi seulement ce rival qui se cache,
Je lui cède avec joie un poison qu'il m'arrache ;
Je vous dédaigne assez tous deux pour vous unir,
Perfide ! et c'est ainsi que je dois vous punir.

ACTE III, SCÈNE III.

ADÉLAÏDE.

Je devrais seulement vous quitter et me taire ;
Mais je suis accusée, et ma gloire m'est chère.
Votre frère est présent, et mon honneur blessé
Doit repousser les traits dont il est offensé.
Pour un autre que vous ma vie est destinée ;
Je vous en fais l'aveu, je m'y vois condamnée.
Oui, j'aime ; et je serais indigne devant vous
De celui que mon cœur s'est promis pour époux,
Indigne de l'aimer, si, par ma complaisance,
J'avais à votre amour laissé quelque espérance.
Vous avez regardé ma liberté, ma foi,
Comme un bien de conquête, et qui n'est plus à moi.
Je vous devais beaucoup ; mais une telle offense
Ferme à la fin mon cœur à la reconnaissance :
Sachez que des bienfaits qui font rougir mon front
A mes yeux indignés ne sont plus qu'un affront.
J'ai plaint de votre amour la violence vaine ;
Mais, après ma pitié, n'attirez point ma haine.
J'ai rejeté vos vœux, que je n'ai point bravés ;
J'ai voulu votre estime, et vous me la devez.

VENDÔME.

Je vous dois ma colère, et sachez qu'elle égale
Tous les emportements de mon amour fatale.
Quoi donc, vous attendiez, pour oser m'accabler,
Que Nemours fût présent, et me vît immoler ?
Vous vouliez ce témoin de l'affront que j'endure ?
Allez, je le croirais l'auteur de mon injure,
Si... mais il n'a point vu vos funestes appas ;
Mon frère trop heureux ne vous connaissait pas.
Nommez donc mon rival ; mais gardez-vous de croire
Que mon lâche dépit lui cède la victoire.

Je vous trompais; mon cœur ne peut feindre long-temps:
Je vous traîne à l'autel à ses yeux expirants;
Et ma main, sur sa cendre, à votre main donnée,
Va tremper dans le sang les flambeaux d'hyménée.
Je sais trop qu'on a vu lâchement abusés
Pour des mortels obscurs des princes méprisés;
Et mes yeux perceront, dans la foule inconnue,
Jusqu'à ce vil objet qui se cache à ma vue.

NEMOURS.

Pourquoi d'un choix indigne osez-vous l'accuser?

VENDÔME.

Et pourquoi vous, mon frère, osez-vous l'excuser?
Est-il vrai que de vous elle était ignorée?
Ciel! à ce piège affreux ma foi serait livrée!
Tremblez.

NEMOURS.

Moi, que je tremble! ah! j'ai trop dévoré
L'inexprimable horreur où toi seul m'as livré.
J'ai forcé trop long-temps mes transports au silence:
Connais-moi donc, barbare, et remplis ta vengeance;
Connais un désespoir à tes fureurs égal:
Frappe, voilà mon cœur, et voilà ton rival.

VENDÔME.

Toi, cruel! toi, Nemours?

NEMOURS.

Oui, depuis deux années,
L'amour la plus secrète a joint nos destinées.
C'est toi dont les fureurs ont voulu m'arracher
Le seul bien sur la terre où j'ai pu m'attacher.
Tu fais depuis trois mois les horreurs de ma vie;
Les maux que j'éprouvais passaient ta jalousie:
Par tes égarements juge de mes transports,

ACTE III, SCÈNE III.

Nous puisâmes tous deux dans ce sang dont je sors
L'excès des passions qui dévorent une ame ;
La nature à tous deux fit un cœur tout de flamme.
Mon frère est mon rival, et je l'ai combattu ;
J'ai fait taire le sang, peut-être la vertu :
Furieux, aveuglé, plus jaloux que toi-même,
J'ai couru, j'ai volé, pour t'ôter ce que j'aime ;
Rien ne m'a retenu, ni tes superbes tours,
Ni le peu de soldats que j'avais pour secours,
Ni le lieu, ni le temps, ni surtout ton courage ;
Je n'ai vu que ma flamme, et ton feu qui m'outrage.
L'amour fut dans mon cœur plus fort que l'amitié :
Sois cruel comme moi, punis-moi sans pitié ;
Aussi-bien tu ne peux t'assurer ta conquête,
Tu ne peux l'épouser qu'aux dépens de ma tête.
A la face des cieux je lui donne ma foi ;
Je te fais de nos vœux le témoin malgré toi.
Frappe, et qu'après ce coup ta cruauté jalouse
Traîne au pied des autels ta sœur et mon épouse ;
Frappe, dis-je : oses-tu ?

VENDÔME.

Traître, c'en est assez.
Qu'on l'ôte de mes yeux : soldats, obéissez.

ADÉLAÏDE.

(aux soldats.)

Non ; demeurez, cruels... Ah ! prince, est-il possible
Que la nature en vous trouve une ame inflexible ?
Seigneur !

NEMOURS.

Vous, le prier ? plaignez-le plus que moi ;
Plaignez-le : il vous offense ; il a trahi son roi.
Va, je suis dans ces lieux plus puissant que toi-même ;

Je suis vengé de toi ; l'on te hait, et l'on m'aime.

ADÉLAÏDE.

(*à Nemours.*)   (*à Vendôme.*)
Ah, cher prince... Ah, seigneur ! voyez à vos genoux.

VENDÔME.

(*aux soldats.*)   (*à Adélaïde.*)
Qu'on m'en réponde, allez. Madame, levez-vous.
Vos prières, vos pleurs en faveur d'un parjure,
Sont un nouveau poison versé sur ma blessure :
Vous avez mis la mort dans ce cœur outragé ;
Mais, perfide, croyez que je mourrai vengé.
Adieu : si vous voyez les effets de ma rage,
N'en accusez que vous ; nos maux sont votre ouvrage.

ADÉLAÏDE.

Je ne vous quitte pas : écoutez-moi, seigneur.

VENDÔME.

Eh bien ! achevez donc de déchirer mon cœur ;
Parlez.

SCÈNE IV.

VENDÔME, NEMOURS, ADÉLAÏDE, COUCY,
DANGESTE, UN OFFICIER, SOLDATS.

COUCY.

J'ALLAIS partir : un peuple téméraire
Se soulève en tumulte au nom de votre frère ;
Le désordre est partout ; vos soldats consternés
Désertent les drapeaux de leurs chefs étonnés ;
Et, pour comble de maux, vers la ville alarmée
L'ennemi rassemblé fait marcher son armée.

VENDÔME.

Allez, cruelle, allez ; vous ne jouirez pas
Du fruit de votre haine et de vos attentats :

ACTE III, SCÈNE IV.

Rentrez. Aux factieux je vais montrer leur maître.
  (à l'officier.)   (à Coucy.)
Qu'on la garde. Courons. Vous, veillez sur ce traître.

SCÈNE V.

NEMOURS, COUCY.

COUCY.

Le seriez-vous, seigneur ? auriez-vous démenti
Le sang de ces héros dont vous êtes sorti ?
Auriez-vous violé, par cette lâche injure,
Et les droits de la guerre, et ceux de la nature ?
Un prince à cet excès pourrait-il s'oublier ?

NEMOURS.

Non; mais suis-je réduit à me justifier ?
Coucy, ce peuple est juste, il t'apprend à connaître
Que mon frère est rebelle, et que Charle est son maître.

COUCY.

Écoutez : ce serait le comble de mes vœux
De pouvoir aujourd'hui vous réunir tous deux.
Je vois avec regret la France désolée,
A nos dissensions la nature immolée,
Sur nos communs débris l'Anglais trop élevé
Menaçant cet état par nous-même énervé.
Si vous avez un cœur digne de votre race,
Faites au bien public servir votre disgrâce;
Rapprochez les partis; unissez-vous à moi
Pour calmer votre frère, et fléchir votre roi,
Pour éteindre le feu de nos guerres civiles.

NEMOURS.

Ne vous en flattez pas, vos soins sont inutiles:

Si la discorde seule avait armé mon bras,
Si la guerre et la haine avaient conduit mes pas,
Vous pourriez espérer de réunir deux frères,
L'un de l'autre écartés dans des partis contraires;
Un obstacle plus grand s'oppose à ce retour.

COUCY.

Et quel est-il, seigneur?

NEMOURS.

Ah! reconnais l'amour;
Reconnais la fureur qui de nous deux s'empare,
Qui m'a fait téméraire, et qui le rend barbare.

COUCY

Ciel! faut-il voir ainsi, par des caprices vains,
Anéantir le fruit des plus nobles desseins;
L'amour subjuguer tout; ses cruelles faiblesses
Du sang qui se révolte étouffer les tendresses;
Des frères se haïr; et naître en tous climats
Des passions des grands le malheur des états?
Prince, de vos amours laissons là le mystère.
Je vous plains tous les deux; mais je sers votre frère.
Je vais le seconder, je vais me joindre à lui
Contre un peuple insolent qui se fait votre appui.
Le plus pressant danger est celui qui m'appelle.
Je vois qu'il peut avoir une fin bien cruelle;
Je vois les passions plus puissantes que moi;
Et l'amour seul ici me fait frémir d'effroi.
Mon devoir a parlé; je vous laisse, et j'y vole.
Soyez mon prisonnier, mais sur votre parole;
Elle me suffira.

NEMOURS.

Je vous la donne.

ACTE III, SCÈNE V.

COUCY.
Et moi
Je voudrais de ce pas porter la sienne au roi ;
Je voudrais cimenter, dans l'ardeur de lui plaire,
Du sang de nos tyrans une union si chère.
Mais ces fiers ennemis sont bien moins dangereux
Que ce fatal amour qui vous perdra tous deux.

FIN DU TROISIÈME ACTE.

ACTE QUATRIÈME.

SCÈNE I.

NEMOURS, ADÉLAÏDE, DANGESTE.

NEMOURS.

Non, non, ce peuple en vain s'armait pour ma défense ;
Mon frère, teint de sang, enivré de vengeance,
Devenu plus jaloux, plus fier et plus cruel,
Va traîner à mes yeux sa victime à l'autel.
Je ne suis donc venu disputer ma conquête
Que pour être témoin de cette horrible fête !
Et, dans le désespoir d'un impuissant courroux,
Je ne puis me venger qu'en me privant de vous !
Partez, Adélaïde.

ADÉLAÏDE.

Il faut que je vous quitte !...
Quoi ! vous m'abandonnez !... vous ordonnez ma fuite !

NEMOURS.

Il le faut ; chaque instant est un péril fatal ;
Vous êtes une esclave aux mains de mon rival.
Remercions le ciel dont la bonté propice
Nous suscite un secours au bord du précipice.
Vous voyez cet ami qui doit guider vos pas ;
Sa vigilance adroite a séduit des soldats.

(à Dangeste.)

Dangeste, ses malheurs ont droit à tes services :
Je suis loin d'exiger d'injustes sacrifices ;

Je respecte mon frère, et je ne prétends pas
Conspirer contre lui dans ses propres états.
Écoute seulement la pitié qui te guide,
Écoute un vrai devoir, et sauve Adélaïde.

ADÉLAÏDE.

Hélas ! ma délivrance augmente mon malheur.
Je détestais ces lieux, j'en sors avec terreur.

NEMOURS.

Privez-moi par pitié d'une si chère vue :
Tantôt à ce départ vous étiez résolue ;
Le dessein était pris, n'osez-vous l'achever ?

ADÉLAÏDE.

Ah ! quand j'ai voulu fuir, j'espérais vous trouver.

NEMOURS.

Prisonnier sur ma foi, dans l'horreur qui me presse,
Je suis plus enchaîné par ma seule promesse
Que si de cet état les tyrans inhumains
Des fers les plus pesants avaient chargé mes mains :
Au pouvoir de mon frère ici l'honneur me livre ;
Je peux mourir pour vous, mais je ne peux vous suivre :
Vous suivrez cet ami par des détours obscurs
Qui vous rendront bientôt sous ces coupables murs ;
De la Flandre à sa voix on doit ouvrir la porte ;
Du roi sous les remparts il trouvera l'escorte.
Le temps presse, évitez un ennemi jaloux.

ADÉLAÏDE.

Je vois qu'il faut partir.... cher Nemours, et sans vous !

NEMOURS.

L'amour nous a rejoints, que l'amour nous sépare.

ADÉLAÏDE.

Qui ! moi ? que je vous laisse au pouvoir d'un barbare !

Seigneur, de votre sang l'Anglais est altéré;
Ce sang à votre frère est-il donc si sacré?
Craindra-t-il d'accorder, dans son courroux funeste,
Aux alliés qu'il aime un rival qu'il déteste?

NEMOURS.

Il n'oserait.

ADÉLAÏDE.

    Son cœur ne connaît point de frein;
Il vous a menacé, menace-t-il en vain?

NEMOURS.

Il tremblera bientôt : le roi vient et nous venge;
La moitié de ce peuple à ses drapeaux se range.
Allez : si vous m'aimez, dérobez-vous aux coups
Des foudres allumés grondant autour de nous,
Au tumulte, au carnage, au désordre effroyable,
Dans des murs pris d'assaut malheur inévitable :
Mais craignez encor plus mon rival furieux;
Craignez l'amour jaloux qui veille dans ses yeux.
Je frémis de vous voir encor sous sa puissance;
Redoutez son amour autant que sa vengeance :
Cédez à mes douleurs; qu'il vous perde : partez.

ADÉLAÏDE.

Et vous vous exposez seul à ses cruautés?

NEMOURS.

Ne craignant rien pour vous, je craindrai peu mon frère,
Et bientôt mon appui lui devient nécessaire.

ADÉLAÏDE.

Aussi-bien que mon cœur, mes pas vous sont soumis:
Eh bien! vous l'ordonnez, je pars, et je frémis :
Je ne sais.... mais enfin la fortune jalouse
M'a toujours envié le nom de votre épouse.

ACTE IV, SCÈNE I.

NEMOURS.

Partez avec ce nom ; la pompe des autels,
Ces voiles, ces flambeaux, ces témoins solennels,
Inutiles garants d'une foi si sacrée,
La rendront plus connue, et non plus assurée.
Vous, mânes des Bourbons, princes, rois mes aïeux,
Du séjour des héros tournez ici les yeux :
J'ajoute à votre gloire en la prenant pour femme ;
Confirmez mes serments, ma tendresse, et ma flamme ;
Adoptez-la pour fille, et puisse son époux
Se montrer à jamais digne d'elle et de vous !

ADÉLAÏDE.

Rempli de vos bontés mon cœur n'a plus d'alarmes ;
Cher époux, cher amant....

NEMOURS

Quoi, vous versez des larmes !
C'est trop tarder ; adieu.... Ciel ! quel tumulte affreux !

SCÈNE II.
ADÉLAÏDE, NÉMOURS, VENDÔME, GARDES

VENDÔME.

Je l'entends, c'est lui-même : arrête, malheureux !
Lâche qui me trahis, rival indigne, arrête !

NEMOURS.

Il ne te trahit point ; mais il t'offre sa tête :
Porte à tous les excès ta haine et ta fureur ;
Va, ne perds point de temps, le ciel arme un vengeur.
Tremble ; ton roi s'approche, il vient, il va paraître.
Tu n'as vaincu que moi, redoute encor ton maître.

VENDÔME.

Il pourra te venger, mais non te secourir ;
Et ton sang....

ADÉLAÏDE.

Non, cruel, c'est à moi de mourir.
J'ai tout fait : c'est par moi que ta garde est séduite ;
J'ai gagné tes soldats ; j'ai préparé ma fuite :
Punis ces attentats et ces crimes si grands
De sortir d'esclavage et de fuir ses tyrans ;
Mais respecte ton frère, et sa femme, et toi-même :
Il ne t'a point trahi, c'est un frère qui t'aime ;
Il voulait te servir, quand tu veux l'opprimer.
Quel crime a-t-il commis, cruel, que de m'aimer ?
L'amour n'est-il en toi qu'un juge inexorable ?

VENDÔME.

Plus vous le défendez, plus il devient coupable ;
C'est vous qui le perdez, vous qui l'assassinez ;
Vous par qui tous nos jours étaient empoisonnés ;
Vous qui, pour leur malheur, armiez des mains si chères.
Puisse tomber sur vous tout le sang des deux frères !
Vous pleurez ; mais vos pleurs ne peuvent me tromper ;
Je suis prêt à mourir, et prêt à le frapper.
Mon malheur est au comble ainsi que ma faiblesse.
Oui, je vous aime encor ; le temps, le péril presse :
Vous pouvez à l'instant parer le coup mortel ;
Voilà ma main, venez : sa grâce est à l'autel.

ADÉLAÏDE.

Moi, seigneur ?

VENDÔME.

C'est assez.

ADÉLAÏDE.

Moi, que je le trahisse !

VENDÔME.

Arrêtez.... répondez....

ACTE IV, SCÈNE II. 59

ADÉLAÏDE.
Je ne puis.
VENDÔME.
Qu'il périsse !
NEMOURS, à Adélaïde.
Ne vous laissez pas vaincre en ces affreux combats ;
Osez m'aimer assez pour vouloir mon trépas :
Abandonnez mon sort aux coups qu'il me prépare.
Je mourrai triomphant des coups de ce barbare ;
Et si vous succombiez à son lâche courroux,
Je n'en mourrais pas moins, mais je mourrais par vous.
VENDÔME.
Qu'on l'entraîne à la tour : allez, qu'on m'obéisse.

SCÈNE III.

VENDÔME, ADÉLAÏDE.

ADÉLAÏDE.
Vous, cruel, vous feriez cet affreux sacrifice !
De son vertueux sang vous pourriez vous couvrir
Quoi ! voulez-vous....
VENDÔME.
Je veux vous haïr et mourir,
Vous rendre malheureuse encor plus que moi-même,
Répandre devant vous tout le sang qui vous aime,
Et vous laisser des jours plus cruels mille fois
Que le jour où l'amour nous a perdus tous trois.
Laissez-moi ; votre vue augmente mon supplice :

SCÈNE IV.

VENDÔME, ADÉLAÏDE, COUCY.

ADÉLAÏDE, *à Coucy.*

Ah ! je n'attends plus rien que de votre justice ;
Coucy, contre un cruel osez me secourir.

VENDÔME.

Garde-toi de l'entendre, ou tu vas me trahir.

ADÉLAÏDE.

J'atteste ici le ciel....

VENDÔME.

Qu'on l'ôte de ma vue.
Ami, délivre-moi d'un objet qui me tue.

ADÉLAÏDE.

Va, tyran, c'en est trop ; va, dans mon désespoir.
J'ai combattu l'horreur que je sens à te voir ;
J'ai cru, malgré ta rage, à ce point emportée,
Qu'une femme du moins en serait respectée :
L'amour adoucit tout, hors ton barbare cœur ;
Tigre, je t'abandonne à toute ta fureur.
Dans ton féroce amour immole tes victimes ;
Compte, dès ce moment, ma mort parmi tes crimes ;
Mais compte encor la tienne : un vengeur va venir :
Par ton juste supplice il va tous nous unir.
Tombe avec tes remparts ; tombe, et péris sans gloire ;
Meurs, et que l'avenir prodigue à ta mémoire,
A tes feux, à ton nom, justement abhorrés,
La haine et le mépris que tu m'as inspiré.

SCÈNE V.

VENDÔME, COUCY.

VENDÔME.

Oui, cruelle ennemie, et plus que moi farouche,
Oui, j'accepte l'arrêt prononcé par ta bouche :
Que la main de la haine, et que les mêmes coups
Dans l'horreur du tombeau nous réunissent tous.
(il tombe dans un fauteuil.)

COUCY.

Il ne se connaît plus ; il succombe à sa rage.

VENDÔME.

Eh bien ! souffriras-tu ma honte et mon outrage ?
Le temps presse ; veux-tu qu'un rival odieux
Enlève la perfide, et l'épouse à mes yeux ?
Tu crains de me répondre ! attends-tu que le traître
Ait soulevé mon peuple, et me livre à son maître ?

COUCY.

Je vois trop, en effet, que le parti du roi
Du peuple fatigué fait chanceler la foi.
De la sédition la flamme réprimée
Vit encor dans les cœurs, en secret rallumée.

VENDÔME.

C'est Nemours qui l'allume ; il nous a trahis tous.

COUCY.

Je suis loin d'excuser ses crimes envers vous :
La suite en est funeste, et me remplit d'alarmes.
Dans la plaine déja les Français sont en armes,
Et vous êtes perdu, si le peuple excité
Croit dans la trahison trouver sa sûreté.
Vos dangers sont accrus.

VENDÔME.
　　　　　Eh bien ! que faut-il faire ?
COUCY.
Les prévenir ; domter l'amour et la colère.
Ayons encor, mon prince, en cette extrémité,
Pour prendre un parti sûr assez de fermeté.
Nous pouvons conjurer ou braver la tempête ;
Quoi que vous décidiez, ma main est toute prête.
Vous vouliez ce matin, par un heureux traité,
Apaiser avec gloire un monarque irrité :
Ne vous rebutez pas ; ordonnez, et j'espère
Signer en votre nom cette paix salutaire :
Mais s'il vous faut combattre et courir au trépas,
Vous savez qu'un ami ne vous survivra pas.

VENDÔME.
Ami, dans le tombeau laisse-moi seul descendre ;
Vis pour servir ma cause, et pour venger ma cendre ;
Mon destin s'accomplit, et je cours l'achever :
Qui ne veut que la mort est sûr de la trouver :
Mais je la veux terrible ; et lorsque je succombe
Je veux voir mon rival entraîné dans ma tombe.

COUCY.
Comment ! de quelle horreur vos sens sont possédés !

VENDÔME.
Il est dans cette tour, où vous seul commandez ;
Et vous m'avez promis que contre un téméraire....

COUCY.
De qui me parlez-vous, seigneur ? de votre frère ?

VENDÔME.
Non, je parle d'un traître et d'un lâche ennemi,
D'un rival qui m'abhorre et qui m'a tout ravi :
L'Anglais attend de moi la tête du parjure.

ACTE IV, SCÈNE V.

COUCY.
Vous leur avez promis de trahir la nature?
VENDÔME.
Dès long-temps du perfide ils ont proscrit le sang.
COUCY.
Et pour leur obéir, vous lui percez le flanc?
VENDÔME.
Non, je n'obéis point à leur haine étrangère;
J'obéis à ma rage, et veux la satisfaire.
Que m'importe l'état et mes vains alliés?
COUCY.
Ainsi donc à l'amour vous le sacrifiez?
Et vous me chargez, moi, du soin de son supplice!
VENDÔME.
Je n'attends pas de vous cette prompte justice.
Je suis bien malheureux, bien digne de pitié!
Trahi dans mon amour, trahi dans l'amitié!
Ah, trop heureux dauphin! c'est ton sort que j'envie;
Ton amitié du moins n'a point été trahie;
Et Tanguy du Châtel, quand tu fus offensé,
T'a servi sans scrupule, et n'a pas balancé.
Allez : Vendôme encor, dans le sort qui le presse,
Trouvera des amis qui tiendront leur promesse;
D'autres me serviront, et n'allégueront pas
Cette triste vertu, l'excuse des ingrats.
COUCY, *après un long silence.*
Non; j'ai pris mon parti. Soit crime, soit justice,
Vous ne vous plaindrez pas que Coucy vous trahisse.
Je ne souffrirai pas que d'un autre que moi,
Dans de pareils moments, vous éprouviez la foi.
Quand un ami se perd, il faut qu'on l'avertisse,
Il faut qu'on le retienne au bord du précipice :

Je l'ai dû, je l'ai fait malgré votre courroux ;
Vous y voulez tomber, je m'y jette avec vous ;
Et vous reconnaîtrez, au succès de mon zèle,
Si Coucy vous aimait, et s'il vous fut fidèle.

VENDÔME.

Je revois mon ami... vengeons-nous, vole... attend...
Non, va, te dis-je, frappe, et je mourrai content :
Qu'à l'instant de sa mort, à mon impatience
Le canon des remparts annonce ma vengeance ;
J'irai, je l'apprendrai sans trouble et sans effroi
A l'objet odieux qui l'immole par moi.
Allons.

COUCY.

En vous rendant ce malheureux service,
Prince, je vous demande un autre sacrifice.

VENDÔME.

Parle.

COUCY.

Je ne veux pas que l'Anglais en ces lieux,
Protecteur insolent, commande sous mes yeux ;
Je ne veux pas servir un tyran qui nous brave.
Ne puis-je vous venger, sans être son esclave ?
Si vous voulez tomber, pourquoi prendre un appui ?
Pour mourir avec vous ai-je besoin de lui ?
Du sort de ce grand jour laissez-moi la conduite :
Ce que je fais pour vous peut-être le mérite.
Les Anglais avec moi pourraient mal s'accorder ;
Jusqu'au dernier moment je veux seul commander.

VENDÔME.

Pourvu qu'Adélaïde, au désespoir réduite,
Pleure en larmes de sang l'amant qui l'a séduite ;
Pourvu que de l'horreur de ses gémissements,

Mon courroux se repaisse à mes derniers moments;
Tout le reste est égal, et je te l'abandonne :
Prépare le combat, agis, dispose, ordonne.
Ce n'est plus la victoire où ma fureur prétend;
Je ne cherche pas même un trépas éclatant :
Aux cœurs désespérés qu'importe un peu de gloire?
Périsse ainsi que moi ma funeste mémoire!
Périsse avec mon nom le souvenir fatal
D'une indigne maîtresse et d'un lâche rival!

COUCY.

Je l'avoue avec vous, une nuit éternelle
Doit couvrir, s'il se peut, une fin si cruelle :
C'était avant ce coup qu'il nous fallait mourir.
Mais je tiendrai parole, et je vais vous servir

FIN DU QUATRIÈME ACTE.

ACTE CINQUIÈME.

SCÈNE I.

VENDÔME, UN OFFICIER, GARDES.

VENDÔME.

O ciel ! me faudra-t-il de moments en moments
Voir et des trahisons et des soulèvements ?
Eh bien ! de ces mutins l'audace est terrassée ?

L'OFFICIER.

Seigneur, ils vous ont vu, leur foule est dispersée.

VENDÔME.

L'ingrat de tous côtés m'opprimait aujourd'hui ;
Mon malheur est parfait, tous les cœurs sont à lui.
Dangeste est-il puni de sa fourbe cruelle ?

L'OFFICIER.

Le glaive a fait couler le sang de l'infidèle.

VENDÔME.

Ce soldat, qu'en secret vous m'avez amené,
Va-t-il exécuter l'ordre que j'ai donné ?

L'OFFICIER.

Oui, seigneur, et déja vers la tour il s'avance.

VENDÔME.

Je vais donc à la fin jouir de ma vengeance !
Sur l'incertain Coucy mon cœur a trop compté ;
Il a vu ma fureur avec tranquillité :
On ne soulage point des douleurs qu'on méprise ;
Il faut qu'en d'autres mains ma vengeance soit mise.
Vous, que sur nos remparts on porte nos drapeaux ;

ACTE V, SCÈNE 1.

Allez, qu'on se prépare à des périls nouveaux.
Vous sortez d'un combat, un autre vous appelle;
Ayez la même audace avec le même zèle :
Imitez votre maître; et s'il vous faut périr,
Vous recevrez de moi l'exemple de mourir.

(seul.)

Le sang, l'indigne sang qu'a demandé ma rage
Sera du moins pour moi le signal du carnage :
Un bras vulgaire et sûr va punir mon rival;
Je vais être servi : j'attends l'heureux signal.
Nemours, tu vas périr; mon bonheur se prépare....
Un frère assassiné! quel bonheur! Ah! barbare!
S'il est doux d'accabler ses cruels ennemis,
Si ton cœur est content, d'où vient que tu frémis?
Allons.... Mais quelle voix gémissante et sévère
Crie au fond de mon cœur : Arrête, il est ton frère!
Ah! prince infortuné, dans ta haine affermi,
Songe à des droits plus saints; Nemours fut ton ami!
O jours de notre enfance! ô tendresses passées!
Il fut le confident de toutes mes pensées;
Avec quelle innocence et quels épanchements
Nos cœurs se sont appris leurs premiers sentiments!
Que de fois, partageant mes naissantes alarmes,
D'une main fraternelle essuya-t-il mes larmes!
Et c'est moi qui l'immole! et cette même main
D'un frère que j'aimai déchirerait le sein!
O passion funeste! ô douleur qui m'égare!
Non, je n'étais point né pour devenir barbare.
Je sens combien le crime est un fardeau cruel.
Mais que dis-je? Nemours est le seul criminel.
Je reconnais mon sang, mais c'est à sa furie;
Il m'enlève l'objet dont dépendait ma vie;

Il aime Adélaïde.... Ah! trop jaloux transport!
Il l'aime ; est-ce un forfait qui mérite la mort ?
Hélas! malgré le temps, et la guerre, et l'absence,
Leur tranquille union croissait dans le silence ;
Ils nourrissaient en paix leur innocente ardeur,
Avant qu'un fol amour empoisonnât mon cœur.
Mais lui-même il m'attaque, il brave ma colère,
Il me trompe, il me hait : n'importe, il est mon frère !
Il ne périra point. Nature, je me rends ;
Je ne veux point marcher sur les pas des tyrans.
Je n'ai point entendu le signal homicide,
L'organe des forfaits, la voix du parricide ;
Il en est encor temps.

SCÈNE II.

VENDÔME, L'OFFICIER DES GARDES.

VENDÔME.

Que l'on sauve Nemours ;
Portez mon ordre, allez, répondez de ses jours.

L'OFFICIER.

Hélas, seigneur! j'ai vu non loin de cette porte
Un corps souillé de sang qu'en secret on emporte ;
C'est Coucy qui l'ordonne ; et je crains que le sort....

VENDÔME.

(On entend le canon.)

Quoi, déja....! Dieu, qu'entends-je? ah ciel! mon frère est mort,
Il est mort, et je vis ! et la terre entr'ouverte,
Et la foudre en éclats n'ont point vengé sa perte !
Ennemi de l'état, factieux, inhumain,
Frère dénaturé, ravisseur, assassin,

ACTE V, SCENE II.

Voilà quel est Vendôme. Ah! vérité funeste!
Je vois ce que je suis et ce que je déteste!
Le voile est déchiré, je m'étais mal connu.
Au comble des forfaits je suis donc parvenu!
Ah, Nemours! ah, mon frere! ah, jour de ma ruine,
Je sens que je t'aimais, et mon bras t'assassine;
Mon frère!

L'OFFICIER.
Adélaïde avec empressement
Veut, seigneur, en secret vous parler un moment.

VENDÔME.
Chers amis, empêchez que la cruelle avance;
Je ne puis soutenir ni souffrir sa présence :
Mais non; d'un parricide elle doit se venger;
Dans mon coupable sang sa main doit se plonger;
Qu'elle entre... Ah! je succombe, et ne vis plus qu'à peine.

SCÈNE III.
VENDÔME, ADÉLAÏDE.

ADÉLAÏDE.
Vous l'emportez, seigneur, et puisque votre haine,
(Comment puis-je autrement appeler en ce jour
Ces affreux sentiments que vous nommez amour?)
Puisqu'à ravir ma foi votre haine obstinée
Veut ou le sang d'un frère, ou ce triste hyménée....
Puisque je suis réduite au déplorable sort
Ou de trahir Nemours, ou de hâter sa mort,
Et que, de votre rage et ministre et victime,
Je n'ai plus qu'à choisir mon supplice et mon crime;
Mon choix est fait, seigneur, et je me donne à vous :
Par le droit des forfaits vous êtes mon époux :

Brisez les fers honteux dont vous chargez un frère;
De Lille sous ses pas abaissez la barrière;
Que je ne tremble plus pour des jours si chéris;
Je trahis mon amant, je le perds à ce prix;
Je vous épargne un crime, et suis votre conquête :
Commandez, disposez, ma main est toute prête.
Sachez que cette main que vous tyrannisez
Punira la faiblesse où vous me réduisez;
Sachez qu'au temple même où vous m'allez conduire....
Mais vous voulez ma foi, ma foi doit vous suffire.
Allons.... Eh quoi ! d'où vient ce silence affecté ?
Quoi ! votre frère encor n'est point en liberté ?

VENDÔME.

Mon frère ?

ADÉLAÏDE.

Dieu puissant ! dissipez mes alarmes !
Ciel ! de vos yeux cruels je vois tomber des larmes !

VENDÔME.

Vous demandez sa vie....

ADÉLAÏDE.

Ah ! qu'est-ce que j'entends ?
Vous qui m'aviez promis....

VENDÔME.

Madame, il n'est plus temps.

ADÉLAÏDE.

Il n'est plus temps ! Nemours....!

VENDÔME.

Il est trop vrai, cruelle !
Oui, vous avez dicté sa sentence mortelle.
Coucy pour nos malheurs a trop su m'obéir.
Ah ! revenez à vous, vivez pour me punir,

ACTE V, SCENE III.

Frappez ; que votre main, contre moi ranimée,
Perce un cœur inhumain qui vous a trop aimée,
Un cœur dénaturé qui n'attend que vos coups.
Oui ; j'ai tué mon frère, et l'ai tué pour vous.
Vengez sur un amant coupable et sanguinaire
Tous les crimes affreux que vous m'avez fait faire.

ADÉLAÏDE.

Nemours est mort ? barbare.... !

VENDÔME.

      Oui ; mais c'est de ta main
Que son sang veut ici le sang de l'assassin.

ADÉLAÏDE, *soutenue par Taïse, et presque évanouie.*

Il est mort !

VENDÔME.

  Ton reproche....

ADÉLAÏDE.

      Épargne ma misère :
Laisse-moi, je n'ai plus de reproche à te faire ;
Va, porte ailleurs ton crime et ton vain repentir.
Je veux encor le voir, l'embrasser, et mourir.

VENDÔME.

Ton horreur est trop juste. Eh bien ! Adélaïde,
Prends ce fer, arme-toi, mais contre un parricide.
Je ne mérite pas de mourir de tes coups ;
Que ma main les conduise.

SCÈNE IV.

VENDÔME, ADÉLAÏDE, COUCY.

COUCY.

    Ah ciel ! que faites-vous ?

VENDÔME. (*On le désarme.*)

Laisse-moi me punir, et me rendre justice.

ADÉLAÏDE, *à Coucy.*

Vous, d'un assassinat vous êtes le complice?

VENDÔME.

Ministre de mon crime, as-tu pu m'obéir?

COUCY.

Je vous avais promis, seigneur, de vous servir.

VENDÔME.

Malheureux que je suis! ta sévère rudesse
A cent fois de mes sens combattu la faiblesse;
Ne devais-tu te rendre à mes tristes souhaits
Que quand ma passion t'ordonnait des forfaits?
Tu ne m'as obéi que pour perdre mon frère!

COUCY.

Lorsque j'ai refusé ce sanglant ministère,
Votre aveugle courroux n'allait-il pas soudain
Du soin de vous venger charger une autre main?

VENDÔME.

L'amour, le seul amour, de mes sens toujours maître,
En m'ôtant ma raison, m'eût excusé peut-être;
Mais toi, dont la sagesse et les réflexions
Ont calmé dans ton sein toutes les passions,
Toi, dont j'avais tant craint l'esprit ferme et rigide,
Avec tranquillité permettre un parricide!

COUCY.

Eh bien! puisque la honte avec le repentir,
Par qui la vertu parle à qui peut la trahir,
D'un si juste remords ont pénétré votre ame;
Puisque, malgré l'excès de votre aveugle flamme,
Au prix de votre sang vous voudriez sauver
Ce sang dont vos fureurs ont voulu vous priver,
Je peux donc m'expliquer, je peux donc vous apprendre
Que de vous-même enfin Coucy sait vous défendre.

ACTE V, SCÈNE IV.

Connaissez-moi, madame, et calmez vos douleurs.
   (au duc.)   (à Adélaïde.)
Vous, gardez vos remords; et vous, séchez vos pleurs;
Que ce jour à tous trois soit un jour salutaire.
Venez, paraissez, prince, embrassez votre frère.
  (Le théâtre s'ouvre, Nemours paraît.)

SCÈNE V.

VENDÔME, ADÉLAÏDE, NEMOURS, COUCY.

ADÉLAÏDE.

Nemours!

VENDÔME.

Mon frère!

ADÉLAÏDE.

Ah ciel!

VENDÔME.

     Qui l'aurait pu penser?

NEMOURS, *s'avançant du fond du théâtre.*

J'ose encor te revoir, te plaindre, et t'embrasser.

VENDÔME.

Mon crime en est plus grand, puisque ton cœur l'oublie.

ADÉLAÏDE.

Coucy, digne héros, qui me donnez la vie!

VENDÔME.

Il la donne à tous trois.

COUCY.

     Un indigne assassin
Sur Nemours à mes yeux avait levé la main;
J'ai frappé le barbare, et, prévenant encore
Les aveugles fureurs du feu qui vous dévore,

J'ai fait donner soudain le signal odieux,
Sûr que le repentir vous ouvrirait les yeux.

VENDÔME.

Après ce grand exemple et ce service insigne,
Le prix que je t'en dois, c'est de m'en rendre digne.
Le fardeau de mon crime est trop pesant pour moi ;
Mes yeux, couverts d'un voile et baissés devant toi,
Craignent de rencontrer et les regards d'un frère,
Et la beauté fatale à tous les deux trop chère.

NEMOURS.

Tous deux auprès du roi nous voulions te servir.
Quel est donc ton dessein ? parle.

VENDÔME.

De me punir,
De nous rendre à tous trois une égale justice ;
D'expier devant vous, par le plus grand supplice,
Le plus grand des forfaits où la fatalité,
L'amour et le courroux m'avaient précipité.
J'aimais Adélaïde, et ma flamme cruelle,
Dans mon cœur désolé, s'irrite encor pour elle :
Coucy sait à quel point j'adorais ses appas ;
Quand ma jalouse rage ordonnait ton trépas ;
Dévoré malgré moi du feu qui me possède,
Je l'adore encor plus.... et mon amour la cède.
Je m'arrache le cœur, je la mets dans tes bras :
Aimez-vous ; mais au moins ne me haïssez pas.

NEMOURS, *à ses pieds.*

Moi, vous haïr jamais ! Vendôme, mon cher frère !
J'osai vous outrager.... vous me servez de père.

ADÉLAÏDE.

Oui, Seigneur, avec lui j'embrasse vos genoux ;

ACTE V, SCÈNE V.

La plus tendre amitié va me rejoindre à vous :
Vous me payez trop bien de ma douleur soufferte.

VENDÔME.

Ah ! c'est trop me montrer mes malheurs et ma perte !
Mais vous m'apprenez tous à suivre la vertu.
Ce n'est-point à demi que mon cœur est rendu.
   (à Nemours.)
Trop fortunés époux, oui, mon ame attendrie
Imite votre exemple, et chérit sa patrie.
Allez apprendre au roi, pour qui vous combattez,
Mon crime, mes remords, et vos félicités.
Allez : ainsi que vous je vais le reconnaître.
Sur nos remparts soumis amenez votre maître ;
Il est déja le mien : nous, allons à ses pieds
Abaisser sans regret nos fronts humiliés.
J'égalerai pour lui votre intrépide zèle :
Bon Français, meilleur frère, ami, sujet fidèle :
Es-tu content, Coucy ?

COUCY.

        J'ai le prix de mes soins,
Et du sang des Bourbons je n'attendais pas moins.

FIN D'ADÉLAÏDE DU GUESCLIN.

ALZIRE,

ou

LES AMÉRICAINS,

TRAGÉDIE,

Représentée, pour la première fois, le 27 jan$^\vee$
1736.

DISCOURS PRÉLIMINAIRE.

On a tâché dans cette tragédie, toute d'invention et d'une espèce assez neuve, de faire voir combien le véritable esprit de religion l'emporte sur les vertus de la nature.

La religion d'un barbare consiste à offrir à ses dieux le sang de ses ennemis. Un chrétien mal instruit n'est souvent guère plus juste. Être fidèle à quelques pratiques inutiles, et infidèle aux vrais devoirs de l'homme; faire certaines prières, et garder ses vices; jeûner, mais haïr, cabaler, persécuter; voilà sa religion. Celle du chrétien véritable est de regarder tous les hommes comme ses frères; de leur faire du bien et de leur pardonner le mal. Tel est Gusman au moment de sa mort; tel Alvarez dans le cours de sa vie; tel j'ai peint Henri IV, même au milieu de ses faiblesses.

On retrouvera dans presque tous mes écrits cette humanité qui doit être le premier caractère d'un être pensant: on y verra (si j'ose m'exprimer ainsi) le désir du bonheur des hommes; l'horreur de l'injustice et de l'oppression; et c'est cela seul qui a jusqu'ici tiré mes ouvrages de l'obscurité où leurs défauts devaient les ensevelir.

Voilà pourquoi la Henriade s'est soutenue malgré les efforts de quelques Français jaloux, qui ne voulaient pas absolument que la France eût un poëme épique. Il y a toujours un petit nombre de lecteurs qui ne laissent point empoisonner leur jugement du venin des cabales et des intrigues, qui n'aiment que le vrai, qui cherchent toujours l'homme dans l'auteur : voilà ceux devant qui j'ai trouvé grâce. C'est à ce petit nombre d'hommes que j'adresse les réflexions suivantes; j'espère qu'ils les pardonneront à la nécessité où je suis de les faire.

Un étranger s'étonnait un jour à Paris d'une foule de libelles de toute espèce, et d'un déchaînement cruel par lequel un homme était opprimé. Il faut apparemment, dit-il, que cet homme soit d'une grande ambition, et qu'il cherche à s'élever à quelqu'un de ces postes qui irritent la cupidité humaine et l'envie. Non, lui répondit-on; c'est un citoyen, obscur, retiré, qui vit plus avec Virgile et Locke qu'avec ses compatriotes, et dont la figure n'est pas plus connue de quelques-uns de ses ennemis que du graveur qui a prétendu graver son portrait : c'est l'auteur de quelques pièces qui vous ont fait verser des larmes, et de quelques ouvrages dans lesquels, malgré leurs défauts, vous aimez cet esprit d'humanité, de justice, de liberté qui y règne : ceux qui le calomnient, ce sont des hommes pour la plupart plus obscurs que lui, qui prétendent lui disputer un peu de fumée, et qui le persécuteront jusqu'à sa mort, uniquement à cause du plaisir qu'il vous a donné. Cet étranger se sentit quelque indignation pour les persécuteurs, et quelque bienveillance pour le persécuté.

Il est dur, il faut l'avouer, de ne point obtenir de ses contemporains et de ses compatriotes ce que l'on peut espérer des étrangers et de la postérité. Il est bien cruel, bien honteux pour l'esprit humain que la littérature soit infectée de ces haines personnelles, de ces cabales, de ces intrigues, qui devraient être le partage des esclaves de la fortune. Que gagnent les auteurs en se déchirant mutuellement? ils avilissent une profession qu'il ne tient u'à eux de rendre respectable. Faut-il que l'art de penser, le plus beau partage des hommes, devienne une source de ridicule, et que les gens d'esprit, rendus souvent par leurs querelles le jouet des sots, soient les bouffons d'un public dont ils devraient être les maîtres?

Virgile, Varius, Pollion, Horace, Tibulle, étaient amis : les monuments de leur amitié subsistent, et apprendront à jamais aux hommes que les esprits supérieurs doivent être unis. Si nous n'atteignons pas à l'excellence de leur génie, ne pouvons-nous pas avoir leurs vertus? Ces hommes sur qui l'univers avait les yeux, qui avaient à se disputer l'admiration de l'Asie, de l'Afrique, et de l'Europe, s'aimaient pourtant et vivaient en frères ; et nous, qui sommes renfermés sur un si petit théâtre, nous dont les noms, à peine connus dans un coin du monde, passeront bientôt comme nos modes, nous nous acharnons les uns contre les autres pour un éclair de réputation, qui, hors de notre petit horizon, ne frappe les yeux de personné. Nous sommes dans un temps de disette; nous avons peu, nous nous l'arrachons. Virgile et Horace ne se disputaient rien, parce qu'ils étaient dans l'abondance.

On a imprimé un livre, *de morbis artificum : des maladies des artistes.* La plus incurable est cette jalousie et cette bassesse. Mais ce qu'il y a de déshonorant, c'est que l'intérêt a souvent plus de part encore que l'envie à toutes ces petites brochures satiriques dont nous sommes inondés. On demandait, il n'y a pas long-temps, à un homme qui avait fait je ne sais quelle mauvaise brochure contre son ami et son bienfaiteur, pourquoi il s'était emporté à cet excès d'ingratitude; il répondit froidement, *Il faut que je vive* [1].

De quelque source que partent ces outrages, il est sûr qu'un homme qui n'est attaqué que dans ses écrits ne doit jamais répondre aux critiques; car, si elles sont bonnes, il n'a autre chose à faire qu'à se corriger; et, si elles sont mauvaises, elles meurent en naissant. Souvenons-nous de la fable du Boccalini. « Un voyageur, dit-il, était importuné dans son chemin du bruit des cigales : il s'arrêta pour les tuer; il n'en vint pas à bout, et ne fit que s'écarter de sa route. Il n'avait qu'à

---

[1] Ce fut l'abbé Guyot Desfontaines qui fit cette réponse à M. le comte d'Argenson, depuis secrétaire d'état de la guerre; à quoi le comte d'Argenson répliqua, « Je n'en vois pas la nécessité. »

« continuer paisiblement son voyage ; les cigales
« seraient mortes d'elles-mêmes au bout de huit
« jours. »

Il faut toujours que l'auteur s'oublie ; mais l'homme ne doit jamais s'oublier : *se ipsum deserere turpissimum est*. On sait que ceux qui n'ont pas assez d'esprit pour attaquer nos ouvrages calomnient nos personnes : quelque honteux qu'il soit de leur répondre, il le serait quelquefois davantage de ne leur répondre pas.

On m'a traité, dans vingt libelles, d'homme sans religion : une des belles preuves qu'on en a apportées, c'est que, dans OEdipe, Jocaste dit ces vers :

« Les prêtres ne sont point ce qu'un vain peuple pense,
« Notre crédulité fait toute leur science. »

Ceux qui m'ont fait ce reproche sont aussi raisonnables pour le moins que ceux qui ont imprimé que la Henriade, dans plusieurs endroits, *sentait bien son semi-pélagien*. On renouvelle souvent cette accusation cruelle d'irréligion, parce que c'est le dernier refuge des calomniateurs. Comment leur répondre ? comment s'en consoler, sinon en se souvenant de la foule de ces grands hommes qui, depuis Socrate jusqu'à Descartes, ont essuyé ces calomnies atroces ? Je ne ferai ici qu'une seule question : je demande qui a le plus de religion, ou le calomniateur qui persécute, ou le calomnié qui pardonne ?

Ces mêmes libelles me traitent d'homme envieux de la réputation d'autrui : je ne connais l'envie que par le mal qu'elle m'a voulu faire. J'ai défendu à mon esprit d'être satirique, et il est impossible à mon cœur d'être envieux. J'en appelle à l'auteur de Rhadamiste et d'Electre, qui par ces deux ouvrages m'inspira le premier le désir d'entrer quelque temps dans la même carrière. Ses succès ne m'ont jamais coûté d'autres larmes que celles que l'attendrissement m'arrachait aux représentations de ses pièces; il sait qu'il n'a fait naître en moi que de l'émulation et de l'amitié.

J'ose dire avec confiance que je suis plus attaché aux beaux arts qu'à mes écrits. Sensible à l'excès, dès mon enfance, pour tout ce qui porte le caractère du génie, je regarde un grand poëte, un bon musicien, un bon peintre, un sculpteur habile, (s'il a de la probité) comme un homme que je dois chérir, comme un frère que les arts m'ont donné. Les jeunes gens qui voudront s'appliquer aux lettres trouveront en moi un ami ; plusieurs y ont trouvé un père. Voilà mes sentiments : quiconque a vécu avec moi sait bien que je n'en ai point d'autres.

Je me suis cru obligé de parler ainsi au public sur moi-même une fois en ma vie. A l'égard de ma tragédie, je n'en dirai rien. Réfuter des critiques est un vain amour-propre ; confondre la calomnie est un devoir.

ÉPITRE

A MADAME LA MARQUISE

DU CHATELET.

MADAME,

Quel faible hommage pour vous qu'un de ces ouvrages de poésie qui n'ont qu'un temps, qui doivent leur mérite à la faveur passagère du public, et à l'illusion du théâtre, pour tomber ensuite dans la foule et dans l'obscurité!

Qu'est-ce en effet qu'un roman mis en action et en vers devant celle qui lit les ouvrages de géométrie avec la même facilité que les autres lisent les romans; devant celle qui n'a trouvé dans Locke, ce sage précepteur du genre humain, que ses propres sentiments et l'histoire de ses pensées; enfin aux yeux d'une personne qui, née pour les agréments, leur préfère la vérité?

Mais, Madame, le plus grand génie, et sûrement le plus désirable, est celui qui ne donne l'exclusion à aucun des beaux-arts. Ils

sont tous la nourriture et le plaisir de l'ame.
y en a-t-il dont on doive se priver? Heureux
l'esprit que la philosophie ne peut dessécher,
et que les charmes des belles lettres ne peuvent amollir; qui sait se fortifier avec Locke,
s'éclairer avec Clarke et Newton, s'élever
dans la lecture de Cicéron et de Bossuet,
s'embellir par les charmes de Virgile et du
Tasse!

Tel est votre génie, Madame : il faut que
je ne craigne point de le dire, quoique vous
craigniez de l'entendre : il faut que votre
exemple encourage les personnes de votre
sexe et de votre rang à croire qu'on s'ennoblit encore en perfectionnant sa raison, et
que l'esprit donne des grâces.

Il a été un temps en France, et même dans
toute l'Europe, où les hommes pensaient
déroger, et les femmes sortir de leur état, en
osant s'instruire. Les uns ne se croyaient nés
que pour la guerre ou pour l'oisiveté, et les
autres que pour la coquetterie.

Le ridicule même que Molière et Despréaux ont jeté sur les femmes savantes a
semblé, dans un siècle poli, justifier les préjugés de la barbarie. Mais Molière, ce lég

lateur dans la morale et dans les bienséances du monde, n'a pas assurément prétendu, en attaquant les femmes savantes, se moquer de la science et de l'esprit. Il n'en a joué que l'abus et l'affectation ; ainsi que, dans son Tartuffe, il a diffamé l'hypocrisie et non pas la vertu.

Si, au lieu de faire une satire contre les femmes, l'exact, le solide, le laborieux, l'élégant Despréaux avoit consulté les femmes de la cour les plus spirituelles, il eût ajouté à l'art et au mérite de ses ouvrages, si bien travaillés, des grâces et des fleurs qui leur eussent encore donné un nouveau charme. En vain, dans sa satire des femmes, il a voulu couvrir de ridicule une dame qui avait appris l'astronomie : il eût mieux fait de l'apprendre lui-même.

L'esprit philosophique a fait tant de progrès en France depuis quarante ans, que si Boileau vivait encore, lui qui osait se moquer d'une femme de condition parce qu'elle voyait en secret Roberval et Sauveur, il serait obligé de respecter et d'imiter celles qui profitent publiquement des lumières des Maupertuis, des Réaumur, des Mairan, des du Fay et des Clairault; de tous ces véritables savants qui n'ont pour objet qu'une science utile, et qui, en la rendant agréable, la rendent insensiblement nécessaire à notre nation. Nous sommes au temps, j'ose le dire, où il faut qu'un poëte soit philosophe, et où une femme peut l'être hardiment.

Dans le commencement du dernier siècle, les Français apprirent à arranger des mots. Le siècle des choses est arrivé. Telle qui lisait autrefois Montaigne, l'Astrée et les Contes de la reine de Navarre, était une savante. Les Déshoulières et les Dacier, illustres dans différents genres, sont venues depuis. Mais votre sexe a encore tiré plus de gloire de celles qui ont mérité qu'on fît pour elles le livre charmant des Mondes, et les Dialogues sur la lumière [1] qui vont paraître, ouvrage peut-être comparable aux Mondes.

Il est vrai qu'une femme qui abandonnerait les devoirs de son état pour cultiver les sciences serait condamnable, même dans ses succès; mais, Madame, le même esprit qui mène à la connaissance de la vérité est celui

---

[1] Il Newtonianismo per le dame, d'Algarotti.

qui porte à remplir ses devoirs. La reine d'Angleterre, l'épouse de George II, qui a servi de médiatrice entre les deux plus grands métaphysiciens de l'Europe, Clarke et Leibnitz, et qui pouvait les juger, n'a pas négligé pour cela un moment les soins de reine, de femme, et de mère. Christine, qui abandonna le trône pour les beaux arts, fut au rang des grands rois tant qu'elle régna. La petite-fille du grand Condé, dans laquelle on voit revivre l'esprit de son aïeul, n'a-t-elle pas ajouté une nouvelle considération au sang dont elle est sortie?

Vous, Madame, dont on peut citer le nom à côté de celui de tous les princes, vous faites aux lettres le même honneur : vous en cultivez tous les genres ; elles font votre occupation dans l'âge des plaisirs. Vous faites plus, vous cachez ce mérite étranger au monde avec autant de soin que vous l'avez acquis. Continuez, Madame, à chérir, à oser cultiver les sciences, quoique cette lumière, long-temps renfermée dans vous-même, ait éclaté malgré vous. Ceux qui ont répandu en secret des bienfaits doivent-ils renoncer à cette vertu, quand elle est devenue publique?

Eh! pourquoi rougir de son mérite? L'esprit orné n'est qu'une beauté de plus; c'est un nouvel empire. On souhaite aux arts la protection des souverains : celle de la beauté n'est-elle pas au-dessus?

Permettez-moi de dire encore qu'une des raisons qui doivent faire estimer les femmes qui font usage de leur esprit, c'est que le goût seul les détermine. Elles ne cherchent en cela qu'un nouveau plaisir, et c'est en quoi elles sont bien louables.

Pour nous autres hommes, c'est souvent par vanité, quelquefois par intérêt, que nous consumons notre vie dans la culture des arts. Nous en faisons les instruments de notre fortune; c'est une espèce de profanation. Je suis fâché qu'Horace dise de lui :

L'indigence est le dieu qui m'inspira des vers [1].

La rouille de l'envie, l'artifice des intrigues, le poison de la calomnie, l'assassinat de la satire (si j'ose m'exprimer ainsi), déshonorent parmi les hommes une profession

---

[1] Paupertas impulit audax
Ut versus facerem.
HORAT. Epist. lib. II, epist. 2, v. 51-54.

qui par elle-même a quelque chose de divin.

Pour moi, Madame, qu'un penchant invincible a déterminé aux arts dès mon enfance, je me suis dit de bonne heure ces paroles, que je vous ai souvent répétées, de Cicéron, ce consul romain qui fut le père de la patrie, de la liberté et de l'éloquence [1] : « Les lettres forment la jeunesse, et font les « charmes de l'âge avancé. La prospérité en « est plus brillante; l'adversité en reçoit des « consolations; et dans nos maisons, dans « celles des autres, dans les voyages, dans « la solitude, en tout temps, en tous lieux, « elles font la douceur de notre vie. »

Je les ai toujours aimées pour elles-mêmes; mais à présent, Madame, je les cultive pour vous, pour mériter, s'il est possible, de passer auprès de vous le reste de ma vie dans le sein de la retraite, de la paix, peut-être de la vérité; à qui vous sacrifiez dans votre jeunesse les plaisirs faux, mais enchanteurs, du

---

[1] Studia adolescentiam alunt, senectutem oblectant, secundas res ornant, adversis perfugium ac solatium præbent; delectant domi, non impediunt foris; pernoctant nobiscum, peregrinantur, rusticantur.

monde; enfin pour être à portée de dire un jour avec Lucrèce, ce poëte philosophe dont les beautés et les erreurs vous sont si connues :

Heureux qui, retiré dans le temple des sages,
Voit en paix sous ses pieds se former les orages,
Qui contemple de loin les mortels insensés,
De leur joug volontaire esclaves empressés,
Inquiets, incertains du chemin qu'il faut suivre,
Sans penser, sans jouir, ignorant l'art de vivre,
Dans l'agitation consumant leurs beaux jours,
Poursuivant la fortune, et rampant dans les cours !
O vanité de l'homme ! ô faiblesse ! ô misère ! [1]

Je n'ajouterai rien à cette longue épître touchant la tragédie que j'ai l'honneur de vous dédier. Comment en parler, Madame, après avoir parlé de vous ? Tout ce que je puis dire, c'est que je l'ai composée dans votre maison et sous vos yeux. J'ai voulu la rendre moins

---

[1] Sed nil dulcius est, bene quàm munita tenere
Edita doctrinâ sapientûm templa serena;
Despicere unde queas alios, passimque videre
Errare, atque viam palantes quærere vitæ,
Certare ingenio, contendere nobilitate,
Noctes atque dies niti præstante labore,
Ad summas emergere opes, rerumque potiri.
O miseras hominum mentes ! ô pectora cæca !

indigne de vous, y mettant de la nouveauté, de la vérité et de la vertu. J'ai essayé de peindre ce sentiment généreux, cette humanité, cette grandeur d'ame qui fait le bien et qui pardonne le mal; ces sentiments tant recommandés par les sages de l'antiquité, et épurés dans notre religion, ces vraies lois de la nature, toujours si mal suivies. Vous avez ôté bien des défauts à cet ouvrage; vous connaissez ceux qui le défigurent encore. Puisse le public, d'autant plus sévère qu'il a d'abord été plus indulgent, me pardonner comme vous mes fautes!

Puisse au moins cet hommage que je vous rends, Madame, périr moins vîte que mes autres écrits! Il serait immortel s'il était digne de celle à qui je l'adresse.

Je suis avec un profond respect, etc

PERSONNAGES.

D. GUSMAN, gouverneur du Pérou.
D. ALVAREZ, père de Gusman, ancien gouverneur.
ZAMORE, souverain d'une partie du Potoze.
MONTÈZE, souverain d'une autre partie
ALZIRE, fille de Montèze.
ÉMIRE,
CÉPHANE, } suivantes d'Alzire.
D. ALONZE, officier espagnol.
OFFICIERS ESPAGNOLS.
AMÉRICAINS.

La scène est dans la ville de Los-Reyes, autrement Lima.

ALZIRE,
OU
LES AMÉRICAINS,
TRAGÉDIE.

ACTE PREMIER.

SCÈNE I.

ALVAREZ, GUSMAN.

ALVAREZ.

Du conseil de Madrid l'autorité suprême
Pour successeur enfin me donne un fils que j'aime.
Faites régner le prince et le Dieu que je sers
Sur la riche moitié d'un nouvel univers :
Gouvernez cette rive en malheurs trop féconde,
Qui produit les trésors et les crimes du monde.
Je vous remets, mon fils, ces honneurs souverains
Que la vieillesse arrache à mes débiles mains.
J'ai consumé mon âge au sein de l'Amérique ;
Je montrai le premier au peuple du Mexique [1].

---

[1] L'expédition du Mexique se fit en 1517, et celle du Pérou en 1525. Ainsi Alvarez a pu aisément les voir. Los-Reyes, lieu de la scène, fut bâti en 1535.

L'appareil inouï pour ces mortels nouveaux
De nos châteaux ailés qui volaient sur les eaux :
Des mers de Magellan jusqu'aux astres de l'Ourse
Les vainqueurs castillans ont dirigé ma course :
Heureux si j'avais pu, pour fruit de mes travaux,
En mortels vertueux changer tous ces héros !
Mais qui peut arrêter l'abus de la victoire ?
Leurs cruautés, mon fils, ont obscurci leur gloire,[1]
Et j'ai pleuré long-temps sur ces tristes vainqueurs,
Que le ciel fit si grands sans les rendre meilleurs.
Je touche au dernier pas de ma longue carrière ;
Et mes yeux sans regret quitteront la lumière,
S'ils vous ont vu régir sous d'équitables lois
L'empire du Potoze et la ville des rois.

GUSMAN.

J'ai conquis avec vous ce sauvage hémisphère ;
Dans ces climats brûlants j'ai vaincu sous mon père ;
Je dois de vous encore apprendre à gouverner,
Et recevoir vos lois plutôt que d'en donner.

ALVAREZ.

Non, non, l'autorité ne veut point de partage :
Consumé de travaux, appesanti par l'âge,
Je suis las du pouvoir ; c'est assez si ma voix
Parle encore au conseil et règle vos exploits.
Croyez-moi, les humains, que j'ai trop su connaître,
Méritent peu, mon fils, qu'on veuille être leur maître.
Je consacre à mon Dieu, négligé trop long-temps,
De ma caducité les restes languissants.
Je ne veux qu'une grâce, elle me sera chère ;

---

[1] On sait quelles cruautés Fernand Cortez exerça au Mexique, et Pizarre au Pérou.

Je l'attends comme ami, je la demande en père :
Mon fils, remettez-moi ces esclaves obscurs
Aujourd'hui par votre ordre arrêtés dans nos murs;
Songez que ce grand jour doit être un jour propice,
Marqué par la clémence, et non par la justice.

GUSMAN.

Quand vous priez un fils, seigneur, vous commandez :
Mais daignez voir au moins ce que vous hasardez.
D'une ville naissante encor mal assurée
Au peuple américain nous défendons l'entrée :
Empêchons, croyez-moi, que ce peuple orgueilleux
Au fer qui l'a domté n'accoutume ses yeux;
Que, méprisant nos lois, et prompt à les enfreindre,
Il ose contempler des maîtres qu'il doit craindre.
Il faut toujours qu'il tremble, et n'apprenne à nous voir
Qu'armés de la vengeance ainsi que du pouvoir.
L'Américain farouche est un monstre sauvage
Qui mord en frémissant le frein de l'esclavage;
Soumis au châtiment, fier dans l'impunité,
De la main qui le flatte il se croit redouté.
Tout pouvoir, en un mot, périt par l'indulgence;
Et la sévérité produit l'obéissance.
Je sais qu'aux Castillans il suffit de l'honneur,
Qu'à servir sans murmure ils mettent leur grandeur;
Mais le reste du monde, esclave de la crainte,
A besoin qu'on l'opprime, et sert avec contrainte :
Les dieux même adorés dans ces climats affreux,
S'ils ne sont teints de sang, n'obtiennent point de vœux.[1]

---

[1] On immolait quelquefois des hommes en Amérique;
mais il n'y a presque aucun peuple qui n'ait été coupable
de cette horrible superstition.

ALVAREZ.

Ah! mon fils, que je hais ces rigueurs tyranniques!
Les pouvez-vous aimer ces forfaits politiques,
Vous, chrétien, vous choisi pour régner désormais
Sur des chrétiens nouveaux au nom d'un Dieu de paix?
Vos yeux ne sont-ils pas assouvis des ravages
Qui de ce continent dépeuplent les rivages?
Des bords de l'Orient n'étais-je donc venu
Dans un monde idolâtre, à l'Europe inconnu,
Que pour voir abhorrer sous ce brûlant tropique
Et le nom de l'Europe, et le nom catholique?
Ah! Dieu nous envoyait, quand de nous il fit choix,
Pour annoncer son nom, pour faire aimer ses lois :
Et nous, de ces climats destructeurs implacables,
Nous, et d'or et de sang toujours insatiables,
Déserteurs de ces lois qu'il fallait enseigner,
Nous égorgeons ce peuple au lieu de le gagner.
Par nous tout est en sang, par nous tout est en poudre,
Et nous n'avons du ciel imité que la foudre.
Notre nom, je l'avoue, inspire la terreur;
Les Espagnols sont craints, mais ils sont en horreur :
Fléaux du nouveau monde, injustes, vains, avares,
Nous seuls en ces climats nous sommes les barbares.
L'Américain farouche en sa simplicité
Nous égale en courage, et nous passe en bonté.
Hélas! si comme vous il était sanguinaire,
S'il n'avait des vertus, vous n'auriez plus de père.
Avez-vous oublié qu'ils m'ont sauvé le jour?
Avez-vous oublié que près de ce séjour
Je me vis entouré par ce peuple en furie,
Rendu cruel enfin par notre barbarie?
Tous les miens à mes yeux terminèrent leur sort :

ACTE I, SCÈNE I.

J'étais seul, sans secours et j'attendais la mort;
Mais à mon nom, mon fils, je vis tomber leurs armes;
Un jeune Américain, les yeux baignés de larmes,
Au lieu de me frapper, embrassa mes genoux :
« Alvarez, me dit-il, Alvarez, est-ce vous?
« Vivez; votre vertu nous est trop nécessaire :
« Vivez; aux malheureux servez long-temps de père;
« Qu'un peuple de tyrans, qui veut nous enchaîner,
« Du moins par cet exemple apprenne à pardonner!
« Allez, la grandeur d'ame est ici le partage
« Du peuple infortuné qu'ils ont nommé sauvage. »
Eh bien! vous gémissez; je sens qu'à ce récit
Votre cœur malgré vous s'émeut et s'adoucit;
L'humanité vous parle, ainsi que votre père.
Ah! si la cruauté vous était toujours chère,
De quel front aujourd'hui pourriez-vous vous offrir
Au vertueux objet qu'il vous faut attendrir,
A la fille des rois de ces tristes contrées
Qu'à vos sanglantes mains la fortune a livrées?
Prétendez-vous, mon fils, cimenter ces liens
Par le sang répandu de ses concitoyens?
Ou bien attendez-vous que ses cris et ses larmes
De vos sévères mains fassent tomber les armes?

GUSMAN.

Eh bien! vous l'ordonnez, je brise leurs liens,
J'y consens; mais songez qu'il faut qu'ils soient chrétiens :
Ainsi le veut la loi : quitter l'idolâtrie
Est un titre en ces lieux pour mériter la vie :
A la religion gagnons-les à ce prix;
Commandons aux cœurs même, et forçons les esprits :
De la nécessité le pouvoir invincible
Traîne au pied des autels un courage inflexible.

Je veux que ces mortels, esclaves de ma loi,
Tremblent sous un seul Dieu comme sous un seul roi.

ALVAREZ.

Ecoutez-moi, mon fils; plus que vous je désire
Qu'ici la vérité fonde un nouvel empire,
Que le ciel et l'Espagne y soient sans ennemis ;
Mais les cœurs opprimés ne sont jamais soumis.
J'en ai gagné plus d'un, je n'ai forcé personne;
Et le vrai Dieu, mon fils, est un Dieu qui pardonne.

GUSMAN.

Je me rends donc, seigneur, et vous l'avez voulu :
Vous avez sur un fils un pouvoir absolu ;
Oui, vous amolliriez le cœur le plus farouche ;
L'indulgente vertu parle par votre bouche.
Eh bien ! puisque le ciel voulut vous accorder
Ce don, cet heureux don de tout persuader,
C'est de vous que j'attends le bonheur de ma vie.
Alzire, contre moi par mes feux enhardie,
Se donnant à regret, ne me rend point heureux :
Je l'aime, je l'avoue, et plus que je ne veux ;
Mais enfin je ne puis, même en voulant lui plaire,
De mon cœur trop altier fléchir le caractère,
Et rampant sous ses lois, esclave d'un coup-d'œil,
Par des soumissions caresser son orgueil.
Je ne veux point sur moi lui donner tant d'empire ;
Vous seul, vous pouvez tout sur le père d'Alzire :
En un mot parlez-lui pour la dernière fois ;
Qu'il commande à sa fille, et force enfin son choix.
Daignez.... Mais c'en est trop, je rougis que mon père
Pour l'intérêt d'un fils s'abaisse à la prière.

ALVAREZ.

C'en est fait ; j'ai parlé, mon fils, et sans rougir.

Montèze a vu sa fille, il l'aura su fléchir :
De sa famille auguste, en ces lieux prisonnière,
Le ciel a par mes soins consolé la misère ;
Pour le vrai Dieu, Montèze a quitté ses faux dieux ;
Lui-même de sa fille a dessillé les yeux :
De tout ce nouveau monde Alzire est le modèle :
Les peuples incertains fixent les yeux sur elle ;
Son cœur aux Castillans va donner tous les cœurs ;
L'Amérique à genoux adoptera nos mœurs ;
La foi doit y jeter ses racines profondes :
Votre hymen est le nœud qui joindra les deux mondes.
Ces féroces humains, qui détestent nos lois,
Voyant entre vos bras la fille de leurs rois,
Vont d'un esprit moins fier et d'un cœur plus facile
Sous votre joug heureux baisser un front docile ;
Et je verrai, mon fils, grâce à ces doux liens,
Tous les cœurs désormais espagnols et chrétiens.
Montèze vient ici. Mon fils, allez m'attendre
Aux autels, où sa fille avec lui va se rendre.

SCÈNE II.

ALVAREZ, MONTÈZE.

ALVAREZ.

Eh bien ! votre sagesse et votre autorité
Ont d'Alzire en effet fléchi la volonté ?

MONTÈZE.

Père des malheureux, pardonne si ma fille,
Dont Gusman détruisit l'empire et la famille,
Semble éprouver encore un reste de terreur,
Et d'un pas chancelant marche vers son vainqueur.

Les nœuds qui vont unir l'Europe et ma patrie
Ont révolté ma fille en ces climats nourrie ;
Mais tous les préjugés s'effacent à ta voix :
Tes mœurs nous ont appris à révérer tes lois ;
C'est par toi que le ciel à nous s'est fait connaître ;
Notre esprit éclairé te doit son nouvel être.
Sous le fer castillan ce monde est abattu ;
Il cède à la puissance, et nous à la vertu.
De tes concitoyens la rage impitoyable
Aurait rendu comme eux leur Dieu même haïssable :
Nous détestions ce Dieu qu'annonça leur fureur ;
Nous l'aimons dans toi seul, il s'est peint dans ton cœur.
Voilà ce qui te donne et Montèze et ma fille ;
Instruits par tes vertus, nous sommes ta famille :
Sers-lui long-temps de père, ainsi qu'à nos états ;
Je la donne à ton fils, je la mets dans ses bras ;
Le Pérou, le Potoze, Alzire est sa conquête :
Va dans ton temple auguste en ordonner la fête ;
Va ; je crois voir des cieux les peuples éternels
Descendre de leur sphère, et se joindre aux mortels.
Je réponds de ma fille, elle va reconnaître
Dans le fier don Gusman son époux et son maître.

ALVAREZ.

Ah ! puisqu'enfin mes mains ont pu former ces nœuds,
Cher Montèze, au tombeau je descends trop heureux.
Toi, qui nous découvris ces immenses contrées,
Rends du monde aujourd'hui les bornes éclairées :
Dieu des chrétiens, préside à ces vœux solennels,
Les premiers qu'en ces lieux on forme à tes autels :
Descends, attire à toi l'Amérique étonnée.
Adieu : je vais presser cet heureux hyménée :
Adieu ; je vous devrai le bonheur de mon fils.

SCÈNE III.
MONTÈZE.

Dieu, destructeur des dieux que j'avais trop servis,
Protège de mes ans la fin dure et funeste !
Tout me fut enlevé : ma fille ici me reste ;
Daigne veiller sur elle et conduire son cœur !

SCÈNE IV.
MONTÈZE, ALZIRE.
MONTÈZE.

Ma fille, il en est temps, consens à ton bonheur :
Ou plutôt, si ta foi, si ton cœur me seconde,
Par ta félicité fais le bonheur du monde ;
Protège les vaincus ; commande à nos vainqueurs ;
Éteins entre leurs mains leurs foudres destructeurs ;
Remonte au rang des rois du sein de la misère :
Tu dois à ton état plier ton caractère ;
Prends un cœur tout nouveau ; viens, obéis, suis-moi,
Et renais Espagnole, en renonçant à toi ;
Sèche tes pleurs, Alzire, ils outragent ton père.

ALZIRE.

Tout mon sang est à vous : mais, si je vous suis chère,
Voyez mon désespoir, et lisez dans mon cœur.

MONTÈZE.

Non, je ne veux plus voir ta honteuse douleur ;
J'ai reçu ta parole, il faut qu'on l'accomplisse.

ALZIRE.

Vous m'avez arraché cet affreux sacrifice.
Mais quel temps, justes cieux, pour engager ma foi !
Voici ce jour horrible où tout périt pour moi,

Où de ce fier Gusman le fer osa détruire
Des enfants du soleil le redoutable empire :
Que ce jour est marqué par des signes affreux!

MONTÈZE.

Nous seuls rendons les jours heureux ou malheureux.
Quitte un vain préjugé, l'ouvrage de nos prêtres,
Qu'à nos peuples grossiers ont transmis nos ancêtres.

ALZIRE.

Au même jour, hélas! le vengeur de l'état,
Zamore, mon espoir, périt dans le combat;
Zamore, mon amant, choisi pour votre gendre!

MONTÈZE.

J'ai donné comme toi des larmes à sa cendre :
Les morts dans le tombeau n'exigent point de foi;
Porte, porte aux autels un cœur maître de soi :
D'un amour insensé pour des cendres éteintes
Commande à ta vertu d'écarter les atteintes.
Tu dois ton ame entière à la loi des chrétiens;
Dieu t'ordonne par moi de former ces liens;
Il t'appelle aux autels, il règle ta conduite;
Entends sa voix.

ALZIRE.

   Mon père, où m'avez-vous réduite?
Je sais ce qu'est un père et quel est son pouvoir;
M'immoler quand il parle est mon premier devoir;
Et mon obéissance a passé les limites
Qu'à ce devoir sacré la nature a prescrites;
Mes yeux n'ont jusqu'ici rien vu que par vos yeux;
Mon cœur changé par vous abandonna ses dieux :
Je ne regrette point leurs grandeurs terrassées,
Devant ce Dieu nouveau comme nous abaissées :

ACTE I, SCÈNE IV.

Mais vous, qui m'assuriez, dans mes troubles cruels,
Que la paix habitait au pied de ses autels,
Que sa loi, sa morale, et consolante et pure,
De mes sens désolés guérirait la blessure,
Vous trompiez ma faiblesse. Un trait toujours vainqueur
Dans le sein de ce Dieu vient déchirer mon cœur;
Il y porte une image à jamais renaissante;
Zamore vit encore au cœur de son amante.
Condamnez, s'il le faut, ces justes sentiments,
Ce feu victorieux de la mort et du temps,
Cet amour immortel, ordonné par vous-même;
Unissez votre fille au fier tyran qui l'aime;
Mon pays le demande, il le faut, j'obéis :
Mais tremblez en formant ces nœuds mal assortis;
Tremblez, vous qui d'un Dieu m'annoncez la vengeance,
Vous qui me commandez d'aller en sa présence
Promettre à cet époux, qu'on me donne aujourd'hui,
Un cœur qui brûle encor pour un autre que lui.

MONTÈZE.

Ah! que dis-tu, ma fille? épargne ma vieillesse;
Au nom de la nature, au nom de ma tendresse,
Par nos destins affreux que ta main peut changer,
Par ce cœur paternel que tu viens d'outrager,
Ne rends point de mes ans la fin trop douloureuse !
Ai-je fait un seul pas que pour te rendre heureuse ?
Jouis de mes travaux; mais crains d'empoisonner
Ce bonheur difficile où j'ai su t'amener.
Ta carrière nouvelle, aujourd'hui commencée,
Par la main du devoir est à jamais tracée;
Ce monde gémissant te presse d'y courir :
Il n'espère qu'en toi; voudrais-tu le trahir ?
Apprends à te domter.

ALZIRE.
Faut-il apprendre à feindre?
Quelle science, hélas!

SCÈNE V.
GUSMAN, ALZIRE.

GUSMAN.
J'ai sujet de me plaindre
Que l'on oppose encore à mes empressements
L'offensante lenteur de ces retardements.
J'ai suspendu ma loi, prête à punir l'audace
De tous ces ennemis dont vous vouliez la grâce;
Ils sont en liberté: mais j'aurais à rougir
Si ce faible service eût pu vous attendrir:
J'attendais encor moins de mon pouvoir suprême;
Je voulais vous devoir à ma flamme, à vous-même;
Et je ne pensais pas, dans mes vœux satisfaits,
Que ma félicité vous coûtât des regrets.

ALZIRE.
Que puisse seulement la colère céleste
Ne pas rendre ce jour à tous les deux funeste!
Vous voyez quel effroi me trouble et me confond;
Il parle dans mes yeux, il est peint sur mon front:
Tel est mon caractère, et jamais mon visage
N'a de mon cœur encor démenti le langage.
Qui peut se déguiser pourrait trahir sa foi;
C'est un art de l'Europe, il n'est pas fait pour moi.

GUSMAN.
Je vois votre franchise, et je sais que Zamore
Vit dans votre mémoire et vous est cher encore.

ACTE I, SCÈNE V.

Ce cacique [1] obstiné, vaincu dans les combats,
S'arme encor contre moi de la nuit du trépas.
Vivant, je l'ai domté; mort, doit-il être à craindre?
Cessez de m'offenser, et cessez de le plaindre;
Votre devoir, mon nom, mon cœur, en sont blessés;
Et ce cœur est jaloux des pleurs que vous versez.

ALZIRE.

Ayez moins de colère, et moins de jalousie;
Un rival au tombeau doit causer peu d'envie :
Je l'aimai, je l'avoue, et tel fut mon devoir;
De ce monde opprimé Zamore était l'espoir;
Sa foi me fut promise; il eut pour moi des charmes;
Il m'aima : son trépas me coûte encor des larmes.
Vous, loin d'oser ici condamner ma douleur,
Jugez de ma constance, et connaissez mon cœur;
Et, quittant avec moi cette fierté cruelle,
Méritez, s'il se peut, un cœur aussi fidèle.

SCÈNE VI.

GUSMAN.

Son orgueil, je l'avoue, et sa sincérité,
Étonne mon courage, et plaît à ma fierté.
Allons; ne souffrons pas que cette humeur altière
Coûte plus à domter que l'Amérique entière.
La grossière nature, en formant ses appas,
Lui laisse un cœur sauvage et fait pour ces climats;

---

[1] Le mot propre est Inca : mais les Espagnols, accoutumés dans l'Amérique septentrionale au titre de cacique, le donnèrent d'abord à tous les souverains du nouveau monde.

Le devoir fléchira son courage rebelle.
Ici tout m'est soumis, il ne reste plus qu'elle ;
Que l'hymen en triomphe : et qu'on ne dise plus
Qu'un vainqueur et qu'un maître essuya des refus.

ACTE SECOND.

SCÈNE I.

ZAMORE, AMÉRICAINS.

ZAMORE.

Amis, de qui l'audace, aux mortels peu commune,
Renaît dans les dangers et croît dans l'infortune;
Illustres compagnons de mon funeste sort,
N'obtiendrons-nous jamais la vengeance ou la mort?
Vivrons-nous sans servir Alzire et la patrie,
Sans ôter à Gusman sa détestable vie,
Sans trouver, sans punir cet insolent vainqueur,
Sans venger mon pays qu'a perdu sa fureur?
Dieux impuissants! dieux vains de nos vastes contrées!
A des dieux ennemis vous les avez livrées;
Et six cents Espagnols ont détruit sous leurs coups
Mon pays et mon trône, et vos temples et vous :
Vous n'avez plus d'autels, et je n'ai plus d'empire;
Nous avons tout perdu : je suis privé d'Alzire.
J'ai porté mon courroux, ma honte, et mes regrets,
Dans les sables mouvants, dans le fond des forêts;
De la zone brûlante et du milieu du monde,
L'astre du jour [1] a vu ma course vagabonde,

---

[1] L'astronomie, la géographie, la géométrie, étaient cultivées au Pérou. On traçait des lignes sur des colonnes pour marquer les équinoxes et les solstices.

Jusqu'aux cieux où, cessant d'éclairer nos climats
Il ramène l'année, et revient sur ses pas.
Enfin votre amitié, vos soins, votre vaillance
A mes vastes desseins ont rendu l'espérance;
Et j'ai cru satisfaire, en cet affreux séjour,
Deux vertus de mon cœur, la vengeance et l'amour.
Nous avons rassemblé des mortels intrépides,
Éternels ennemis de nos maîtres avides;
Nous les avons laissés dans ces forêts errants
Pour observer ces murs bâtis par nos tyrans.
J'arrive, on nous saisit; une foule inhumaine
Dans des gouffres profonds nous plonge et nous enchaîne;
De ces lieux infernaux on nous laisse sortir
Sans que de notre sort on nous daigne avertir.
Amis, où sommes-nous? ne pourra-t-on m'instruire
Qui commande en ces lieux; quel est le sort d'Alzire?
Si Montèze est esclave, et voit encor le jour?
S'il traîne ses malheurs en cette horrible cour?
Chers et tristes amis du malheureux Zamore,
Ne pouvez-vous m'apprendre un destin que j'ignore?

UN AMÉRICAIN.

En des lieux différents, comme toi mis aux fers,
Conduits dans ce palais par des chemins divers,
Étrangers, inconnus chez ce peuple farouche,
Nous n'avons rien appris de tout ce qui te touche.
Cacique infortuné, digne d'un meilleur sort,
Du moins, si nos tyrans ont résolu ta mort,
Tes amis avec toi, prêts à cesser de vivre,
Sont dignes de t'aimer, et dignes de te suivre.

ZAMORE.

Après l'honneur de vaincre, il n'est rien sous les cieux
De plus grand en effet qu'un trépas glorieux;

ACTE II, SCÈNE I.

Mais mourir dans l'opprobre et dans l'ignominie;
Mais laisser en mourant des fers à sa patrie;
Périr sans se venger; expirer par les mains
De ces brigands d'Europe, et de ces assassins
Qui, de sang enivrés, de nos trésors avides,
De ce monde usurpé désolateurs perfides,
Ont osé me livrer à des tourments honteux
Pour m'arracher des biens plus méprisables qu'eux;
Entraîner au tombeau des citoyens qu'on aime;
Laisser à ces tyrans la moitié de soi-même;
Abandonner Alzire à leur lâche fureur :
Cette mort est affreuse, et fait frémir d'horreur.

SCÈNE II.

ALVAREZ, ZAMORE, AMÉRICAINS.

ALVAREZ.

Soyez libres, vivez.

ZAMORE.

Ciel! que viens-je d'entendre?
Quelle est cette vertu que je ne puis comprendre?
Quel vieillard ou quel dieu vient ici m'étonner?
Tu parais Espagnol et tu sais pardonner!
Es-tu roi? cette ville est-elle en ta puissance?

ALVAREZ.

Non; mais je puis au moins protéger l'innocence.

ZAMORE.

Quel est donc ton destin, vieillard trop généreux?

ALVAREZ.

Celui de secourir les mortels malheureux.

ZAMORE.

Eh! qui peut t'inspirer cette auguste clémence?

ALVAREZ.
Dieu, ma religion, et la reconnaissance.
ZAMORE.
Dieu? ta religion? Quoi! ces tyrans cruels,
Monstres désaltérés dans le sang des mortels,
Qui dépeuplent la terre, et dont la barbarie
En vaste solitude a changé ma patrie,
Dont l'infâme avarice est la suprême loi!
Mon père, ils n'ont donc pas le même dieu que toi?
ALVAREZ.
Ils ont le même dieu, mon fils, mais ils l'outragent;
Nés sous la loi des saints, dans le crime ils s'engagent;
Ils ont tous abusé de leur nouveau pouvoir :
Tu connais leurs forfaits, mais connais mon devoir.
Le soleil par deux fois a, d'un tropique à l'autre,
Éclairé dans sa marche et ce monde et le nôtre,
Depuis que l'un des tiens, par un noble secours,
Maître de mon destin, daigna sauver mes jours.
Mon cœur, dès ce moment, partagea vos misères :
Tous vos concitoyens sont devenus mes frères,
Et je mourrais heureux si je pouvais trouver
Ce héros inconnu qui m'a pu conserver.
ZAMORE.
A ses traits, à son âge, à sa vertu suprême,
C'est lui, n'en doutons point, c'est Alvarez lui-même.
Pourrais-tu parmi nous reconnaître le bras
A qui le ciel permit d'empêcher ton trépas?
ALVAREZ.
Que me dit-il? Approche. O ciel! ô providence!
C'est lui! voilà l'objet de ma reconnaissance;
Mes yeux, mes tristes yeux, affaiblis par les ans,
Hélas! avez-vous pu le chercher si long-temps?

ACTE II, SCÈNE II.

(il l'embrasse.)

Mon bienfaiteur! mon fils! parle, que dois-je faire?
Daigne habiter ces lieux, et je t'y sers de père :
La mort a respecté ces jours que je te doi,
Pour me donner le temps de m'acquitter vers toi.

ZAMORE.

Mon père, ah! si jamais ta nation cruelle
Avait de tes vertus montré quelque étincelle,
Crois-moi, cet univers, aujourd'hui désolé,
Au-devant de leur joug sans peine aurait volé;
Mais autant que ton ame est bienfaisante et pure,
Autant leur cruauté fait frémir la nature;
Et j'aime mieux périr que de vivre avec eux :
Tout ce que j'ose attendre et tout ce que je veux,
C'est de savoir au moins si leur main sanguinaire
Du malheureux Montèze a fini la misère;
Si le père d'Alzire.... hélas! tu vois les pleurs
Qu'un souvenir trop cher arrache à mes douleurs.

ALVAREZ.

Ne cache point tes pleurs : cesse de t'en défendre;
C'est de l'humanité la marque la plus tendre :
Malheur aux cœurs ingrats, et nés pour les forfaits,
Que les douleurs d'autrui n'ont attendris jamais!
Apprends que ton ami, plein de gloire et d'années,
Coule ici près de moi ses douces destinées.

ZAMORE.

Le verrai-je?

ALVAREZ.

    Oui; crois-moi, puisse-t-il aujourd'hui
T'engager à penser, à vivre comme lui!

ZAMORE.

Quoi. Montèze, dis-tu....

ALVAREZ.
>Je veux que de sa bouche
Tu sois instruit ici de tout ce qui le touche,
Du sort qui nous unit, de ces heureux liens
Qui vont joindre mon peuple à tes concitoyens.
Je vais dire à mon fils, dans l'excès de ma joie,
Ce bonheur inouï que le ciel nous envoie.
Je te quitte un moment, mais c'est pour te servir,
Et pour serrer les nœuds qui vont tous nous unir.

SCÈNE III.

ZAMORE, AMÉRICAINS.

ZAMORE.

Des cieux enfin sur moi la bonté se déclare ;
Je trouve un homme juste en ce séjour barbare.
Alvarez est un dieu qui, parmi ces pervers,
Descend pour adoucir les mœurs de l'univers.
Il a, dit-il, un fils ; ce fils sera mon frère :
Qu'il soit digne, s'il peut, d'un si vertueux père !
O jour ! ô doux espoir à mon cœur éperdu !
Montèze, après trois ans, tu vas m'être rendu !
Alzire, chère Alzire, ô toi, que j'ai servie :
Toi, pour qui j'ai tout fait ; toi, l'ame de ma vie ;
Serais-tu dans ces lieux ? hélas ! me gardes-tu
Cette fidélité, la première vertu ?
Un cœur infortuné n'est point sans défiance...;
Mais quel autre vieillard à mes regards s'avance ?

SCÈNE IV.

MONTÈZE, ZAMORE, AMÉRICAINS.

ZAMORE.

CHER Montèze, est-ce toi que je tiens dans mes bras ?
Revois ton cher Zamore échappé du trépas,
Qui du sein du tombeau renaît pour te défendre ;
Revois ton tendre ami, ton allié, ton gendre.
Alzire est-elle ici ? parle, quel est son sort ?
Achève de me rendre ou la vie ou la mort.

MONTÈZE.

Cacique malheureux ! sur le bruit de ta perte,
Aux plus tendres regrets notre ame était ouverte :
Nous te redemandions à nos cruels destins ;
Autour d'un vain tombeau que t'ont dressé vos mains :
Tu vis ; puisse le ciel te rendre un sort tranquille !
Puissent tous nos malheurs finir dans cet asile !
Zamore, ah ! quel dessein t'a conduit en ces lieux ?

ZAMORE.

La soif de me venger, toi, ta fille, et mes dieux.

MONTÈZE.

Que dis-tu ?

ZAMORE.

Souviens-toi du jour épouvantable
Où ce fier Espagnol, terrible, invulnérable,
Renversa, détruisit, jusqu'en leurs fondements,
Ces murs que du soleil ont bâtis les enfants [1] ;

---

[1] Les Péruviens, qui avaient leurs fables comme les peuples de notre continent, croyaient que leur premier inca, qui bâtit Cusco, était fils du soleil.

Gusman était son nom. Le destin qui m'opprime
Ne m'apprit rien de lui que son nom et son crime.
Ce nom, mon cher Montèze, à mon cœur si fatal,
Du pillage et du meurtre était l'affreux signal :
A ce nom, de mes bras on arracha ta fille ;
Dans un vil esclavage on traîna ta famille ;
On démolit ce temple, et ces autels chéris
Où nos dieux m'attendaient pour me nommer ton fils ;
On me traîna vers lui : dirai-je à quel supplice,
A quels maux me livra sa barbare avarice
Pour m'arracher ces biens par lui déifiés,
Idoles de son peuple, et que je foule aux pieds ?
Je fus laissé mourant au milieu des tortures.
Le temps ne peut jamais affaiblir les injures :
Je viens après trois ans d'assembler des amis,
Dans leur commune haine avec nous affermis ;
Ils sont dans nos forêts, et leur foule héroïque
Vient périr sous ces murs, ou venger l'Amérique.

MONTÈZE.

Je te plains ; mais, hélas ! où vas-tu t'emporter ?
Ne cherche point la mort qui voulait t'éviter.
Que peuvent tes amis, et leurs armes fragiles,
Des habitants des eaux dépouilles inutiles,
Ces marbres impuissants en sabres façonnés,
Ces soldats presque nus et mal disciplinés,
Contre ces fiers géants, ces tyrans de la terre,
De fer étincelants, armés de leur tonnerre,
Qui s'élancent sur nous, aussi prompts que les vents,
Sur des monstres guerriers pour eux obéissants ?
L'univers a cédé ; cédons, mon cher Zamore.

ZAMORE.

Moi fléchir, moi ramper, lorsque je vis encore !

Ah! Montèze, crois-moi, ces foudres, ces éclairs,
Ce fer dont nos tyrans sont armés et couverts,
Ces rapides coursiers qui sous eux font la guerre,
Pouvaient à leur abord épouvanter la terre :
Je les vois d'un œil fixe, et leur ose insulter ;
Pour les vaincre, il suffit de ne rien redouter :
Leur nouveauté, qui seule a fait ce monde esclave,
Subjugue qui la craint, et cède à qui la brave.
L'or, ce poison brillant qui naît dans nos climats,
Attire ici l'Europe, et ne nous défend pas :
Le fer manque à nos mains ; les cieux, pour nous avares,
Ont fait ce don funeste à des mains plus barbares :
Mais pour venger enfin nos peuples abattus,
Le ciel, au lieu de fer, nous donna des vertus.
Je combats pour Alzire, et je vaincrai pour elle.

MONTÈZE.

Le ciel est contre toi ; calme un frivole zèle.
Les temps sont trop changés.

ZAMORE.

    Que peux-tu dire, hélas !
Les temps sont-ils changés, si ton cœur ne l'est pas,
Si ta fille est fidèle à ses vœux, à sa gloire,
Si Zamore est présent encore à sa mémoire ?
Tu détournes les yeux, tu pleures, tu gémis !

MONTÈZE.

Zamore infortuné !

ZAMORE.

    Ne suis-je plus ton fils ?
Nos tyrans ont flétri ton ame magnanime ;
Sur le bord de la tombe ils t'ont appris le crime.

MONTÈZE.

Je ne suis point coupable, et tous ces conquérants,

Ainsi que tu le crois, ne sont point des tyrans.
Il en est que le ciel guida dans cet empire,
Moins pour nous conquérir qu'afin de nous instruire;
Qui nous ont apporté de nouvelles vertus,
Des secrets immortels, et des arts inconnus,
La science de l'homme, un grand exemple à suivre,
Enfin l'art d'être heureux, de penser, et de vivre.

ZAMORE.

Que dis-tu? quelle horreur ta bouche ose avouer!
Alzire est leur esclave, et tu peux les louer!

MONTÈZE.

Elle n'est point esclave.

ZAMORE.

Ah, Montèze! ah, mon père!
Pardonne à mes malheurs, pardonne à ma colère.
Songe qu'elle est à moi par des nœuds éternels;
Oui, tu me l'as promise aux pieds des immortels;
Ils ont reçu sa foi : son cœur n'est point parjure.

MONTÈZE.

N'atteste point ces dieux, enfants de l'imposture,
Ces fantômes affreux, que je ne connais plus;
Sous le Dieu que j'adore ils sont tous abattus.

ZAMORE.

Quoi, ta religion? quoi, la loi de nos pères?

MONTÈZE

J'ai connu son néant, j'ai quitté ses chimères.
Puisse le Dieu des dieux, dans ce monde ignoré,
Manifester son être à ton cœur éclairé!
Puisses-tu mieux connaître, ô malheureux Zamore,
Les vertus de l'Europe, et le Dieu qu'elle adore!

ZAMORE.

Quelles vertus! Cruel! les tyrans de ces lieux

ACTE III, SCÈNE IV.

T'ont fait esclave en tout, t'ont arraché tes dieux.
Tu les as donc trahis pour trahir ta promesse ?
Alzire a-t-elle encore imité ta faiblesse ?
Garde-toi....

MONTÈZE.

Va, mon cœur ne se reproche rien :
Je dois bénir mon sort, et pleurer sur le tien.

ZAMORE.

Si tu trahis ta foi, tu dois pleurer, sans doute.
Prends pitié des tourments que ton crime me coûte ;
Prends pitié de ce cœur, enivré tour à tour
De zèle pour mes dieux, de vengeance, et d'amour.
Je cherche ici Gusman ; j'y vole pour Alzire ;
Viens, conduis-moi vers elle, et qu'à ses pieds j'expire :
Ne me dérobe point le bonheur de la voir ;
Crains de porter Zamore au dernier désespoir :
Reprends un cœur humain, que ta vertu bannie....

SCÈNE V.

MONTÈZE, ZAMORE, AMÉRICAINS, GARDES.

UN GARDE, à Montèze.

SEIGNEUR, on vous attend pour la cérémonie.

MONTÈZE.

Je vous suis.

ZAMORE.

Ah ! cruel, je ne te quitte pas.
Quelle est donc cette pompe où s'adressent tes pas ?
Montèze....

MONTÈZE.

Adieu : crois-moi, fuis de ce lieu funeste.

ZAMORE.

Dût m'accabler ici la colère céleste,
Je te suivrai.

MONTÈZE.

Pardonne à mes soins paternels.
(aux Gardes.)
Gardes, empêchez-les de me suivre aux autels.
Des païens, élevés dans des lois étrangères,
Pourraient de nos chrétiens profaner les mystères :
Il ne m'appartient pas de vous donner des lois ;
Mais Gusman vous l'ordonne, et parle par ma voix.

SCÈNE VI.

ZAMORE, AMÉRICAINS.

ZAMORE.

Qu'ai-je entendu ? Gusman ! ô trahison ! ô rage !
O comble des forfaits ! lâche et dernier outrage !
Il servirait Gusman ! l'ai-je bien entendu ?
Dans l'univers entier n'est-il plus de vertu ?
Alzire, Alzire aussi sera-t-elle coupable ?
Aura-t-elle sucé ce poison détestable,
Apporté parmi nous par ces persécuteurs
Qui poursuivent nos jours, et corrompent nos mœurs ?
Gusman est donc ici ? que résoudre, et que faire ?

UN AMÉRICAIN.

J'ose ici te donner un conseil salutaire.
Celui qui t'a sauvé, ce vieillard vertueux,
Bientôt avec son fils va paraître à tes yeux.
Aux portes de la ville obtiens qu'on nous conduise :
Sortons, allons tenter notre illustre entreprise ;

ACTE II, SCÈNE VI.

Allons tout préparer contre nos ennemis,
Et surtout n'épargnons qu'Alvarez et son fils.
J'ai vu de ces remparts l'étrangère structure :
Cet art nouveau pour nous, vainqueur de la nature,
Ces angles, ces fossés, ces hardis boulevarts,
Ces tonnerres d'airain, grondant sur les remparts,
Ces pièges de la guerre, où la mort se présente,
Tout étonnants qu'ils sont, n'ont rien qui m'épouvante.
Hélas ! nos citoyens, enchaînés en ces lieux,
Servent à cimenter cet asile odieux ;
Ils dressent, d'une main dans les fers avilie,
Ce siège de l'orgueil et de la tyrannie.
Mais, crois-moi, dans l'instant qu'ils verront leurs vengeurs,
Leurs mains vont se lever sur leurs persécuteurs ;
Eux-même ils détruiront cet effroyable ouvrage,
Instrument de leur honte et de leur esclavage.
Nos soldats, nos amis, dans ces fosses sanglants,
Vont te faire un chemin sur leurs corps expirants.
Partons, et revenons sur ces coupables têtes
Tourner ces traits de feu, ce fer, et ces tempêtes,
Ce salpêtre enflammé, qui d'abord à nos yeux
Parut un feu sacré lancé des mains des dieux.
Connaissons, renversons cette horrible puissance,
Que l'orgueil trop long-temps fonda sur l'ignorance.

ZAMORE.

Illustres malheureux, que j'aime à voir vos cœurs
Embrasser mes desseins, et sentir mes fureurs !
Puissions-nous de Gusman punir la barbarie !
Que son sang satisfasse au sang de ma patrie !
Triste divinité des mortels offensés,
Vengeance, arme nos mains ; qu'il meure, et c'est assez ;
Qu'il meure... mais, hélas ! plus malheureux que braves,

Nous parlons de punir, et nous sommes esclaves.
De notre sort affreux le joug s'appesantit;
Alvarez disparaît, Montèze nous trahit.
Ce que j'aime est peut-être en des mains que j'abhorre;
Je n'ai d'autre douceur que d'en douter encore.
Mes amis, quels accents remplissent ce séjour?
Ces flambeaux allumés ont redoublé le jour.
J'entends l'airain tonnant de ce peuple barbare.
Quelle fête, ou quel crime est-ce donc qu'il prépare?
Voyons si de ces lieux on peut au moins sortir;
Si je puis vous sauver, ou s'il nous faut périr.

FIN DU SECOND ACTE.

ACTE TROISIÈME.

SCÈNE I.

ALZIRE.

Mânes de mon amant, j'ai donc trahi ma foi !
C'en est fait, et Gusman règne à jamais sur moi !
L'océan, qui s'élève entre nos hémisphères,
A donc mis entre nous d'impuissantes barrières ;
Je suis à lui ; l'autel a donc reçu nos vœux !
Et déja nos serments sont écrits dans les cieux !
O toi qui me poursuis, ombre chère et sanglante,
A mes sens désolés ombre à jamais présente,
Cher amant, si mes pleurs, mon trouble, mes remords
Peuvent percer ta tombe et passer chez les morts,
Si le pouvoir d'un Dieu fait survivre à sa cendre
Cet esprit d'un héros, ce cœur fidèle et tendre,
Cette ame qui m'aima jusqu'au dernier soupir,
Pardonne à cet hymen où j'ai pu consentir !
Il fallait m'immoler aux volontés d'un père,
Au bien de mes sujets dont je me sens la mère,
A tant de malheureux, aux larmes des vaincus,
Au soin de l'univers, hélas ! où tu n'es plus.
Zamore, laisse en paix mon ame déchirée
Suivre l'affreux devoir où les cieux m'ont livrée ;
Souffre un joug imposé par la nécessité ;
Permets ces nœuds cruels, ils m'ont assez coûté.

SCÈNE II.

ALZIRE, ÉMIRE.

ALZIRE.

Eh bien! veut-on toujours ravir à ma présence
Les habitants des lieux si chers à mon enfance?
Ne puis-je voir enfin ces captifs malheureux,
Et goûter la douceur de pleurer avec eux?

ÉMIRE.

Ah! plutôt de Gusman redoutez la furie;
Craignez pour ces captifs, tremblez pour la patrie.
On nous menace, on dit qu'à notre nation
Ce jour sera le jour de la destruction.
On déploie aujourd'hui l'étendard de la guerre;
On allume ces feux enfermés sous la terre;
On assemblait déja le sanglant tribunal:
Montèze est appelé dans ce conseil fatal:
C'est tout ce que j'ai su.

ALZIRE.

Ciel! qui m'avez trompée,
De quel étonnement je demeure frappée!
Quoi! presque entre mes bras, et du pied de l'autel
Gusman contre les miens lève son bras cruel!
Quoi! j'ai fait le serment du malheur de ma vie!
Serment, qui pour jamais m'avez assujettie!
Hymen, cruel hymen! sous quel astre odieux
Mon père a-t-il formé tes redoutables nœuds!

SCÈNE III.

ALZIRE, ÉMIRE, CÉPHANE.

CÉPHANE.

Madame, un des captifs qui dans cette journée
N'ont dû leur liberté qu'à ce grand hyménée,
A vos pieds en secret demande à se jeter.

ALZIRE.

Ah! qu'avec assurance il peut se présenter!
Sur lui, sur ses amis, mon ame est attendrie;
Ils sont chers à mes yeux, j'aime en eux la patrie.
Mais quoi! faut-il qu'un seul demande à me parler?

CÉPHANE.

Il a quelques secrets qu'il veut vous révéler.
C'est ce même guerrier dont la main tutélaire
De Gusman, votre époux, sauva, dit-on, le père.

ÉMIRE.

Il vous cherchait, madame, et Montèze en ces lieux
Par des ordres secrets le cachait à vos yeux.
Dans un sombre chagrin son ame enveloppée
Semblait d'un grand dessein profondément frappée.

CÉPHANE.

On lisait sur son front le trouble et les douleurs :
Il vous nommait, madame, et répandait des pleurs;
Et l'on connaît assez, par ses plaintes secrètes,
Qu'il ignore et le rang et l'éclat où vous êtes.

ALZIRE.

Quel éclat, chère Émire! et quel indigne rang!
Ce héros malheureux peut-être est de mon sang;
De ma famille au moins il a vu la puissance;
Peut-être de Zamore il avait connaissance,

Qui sait si de sa perte il ne fut pas témoin?
Il vient pour m'en parler. ah! quel funeste soin!
Sa voix redoublera les tourments que j'endure;
Il va percer mon cœur et rouvrir ma blessure.
Mais n'importe, qu'il vienne. Un mouvement confus
S'empare malgré moi de mes sens éperdus.
Hélas! dans ce palais arrosé de mes larmes,
Je n'ai point encore eu de moments sans alarmes.

SCÈNE IV.

ALZIRE, ZAMORE, ÉMIRE.

ZAMORE.

M'EST-ELLE enfin rendue? Est-ce elle que je vois?

ALZIRE.

Ciel! tels étaient ses traits, sa démarche, sa voix.
(elle tombe entre les bras de sa confidente.)
Zamore.... Je succombe; à peine je respire.

ZAMORE.

Reconnais ton amant.

ALZIRE.

Zamore aux pieds d'Alzire!
Est-ce une illusion?

ZAMORE.

Non: je revis pour toi;
Je réclame à tes pieds tes serments et ta foi.
O moitié de moi-même! idole de mon ame!
Toi qu'un amour si tendre assurait à ma flamme,
Qu'as-tu fait des saints nœuds qui nous ont enchaînés?

ALZIRE.

O jours, ô doux moments d'horreur empoisonnés!

ACTE III, SCÈNE IV.

Cher et fatal objet de douleur et de joie !
Ah ! Zamore, en quel temps faut-il que je te voie ?
Chaque mot dans mon cœur enfonce le poignard.

ZAMORE.

Tu gémis, et me vois !

ALZIRE.

Je t'ai revu trop tard.

ZAMORE.

Le bruit de mon trépas a dû remplir le monde.
J'ai traîné loin de toi ma course vagabonde,
Depuis que ces brigands, t'arrachant à mes bras,
M'enlevèrent mes dieux, mon trône, et tes appas.
Sais-tu que ce Gusman, ce destructeur sauvage,
Par des tourments sans nombre éprouva mon courage ?
Sais-tu que ton amant, à ton lit destiné,
Chère Alzire, aux bourreaux se vit abandonné ?
Tu frémis ; tu ressens le courroux qui m'enflamme ;
L'horreur de cette injure a passé dans ton ame.
Un Dieu, sans doute, un dieu qui préside à l'amour,
Dans le sein du trépas me conserva le jour
Tu n'as point démenti ce grand dieu qui me guide ;
Tu n'es point devenue Espagnole et perfide.
On dit que ce Gusman respire dans ces lieux ;
Je venais t'arracher à ce monstre odieux.
Tu m'aimes : vengeons-nous ; livre-moi la victime.

ALZIRE.

Oui, tu dois te venger, tu dois punir le crime :
Frappe.

ZAMORE.

Que me dis-tu ? Quoi, tes vœux ! quoi, ta foi !

ALZIRE.

Frappe, je suis indigne et du jour et de toi.

ZAMORE.

Ah! Montèze! ah! cruel! mon cœur n'a pu te croire.

ALZIRE.

A-t-il osé t'apprendre une action si noire?
Sais-tu pour quel époux j'ai pu t'abandonner?

ZAMORE.

Non, mais parle : aujourd'hui rien ne peut m'étonner.

ALZIRE.

Eh bien! vois donc l'abîme où le sort nous engage;
Vois le comble du crime ainsi que de l'outrage.

ZAMORE.

Alzire!

ALZIRE.

Ce Gusman...

ZAMORE.

Grand dieu!

ALZIRE.

Ton assassin,
Vient en ce même instant de recevoir ma main.

ZAMORE.

Lui?

ALZIRE.

Mon père, Alvarez, ont trompé ma jeunesse;
Ils ont à cet hymen entraîné ma faiblesse.
Ta criminelle amante aux autels des chrétiens
Vient, presque sous tes yeux, de former ces liens.
J'ai tout quitté, mes dieux, mon amant, ma patrie :
Au nom de tous les trois arrache-moi la vie;
Voilà mon cœur, il vole au-devant de tes coups.

ZAMORE.

Alzire, est-il bien vrai? Gusman est ton époux!

ACTE III, SCÈNE IV.

ALZIRE.

Je pourrais t'alléguer, pour affaiblir mon crime,
De mon père sur moi le pouvoir légitime,
L'erreur où nous étions, mes regrets, mes combats,
Les pleurs que j'ai trois ans donnés à ton trépas ;
Que, des chrétiens vainqueurs esclave infortunée,
La douleur de ta perte à leur Dieu m'a donnée ;
Que je t'aimai toujours, que mon cœur éperdu
A détesté tes dieux, qui t'ont mal défendu :
Mais je ne cherche point, je ne veux point d'excuse ;
Il n'en est point pour moi, lorsque l'amour m'accuse.
Tu vis, il me suffit. Je t'ai manqué de foi ;
Tranche mes jours affreux, qui ne sont plus pour toi.
Quoi ! tu ne me vois point d'un œil impitoyable ?

ZAMORE.

Non, si je suis aimé, non, tu n'es point coupable :
Puis-je encor me flatter de régner dans ton cœur ?

ALZIRE.

Quand Montèze, Alvarez, peut-être un Dieu vengeur,
Nos chrétiens, ma faiblesse, au temple m'ont conduite,
Sûre de ton trépas, à cet hymen réduite,
Enchaînée à Gusman par des nœuds éternels,
J'adorais ta mémoire au pied de nos autels.
Nos peuples, nos tyrans, tous ont su que je t'aime ;
Je l'ai dit à la terre, au ciel, à Gusman même ;
Et dans l'affreux moment, Zamore, où je te vois,
Je te le dis encor pour la dernière fois.

ZAMORE.

Pour la dernière fois Zamore t'aurait vue !
Tu me serais ravie aussitôt que rendue !
Ah ! si l'amour encor te parlait aujourd'hui !....

ALZIRE.

O ciel ! c'est Gusman même, et son père avec lui.

SCÈNE V.

ALVAREZ, GUSMAN, ZAMORE, ALZIRE.

ALVAREZ, *à son fils.*

Tu vois mon bienfaiteur, il est auprès d'Alzire.
(*à Zamore.*)
O toi ! jeune héros ! toi, par qui je respire,
Viens, ajoute à ma joie en cet auguste jour ;
Viens avec mon cher fils partager mon amour.

ZAMORE.

Qu'entends-je ! lui, Gusman ! lui, ton fils ! ce barbare !

ALZIRE.

Ciel ! détourne les coups que ce moment prépare.

ALVAREZ.

Dans quel étonnement....

ZAMORE.

    Quoi ! le ciel a permis
Que ce vertueux père eût cet indigne fils ?

GUSMAN.

Esclave, d'où te vient cette aveugle furie ?
Sais-tu bien qui je suis ?

ZAMORE.

    Horreur de ma patrie !
Parmi les malheureux que ton pouvoir a faits,
Connais-tu bien Zamore, et vois-tu tes forfaits ?

GUSMAN.

Toi !

ALVAREZ.

 Zamore !

ZAMORE.

    Oui, lui-même, à qui ta barbarie
Voulut ôter l'honneur, et crut ôter la vie ;

ACTE III, SCÈNE V.

Lui ; que tu fis languir dans des tourments honteux,
Lui, dont l'aspect ici te fait baisser les yeux.
Ravisseur de nos biens, tyran de notre empire,
Tu viens de m'arracher le seul bien où j'aspire.
Achève, et de ce fer, trésor de tes climats,
Préviens mon bras vengeur, et préviens ton trépas.
La main, la même main qui t'a rendu ton père,
Dans ton sang odieux pourrait venger la terre [1] ;
Et j'aurais les mortels et les dieux pour amis,
En révérant le père, et punissant le fils.

ALVAREZ, *à Gusman.*

De ce discours, ô ciel ! que je me sens confondre !
Vous sentez-vous coupable, et pouvez-vous répondre ?

GUSMAN.

Répondre à ce rebelle, et daigner m'avilir
Jusqu'à le réfuter, quand je le dois punir !
Son juste châtiment, que lui-même il prononce,
Sans mon respect pour vous eût été ma réponse.

(*à Alzire.*)

Madame, votre cœur doit vous instruire assez
A quel point en secret ici vous m'offensez ;

---

[1] *Père* doit rimer avec *terre*, parce qu'on les prononce tous deux de même. C'est aux oreilles et non pas aux yeux qu'il faut rimer. Cela est si vrai, que le mot *paon* n'a jamais rimé avec *Phaon*, quoique l'orthographe soit la même ; et le mot *encore* rime très bien avec *abhorre*, quoiqu'il n'y ait qu'un *r* à l'un et qu'il y en ait deux à l'autre. La rime est faite pour l'oreille ; un usage contraire ne serait qu'une pédanterie ridicule et déraisonnable.

Vous qui, sinon pour moi, du moins pour votre gloire,
Deviez de cet esclave étouffer la mémoire ;
Vous, dont les pleurs encore outragent votre époux ;
Vous, que j'aimais assez pour en être jaloux.

ALZIRE.

(à Gusman.) (à Alvarez.)
Cruel ! Et vous, seigneur ! mon protecteur, son père ;
(à Zamore.)
Toi, jadis mon espoir en un temps plus prospère,
Voyez le joug horrible où mon sort est lié,
Et frémissez tous trois d'horreur et de pitié.
(en montrant Zamore.)
Voici l'amant, l'époux que me choisit mon père,
Avant que je connusse un nouvel hémisphère ;
Avant que de l'Europe on nous portât des fers.
Le bruit de son trépas perdit cet univers.
Je vis tomber l'empire où régnaient mes ancêtres ;
Tout changea sur la terre, et je connus des maîtres.
Mon père infortuné, plein d'ennuis et de jours,
Au Dieu que vous servez eut à la fin recours :
C'est ce Dieu des chrétiens, que devant vous j'atteste ;
Ses autels sont témoins de mon hymen funeste ;
C'est aux pieds de ce Dieu qu'un horrible serment
Me donne au meurtrier qui m'ôta mon amant.
Je connais mal peut-être une loi si nouvelle ;
Mais j'en crois ma vertu, qui parle aussi haut qu'elle.
Zamore, tu m'es cher, je t'aime, je le doi ;
Mais après mes serments je ne puis être à toi.
Toi, Gusman, dont je suis l'épouse et la victime,
Je ne suis point à toi, cruel, après ton crime.
Qui des deux osera se venger aujourd'hui ?
Qui percera ce cœur que l'on arrache à lui ?

ACTE III, SCÈNE V.

Toujours infortunée, et toujours criminelle,
Perfide envers Zamore, à Gusman infidèle,
Qui me délivrera, par un trépas heureux,
De la nécessité de vous trahir tous deux ?
Gusman, du sang des miens ta main déja rougie,
Frémira moins qu'une autre à m'arracher la vie.
De l'hymen, de l'amour il faut venger les droits.
Punis une coupable, et sois juste une fois.

GUSMAN.

Ainsi vous abusez d'un reste d'indulgence
Que ma bonté trahie oppose à votre offense :
Mais vous le demandez, et je vais vous punir ;
Votre supplice est prêt, mon rival va périr.
Holà, soldats.

ALZIRE.

Cruel !

ALVAREZ.

Mon fils, qu'allez-vous faire ?
Respectez ses bienfaits, respectez sa misère.
Quel est l'état horrible, ô ciel, où je me vois !
L'un tient de moi la vie, à l'autre je la dois !
Ah ! mes fils, de ce nom ressentez la tendresse ;
D'un père infortuné regardez la vieillesse ;
Et du moins....

SCÈNE VI.

ALVAREZ, GUSMAN, ALZIRE, ZAMORE, D. ALONZE.

ALONZE.

Paraissez, seigneur, et commandez :
D'armes et d'ennemis ces champs sont inondés ;

Ils marchent vers ces murs, et le nom de Zamore
Est le cri menaçant qui les rassemble encore;
Ce nom sacré pour eux se mêle dans les airs
A ce bruit belliqueux des barbares concerts;
Sous leurs boucliers d'or les campagnes mugissent;
De leurs cris redoublés les échos retentissent;
En bataillons serrés ils mesurent leurs pas
Dans un ordre nouveau qu'ils ne connaissaient pas;
Et ce peuple, autrefois vil fardeau de la terre,
Semble apprendre de nous le grand art de la guerre.

GUSMAN.

Allons, à leurs regards il faut donc se montrer;
Dans la poudre à l'instant vous les verrez rentrer.
Héros de la Castille, enfants de la victoire,
Ce monde est fait pour vous; vous l'êtes pour la gloire,
Eux pour porter vos fers, vous craindre, et vous servir.

ZAMORE.

Mortel égal à moi, nous, faits pour obéir?

GUSMAN.

Qu'on l'entraîne.

ZAMORE.

   Oses-tu, tyran de l'innocence,
Oses-tu me punir d'une juste défense?
(aux Espagnols qui l'entourent.)
Êtes-vous donc des dieux qu'on ne puisse attaquer?
Et, teints de notre sang, faut-il vous invoquer?

GUSMAN.

Obéissez.

ALZIRE.

  Seigneur!

ALVAREZ.

    Dans ton courroux sévère,
Songe au moins, mon cher fils, qu'il a sauvé ton père.

ACTE III, SCÈNE VI.

GUSMAN.

Seigneur, je songe à vaincre, et je l'appris de vous;
J'y vole : adieu.

SCÈNE VII.

ALVAREZ, ALZIRE.

ALZIRE, *se jetant à genoux.*

Seigneur, j'embrasse vos genoux;
C'est à votre vertu que je rends cet hommage,
Le premier où le sort abaissa mon courage.
Vengez, seigneur, vengez sur ce cœur affligé
L'honneur de votre fils par sa femme outragé.
Mais à mes premiers nœuds mon ame était unie,
Hélas! peut-on deux fois se donner dans sa vie?
Zamore était à moi, Zamore eut mon amour :
Zamore est vertueux; vous lui devez le jour.
Pardonnez.... je succombe à ma douleur mortelle.

ALVAREZ

Je conserve pour toi ma bonté paternelle.
Je plains Zamore et toi; je serai ton appui :
Mais songe au nœud sacré qui t'attache aujourd'hui;
Ne porte point l'horreur au sein de ma famille :
Non, tu n'es plus à toi; sois mon sang, sois ma fille :
Gusman fut inhumain, je le sais, j'en frémis;
Mais il est ton époux, il t'aime, il est mon fils :
Son ame à la pitié se peut ouvrir encore.

ALZIRE.

Hélas, que n'êtes-vous le père de Zamore!

FIN DU TROISIÈME ACTE.

ACTE QUATRIÈME.

SCÈNE I.

ALVAREZ, GUSMAN.

ALVAREZ.

Méritez donc, mon fils, un si grand avantage.
Vous avez triomphé du nombre et du courage ;
Et de tous les vengeurs de ce triste univers
Une moitié n'est plus, et l'autre est dans vos fers.
Ah ! n'ensanglantez point le prix de la victoire,
Mon fils, que la clémence ajoute à votre gloire.
Je vais, sur les vaincus étendant mes secours,
Consoler leur misère et veiller sur leurs jours.
Vous, songez cependant qu'un père vous implore ;
Soyez homme et chrétien, pardonnez à Zamore.
Ne pourrai-je adoucir vos inflexibles mœurs ?
Et n'apprendrez-vous point à conquérir des cœurs ?

GUSMAN.

Ah ! vous percez le mien. Demandez-moi ma vie ;
Mais laissez un champ libre à ma juste furie ;
Ménagez le courroux de mon cœur opprimé.
Comment lui pardonner ? le barbare est aimé.

ALVAREZ.

Il en est plus à plaindre.

GUSMAN.

     A plaindre ? lui, mon père !
Ah ! qu'on me plaigne ainsi, la mort me sera chère.

ALVAREZ.

Quoi ! vous joignez encore à cet ardent courroux
La fureur des soupçons, ce tourment des jaloux ?

GUSMAN.

Et vous condamneriez jusqu'à ma jalousie ?
Quoi ! ce juste transport dont mon ame est saisie,
Ce triste sentiment plein de honte et d'horreur,
Si légitime en moi, trouve en vous un censeur !
Vous voyez sans pitié ma douleur effrénée !

ALVAREZ.

Mêlez moins d'amertume à votre destinée :
Alzire a des vertus, et loin de les aigrir,
Par des dehors plus doux vous devez l'attendrir.
Son cœur de ces climats conserve la rudesse ;
Il résiste à la force, il cède à la souplesse ;
Et la douceur peut tout sur notre volonté.

GUSMAN.

Moi, que je flatte encor l'orgueil de sa beauté ?
Que sous un front serein déguisant mon outrage,
A de nouveaux mépris ma honte l'encourage ?
Ne devriez-vous pas, de mon honneur jaloux,
Au lieu de le blâmer partager mon courroux ?
J'ai déja trop rougi d'épouser une esclave,
Qui m'ose dédaigner, qui me hait, qui me brave,
Dont un autre à mes yeux possède encor le cœur,
Et que j'aime, en un mot, pour comble de malheur.

ALVAREZ.

Ne vous repentez point d'un amour légitime ;
Mais sachez le régler : tout excès mène au crime.
Promettez-moi du moins de ne décider rien
Avant de m'accorder un second entretien.

GUSMAN.

Eh! que pourrait un fils refuser à son père?
Je veux bien pour un temps suspendre ma colère;
N'en exigez pas plus de mon cœur outragé.

ALVAREZ.

Je ne veux que du temps.

(il sort.)

GUSMAN.

Quoi! n'être point vengé?
Aimer, me repentir, être réduit encore
A l'horreur d'envier le destin de Zamore,
D'un de ces vils mortels en Europe ignorés,
Qu'à peine du nom d'homme on aurait honorés....
Que vois-je! Alzire! ô ciel!

SCÈNE II.

GUSMAN, ALZIRE, ÉMIRE.

ALZIRE.

C'est moi, c'est ton épouse;
C'est ce fatal objet de ta fureur jalouse,
Qui n'a pu te chérir, qui t'a dû révérer,
Qui te plaint, qui t'outrage et qui vient t'implorer.
Je n'ai rien déguisé. Soit grandeur, soit faiblesse,
Ma bouche a fait l'aveu qu'un autre a ma tendresse;
Et ma sincérité, trop funeste vertu,
Si mon amant périt, est ce qui l'a perdu.
Je vais plus t'étonner : ton épouse a l'audace
De s'adresser à toi pour demander sa grâce.
J'ai cru que don Gusman, tout fier, tout rigoureux,
Tout terrible qu'il est, doit être généreux.

ACTE IV, SCÈNE II.

J'ai pensé qu'un guerrier, jaloux de sa puissance,
Peut mettre l'orgueil même à pardonner l'offense :
Une telle vertu séduirait plus nos cœurs
Que tout l'or de ces lieux n'éblouit nos vainqueurs.
Par ce grand changement dans ton ame inhumaine,
Par un effort si beau, tu vas changer la mienne ;
Tu t'assures ma foi, mon respect, mon retour,
Tous mes vœux (s'il en est qui tiennent lieu d'amour).
Pardonne.... je m'égare.... éprouve mon courage.
Peut-être une Espagnole eût promis davantage,
Elle eût pu prodiguer les charmes de ses pleurs ;
Je n'ai point leurs attraits, et je n'ai point leurs mœurs ;
Ce cœur simple et formé des mains de la nature.
En voulant t'adoucir redouble ton injure :
Mais enfin c'est à toi d'essayer désormais
Sur ce cœur indomté la force des bienfaits.

GUSMAN.

Eh bien ! si les vertus peuvent tant sur votre ame,
Pour en suivre les lois, connaissez-les, madame.
Étudiez nos mœurs avant de les blâmer ;
Ces mœurs sont vos devoirs ; il faut s'y conformer.
Sachez que le premier est d'étouffer l'idée
Dont votre ame à mes yeux est encor possédée ;
De vous respecter plus, et de n'oser jamais
Me prononcer le nom d'un rival que je hais ;
D'en rougir la première, et d'attendre en silence
Ce que doit d'un barbare ordonner ma vengeance.
Sachez que votre époux, qu'ont outragé vos feux,
S'il peut vous pardonner, est assez généreux.
Plus que vous ne pensez je porte un cœur sensible ;
Et ce n'est pas à vous à me croire inflexible.

SCÈNE III.

ALZIRE, ÉMIRE.

ÉMIRE.

Vous voyez qu'il vous aime; on pourrait l'attendrir.

ALZIRE.

S'il m'aime, il est jaloux; Zamore va périr :
J'assassinais Zamore en demandant sa vie.
Ah ! je l'avais prévu. M'auras-tu mieux servie ?
Pourras-tu le sauver ? Vivra-t-il loin de moi ?
Du soldat qui le garde as-tu tenté la foi ?

ÉMIRE.

L'or qui les séduit tous vient d'éblouir sa vue :
Sa foi, n'en doutez point, sa main vous est vendue

ALZIRE.

Ainsi, grâces aux cieux, ces métaux détestés
Ne servent pas toujours à nos calamités.
Ah ! ne perds point de temps : tu balances encore !

ÉMIRE.

Mais aurait-on juré la perte de Zamore ?
Alvarez aurait-il assez peu de crédit ?
Et le conseil enfin....

ALZIRE.

Je crains tout : il suffit.
Tu vois de ces tyrans la fureur despotique ;
Ils pensent que pour eux le ciel fit l'Amérique,
Qu'ils en sont nés les rois; et Zamore à leurs yeux,
Tout souverain qu'il fut, n'est qu'un séditieux.
Conseil de meurtriers ! Gusman ! peuple barbare !
Je préviendrai les coups que votre main prépare.
Ce soldat ne vient point; qu'il tarde à m'obéir !

ACTE IV, SCÈNE III.

ÉMIRE.

Madame, avec Zamore il va bientôt venir;
Il court à la prison. Déja la nuit plus sombre
Couvre ce grand dessein du secret de son ombre;
Fatigués de carnage et de sang enivrés,
Les tyrans de la terre au sommeil sont livrés.

ALZIRE.

Allons, que ce soldat nous conduise à la porte;
Qu'on ouvre la prison, que l'innocence en sorte.

ÉMIRE.

Il vous prévient déja; Céphane le conduit.
Mais si l'on vous rencontre en cette obscure nuit,
Votre gloire est perdue, et cette honte extrême...

ALZIRE.

Va, la honte serait de trahir ce que j'aime.
Cet honneur étranger, parmi nous inconnu,
N'est qu'un fantôme vain qu'on prend pour la vertu :
C'est l'amour de la gloire, et non de la justice,
La crainte du reproche, et non celle du vice.
Je fus instruite, Émire, en ce grossier climat,
A suivre la vertu sans en chercher l'éclat.
L'honneur est dans mon cœur, et c'est lui qui m'ordonne
De sauver un héros que le ciel abandonne.

SCÈNE IV.

ALZIRE, ZAMORE, ÉMIRE, UN SOLDAT.

ALZIRE.

Tout est perdu pour toi; tes tyrans sont vainqueurs :
Ton supplice est tout prêt; si tu ne fuis, tu meurs.
Pars, ne perds point de temps; prends ce soldat pour guide;
Trompons des meurtriers l'espérance homicide;

Tu vois mon désespoir et mon saisissement;
C'est à toi d'épargner la mort à mon amant,
Un crime à mon époux, et des larmes au monde.
L'Amérique t'appelle, et la nuit te seconde;
Prends pitié de ton sort, et laisse-moi le mien.

ZAMORE.

Esclave d'un barbare, épouse d'un chrétien,
Toi qui m'as tant aimé, tu m'ordonnes de vivre!
Eh bien! j'obéirai : mais oses-tu me suivre?
Sans trône, sans secours, au comble du malheur,
Je n'ai plus à t'offrir qu'un désert et mon cœur :
Autrefois à tes pieds j'ai mis un diadème.

ALZIRE.

Ah! qu'était-il sans toi? qu'ai-je aimé que toi-même?
Et qu'est-ce auprès de toi que ce vil univers?
Mon ame va te suivre au fond de tes déserts;
Je vais seule en ces lieux, où l'horreur me consume,
Languir dans les regrets, sécher dans l'amertume,
Mourir dans le remords d'avoir trahi ma foi,
D'être au pouvoir d'un autre, et de brûler pour toi.
Pars, emporte avec toi mon bonheur et ma vie;
Laisse-moi les horreurs du devoir qui me lie.
J'ai mon amant ensemble et ma gloire à sauver!
Tous deux me sont sacrés; je les veux conserver.

ZAMORE.

Ta gloire! Quelle est donc cette gloire inconnue?
Quel fantôme d'Europe a fasciné ta vue?
Quoi! ces affreux serments, qu'on vient de te dicter,
Quoi! ce temple chrétien, que tu dois détester,
Ce dieu, ce destructeur des dieux de mes ancêtres,
T'arrachent à Zamore et te donnent des maîtres?

ACTE IV, SCÈNE IV.

ALZIRE.

J'ai promis, il suffit; il n'importe à quel dieu.

ZAMORE.

Ta promesse est un crime; elle est ma perte; adieu.
Périssent tes sermens, et ton dieu que j'abhorre!

ALZIRE.

Arrête : quels adieux ! arrête, cher Zamore !

ZAMORE.

Gusman est ton époux!

ALZIRE.

Plains-moi, sans m'outrager.

ZAMORE.

Songe à nos premiers nœuds.

ALZIRE.

Je songe à ton danger.

ZAMORE.

Non, tu trahis, cruelle, un feu si légitime.

ALZIRE.

Non, je t'aime à jamais; et c'est un nouveau crime.
Laisse-moi mourir seule : ôte-toi de ces lieux.
Quel désespoir horrible étincelle en tes yeux?
Zamore....

ZAMORE.

C'en est fait.

ALZIRE.

Où vas-tu?

ZAMORE.

Mon courage
De cette liberté va faire un digne usage.

ALZIRE.

Tu n'en saurais douter, je péris si tu meurs.

ZAMORE.

Peux-tu mêler l'amour à ces moments d'horreurs ?
Laisse-moi, l'heure fuit, le jour vient, le temps presse :
Soldat, guide mes pas.

SCÈNE V.

ALZIRE, ÉMIRE.

ALZIRE.

Je succombe ; il me laisse ;
Il part, que va-t-il faire ? O moment plein d'effroi !
Gusman ! Quoi, c'est donc lui que j'ai quitté pour toi !
Émire, suis ses pas, vole, et reviens m'instruire
S'il est en sûreté, s'il faut que je respire.
Va voir si ce soldat nous sert ou nous trahit.

(Émire sort.)

Un noir pressentiment m'afflige et me saisit :
Ce jour, ce jour pour moi ne peut être qu'horrible.
O toi, Dieu des chrétiens, Dieu vainqueur et terrible !
Je connais peu tes lois ; ta main, du haut des cieux,
Perce à peine un nuage épaissi sur mes yeux ;
Mais si je suis à toi, si mon amour t'offense,
Sur ce cœur malheureux épuise ta vengeance.
Grand Dieu ! conduis Zamore au milieu des déserts ;
Ne serais-tu le Dieu que d'un autre univers ?
Les seuls Européans sont-ils nés pour te plaire ?
Es-tu tyran d'un monde, et de l'autre le père ?
Les vainqueurs, les vaincus, tous ces faibles humains,
Sont tous également l'ouvrage de tes mains.
Mais de quels cris affreux mon oreille est frappée !
J'entends nommer Zamore : ô ciel ! on m'a trompée.
Le bruit redouble, on vient : ah ! Zamore est perdu.

SCÈNE VI.
ALZIRE, ÉMIRE.

ALZIRE.

Chère Émire, est-ce toi ? qu'a-t-on fait ? qu'as-tu vu ?
Tire-moi, par pitié, de mon doute terrible.

ÉMIRE.

Ah! n'espérez plus rien ; sa perte est infaillible.
Des armes du soldat qui conduisait ses pas
Il a couvert son front, il a chargé son bras.
Il s'éloigne : à l'instant le soldat prend la fuite ;
Votre amant au palais court et se précipite ;
Je le suis en tremblant, parmi nos ennemis,
Parmi ces meurtriers dans le sang endormis,
Dans l'horreur de la nuit, des morts, et du silence.
Au palais de Gusman je le vois qui s'avance ;
Je l'appelais en vain de la voix et des yeux ;
Il m'échappe, et soudain j'entends des cris affreux :
J'entends dire : Qu'il meure ! on court ; on vole aux armes.
Retirez-vous, madame, et fuyez tant d'alarmes ;
Rentrez.

ALZIRE.

Ah! chère Émire, allons le secourir.

ÉMIRE.

Que pouvez-vous, madame ? ô ciel !

ALZIRE.

Je peux mourir.

SCÈNE VII.

ALZIRE, ÉMIRE, D. ALONZE, GARDES.

ALONZE.

A mes ordres secrets, madame, il faut vous rendre.

ALZIRE.

Que me dis-tu, barbare, et que viens-tu m'apprendre ?
Qu'est devenu Zamore ?

ALONZE.

En ce moment affreux
Je ne puis qu'annoncer un ordre rigoureux.
Daignez me suivre.

ALZIRE.

O sort ! ô vengeance trop forte !
Cruels ! quoi, ce n'est point la mort que l'on m'apporte ?
Quoi, Zamore n'est plus, et je n'ai que des fers !
Tu gémis, et tes yeux de larmes sont couverts !
Mes maux ont-ils touché les cœurs nés pour la haine ?
Viens ; si la mort m'attend, viens, j'obéis sans peine.

FIN DU QUATRIÈME ACTE.

ACTE CINQUIÈME.

SCÈNE I.

ALZIRE, GARDES.

ALZIRE.

Préparez-vous pour moi vos supplices cruels,
Tyrans, qui vous nommez les juges des mortels?
Laissez-vous dans l'horreur de cette inquiétude
De mes destins affreux flotter l'incertitude?
On m'arrête, on me garde, on ne m'informe pas
Si l'on a résolu ma vie ou mon trépas.
Ma voix nomme Zamore, et mes gardes pâlissent;
Tout s'émeut à ce nom : ces monstres en frémissent.

SCÈNE II.

MONTÈZE, ALZIRE.

ALZIRE.

Ah, mon père!

MONTÈZE.

Ma fille, où nous as-tu réduits?
Voilà de ton amour les exécrables fruits.
Hélas! nous demandions la grâce de Zamore;
Alvarez avec moi daignait parler encore :
Un soldat à l'instant se présente à nos yeux;
C'était Zamore même, égaré, furieux.
Par ce déguisement la vue était trompée;
A peine entre ses mains j'aperçois une épée.

Entrer, voler vers nous, s'élancer sur Gusman,
L'attaquer, le frapper, n'est pour lui qu'un moment.
Le sang de ton époux rejaillit sur ton père :
Zamore, au même instant dépouillant sa colère,
Tombe aux pieds d'Alvarez ; et tranquille et soumis,
Lui présentant ce fer teint du sang de son fils :
J'ai fait ce que j'ai dû, j'ai vengé mon injure ;
Fais ton devoir, dit-il, et venge la nature.
Alors il se prosterne, attendant le trépas.
Le père tout sanglant se jette entre mes bras,
Tout se réveille, on court, on s'avance, on s'écrie,
On vole à ton époux, on rappelle sa vie ;
On arrête son sang, on presse le secours
De cet art inventé pour conserver nos jours.
Tout le peuple à grands cris demande ton supplice.
Du meurtre de son maître il te croit la complice.

ALZIRE.

Vous pourriez....

MONTÈZE.

Non, mon cœur ne t'en soupçonne pas ;
Non, le tien n'est pas fait pour de tels attentats ;
Capable d'une erreur, il ne l'est point d'un crime ;
Tes yeux s'étaient fermés sur le bord de l'abîme.
Je le souhaite ainsi, je le crois ; cependant
Ton époux va mourir des coups de ton amant.
On va te condamner ; tu vas perdre la vie
Dans l'horreur du supplice et dans l'ignominie ;
Et je retourne enfin, par un dernier effort,
Demander au conseil et ta grâce et ma mort.

ALZIRE.

Ma grâce ! à mes tyrans ? les prier ! vous, mon père !
Osez vivre et m'aimer, c'est ma seule prière,

ACTE V, SCÈNE II.

Je plains Gusman ; son sort a trop de cruauté ;
Et je le plains surtout de l'avoir mérité.
Pour Zamore, il n'a fait que venger son outrage ;
Je ne puis excuser ni blâmer son courage.
J'ai voulu le sauver, je ne m'en défends pas.
Il mourra.... Gardez-vous d'empêcher mon trépas.

MONTÈZE.

O ciel ! inspire-moi, j'implore ta clémence !

(Il sort.)

SCÈNE III.

ALZIRE.

O ciel ! anéantis ma fatale existence.
Quoi, ce Dieu que je sers me laisse sans secours !
Il défend à mes mains d'attenter sur mes jours !
Ah ! j'ai quitté des dieux dont la bonté facile
Me permettait la mort, la mort, mon seul asile.
Eh ! quel crime est-ce donc devant ce Dieu jaloux
De hâter un moment qu'il nous prépare à tous ?
Quoi ! du calice amer d'un malheur si durable
Faut-il boire à longs traits la lie insupportable ?
Ce corps vil et mortel est-il donc si sacré
Que l'esprit qui le meut ne le quitte à son gré ?
Ce peuple de vainqueurs, armé de son tonnerre,
A-t-il le droit affreux de dépeupler la terre,
D'exterminer les miens, de déchirer mon flanc ?
Et moi, je ne pourrai disposer de mon sang ?
Je ne pourrai sur moi permettre à mon courage
Ce que sur l'univers il permet à sa rage ?
Zamore va mourir dans des tourments affreux.
Barbares !

SCÈNE IV.

ZAMORE, *enchaîné*, ALZIRE, GARDES.

ZAMORE.

C'est ici qu'il faut périr tous deux.
Sous l'horrible appareil de sa fausse justice
Un tribunal de sang te condamne au supplice.
Gusman respire encor; mon bras désespéré
N'a porté dans son sein qu'un coup mal assuré :
Il vit pour achever le malheur de Zamore;
Il mourra tout couvert de ce sang que j'adore :
Nous périrons ensemble à ses yeux expirants;
Il va goûter encor le plaisir des tyrans
Alvarez doit ici prononcer de sa bouche
L'abominable arrêt de ce conseil farouche.
C'est moi qui t'ai perdue, et tu péris pour moi.

ALZIRE.

Va, je ne me plains plus, je mourrai près de toi
Tu m'aimes, c'est assez; bénis ma destinée,
Bénis le coup affreux qui rompt mon hyménée;
Songe que ce moment où je vais chez les morts
Est le seul où mon cœur peut t'aimer sans remords.
Libre par mon supplice, à moi-même rendue,
Je dispose à la fin d'une foi qui t'est due.
L'appareil de la mort, élevé pour nous deux,
Est l'autel où mon cœur te rend ses premiers feux;
C'est là que j'expierai le crime involontaire
De l'infidélité que j'avais pu te faire.
Ma plus grande amertume en ce funeste sort
C'est d'entendre Alvarez prononcer notre mort.

ACTE V, SCÈNE IV.

ZAMORE.

Ah! le voici; les pleurs inondent son visage.

ALZIRE.

Qui de nous trois, ô ciel! a reçu plus d'outrage?
Et que d'infortunés le sort assemble ici!

SCÈNE V.

ALZIRE, ZAMORE, ALVAREZ, GARDES.

ZAMORE.

J'ATTENDS la mort de toi, le ciel le veut ainsi;
Tu dois me prononcer l'arrêt qu'on vient de rendre:
Parle sans te troubler, comme je vais t'entendre;
Et fais livrer sans crainte aux supplices tout prêts
L'assassin de ton fils, et l'ami d'Alvarez.
Mais que t'a fait Alzire? et quelle barbarie
Te force à lui ravir une innocente vie?
Les Espagnols enfin t'ont donné leur fureur:
Une injuste vengeance entre-t-elle en ton cœur?
Connu seul parmi nous par ta clémence auguste,
Tu veux donc renoncer à ce grand nom de juste!
Dans le sang innocent ta main va se baigner!

ALZIRE.

Venge-toi, venge un fils, mais sans me soupçonner.
Épouse de Gusman, ce nom seul doit t'apprendre
Que loin de le trahir je l'aurais su défendre.
J'ai respecté ton fils; et ce cœur gémissant
Lui conserva sa foi, même en le haïssant.
Que je sois de ton peuple applaudie ou blâmée,
Ta seule opinion fera ma renommée:
Estimée en mourant d'un cœur tel que le tien,
Je dédaigne le reste, et ne demande rien.

Zamore va mourir, il faut bien que je meure;
C'est tout ce que j'attends, et c'est toi que je pleure.

ALVAREZ.

Quel mélange, grand Dieu, de tendresse et d'horreur!
L'assassin de mon fils est mon libérateur.
Zamore!.... oui, je te dois des jours que je déteste;
Tu m'as vendu bien cher un présent si funeste....
Je suis père, mais homme; et malgré ta fureur,
Malgré la voix du sang qui parle à ma douleur,
Qui demande vengeance à mon ame éperdue,
La voix de tes bienfaits est encore entendue.
Et toi qui fus ma fille, et que dans nos malheurs
J'appelle encor d'un nom qui fait couler nos pleurs,
Va, ton père est bien loin de joindre à ses souffrances
Cet horrible plaisir que donnent les vengeances.
Il faut perdre à la fois, par des coups inouis,
Et mon libérateur, et ma fille, et mon fils.
Le conseil vous condamne : il a dans sa colère
Du fer de la vengeance armé la main d'un père.
Je n'ai point refusé ce ministère affreux....
Et je viens le remplir pour vous sauver tous deux.
Zamore, tu peux tout.

ZAMORE.

Je peux sauver Alzire?
Ah! parle, que faut-il?

ALVAREZ.

Croire un Dieu qui m'inspire.
Tu peux changer d'un mot et son sort et le tien;
Ici la loi pardonne à qui se rend chrétien.
Cette loi, que naguère un saint zèle a dictée,
Du ciel en ta faveur y semble être apportée.
Ce Dieu qui nous apprit lui-même à pardonner

ACTE V, SCÈNE V.

De son ombre à nos yeux saura t'environner.
Tu vas des Espagnols arrêter la colère;
Ton sang, sacré pour eux, est le sang de leur frère;
Les traits de la vengeance, en leurs mains suspendus,
Sur Alzire et sur toi ne se tourneront plus.
Je réponds de sa vie, ainsi que de la tienne;
Zamore, c'est de toi qu'il faut que je l'obtienne.
Ne sois point inflexible à cette faible voix;
Je te devrai la vie une seconde fois.
Cruel, pour me payer du sang dont tu me prives,
Un père infortuné demande que tu vives.
Rends-toi chrétien comme elle; accorde-moi ce prix
De ses jours et des tiens, et du sang de mon fils.

ZAMORE, *à Alzire.*

Alzire, jusque-là chéririons-nous la vie?
La racheterions-nous par notre ignominie?
Quitterai-je mes dieux pour le dieu de Gusman?

(*à Alvarez.*)

Et toi, plus que ton fils seras-tu mon tyran?
Tu veux qu'Alzire meure, ou que je vive en traître!
Ah! lorsque de tes jours je me suis vu le maître,
Si j'avais mis ta vie à cet indigne prix,
Parle, aurais-tu quitté le dieu de ton pays?

ALVAREZ.

J'aurais fait ce qu'ici tu me vois faire encore.
J'aurais prié ce Dieu, seul être que j'adore,
De n'abandonner pas un cœur tel que le tien,
Tout aveugle qu'il est, digne d'être chrétien.

ZAMORE.

Dieux! quel genre inoui de trouble et de supplice!
Entre quels attentats faut-il que je choisisse?

(à Alzire.)
Il s'agit de tes jours; il s'agit de mes dieux.
Toi qui m'oses aimer, ose juger entre eux;
Je m'en remets à toi; mon cœur se flatte encore
Que tu ne voudras point la honte de Zamore.

ALZIRE.

Ecoute. Tu sais trop qu'un père infortuné
Disposa de ce cœur que je t'avais donné;
Je reconnus son Dieu : tu peux de ma jeunesse
Accuser, si tu veux, l'erreur ou la faiblesse;
Mais des lois des chrétiens mon esprit enchanté
Vit chez eux, ou du moins crut voir la vérité;
Et ma bouche, abjurant les dieux de ma patrie,
Par mon ame en secret ne fut point démentie :
Mais renoncer au dieu que l'on croit dans son cœur,
C'est le crime d'un lâche, et non pas une erreur;
C'est trahir à la fois, sous un masque hypocrite,
Et le dieu qu'on préfère, et le dieu que l'on-quitte;
C'est mentir au ciel même, à l'univers, à soi.
Mourons; mais, en mourant, sois digne encor de moi :
Et si Dieu ne te donne une clarté nouvelle,
Ta probité te parle, il faut n'écouter qu'elle.

ZAMORE.

J'ai prévu ta réponse : il vaut mieux expirer
Et mourir avec toi, que se déshonorer.

ALVAREZ.

Cruels, ainsi tous deux vous voulez votre perte!
Vous bravez ma bonté qui vous était offerte.
Ecoutez, le temps presse, et ces lugubres cris....

SCÈNE VI.

ALVAREZ, ZAMORE, ALZIRE, ALONZE,
AMÉRICAINS, ESPAGNOLS.

ALONZE.

On amène à vos yeux votre malheureux fils;
Seigneur, entre vos bras il veut quitter la vie.
Du peuple qui l'aimait une troupe en furie,
S'empressant près de lui, vient se rassasier
Du sang de son épouse et de son meurtrier.

SCÈNE VII.

ALVAREZ, GUSMAN, ZAMORE, ALZIRE,
AMÉRICAINS, SOLDATS.

ZAMORE.

Cruels, sauvez Alzire, et pressez mon supplice!

ALZIRE.

Non, qu'une affreuse mort tous trois nous réunisse.

ALVAREZ.

Mon fils mourant, mon fils! ô comble de douleur!

ZAMORE, à Gusman.

Tu veux donc jusqu'au bout consommer ta fureur?
Viens, vois couler mon sang, puisque tu vis encore;
Viens apprendre à mourir en regardant Zamore.

GUSMAN, à Zamore.

Il est d'autres vertus que je veux t'enseigner :
Je dois un autre exemple, et je viens le donner.
(à Alvarez.)
Le ciel qui veut ma mort, et qui l'a suspendue,
Mon père, en ce moment m'amène à votre vue.

Mon ame fugitive, et prête à me quitter,
S'arrête devant vous.... mais pour vous imiter.
Je meurs : le voile tombe ; un nouveau jour m'éclaire ;
Je ne me suis connu qu'au bout de ma carrière ;
J'ai fait, jusqu'au moment qui me plonge au cercueil,
Gémir l'humanité du poids de mon orgueil.
Le ciel venge la terre : il est juste ; et ma vie
Ne peut payer le sang dont ma main s'est rougie.
Le bonheur m'aveugla ; la mort m'a détrompé :
Je pardonne à la main par qui Dieu m'a frappé.
J'étais maître en ces lieux ; seul j'y commande encore :
Seul je puis faire grâce, et la fais à Zamore.
Vis, superbe ennemi ; sois libre, et te souvien
Quel fut et le devoir et la mort d'un chrétien.
   (à Montèze qui se jette à ses pieds.)
Montèze, Américains qui fûtes mes victimes,
Songez que ma clémence a surpassé mes crimes.
Instruisez l'Amérique ; apprenez a ses rois
Que les chrétiens sont nés pour leur donner des lois.
   (à Zamore.)
Des dieux que nous servons connais la différence :
Les tiens t'ont commandé le meurtre et la vengeance ;
Et le mien, quand ton bras vient de m'assassiner,
M'ordonne de te plaindre et de te pardonner.

ALVAREZ.
Ah, mon fils ! tes vertus égalent ton courage.

ALZIRE.
Quel changement, grand Dieu ! quel étonnant langage !

ZAMORE.
Quoi ! tu veux me forcer moi-même au repentir !

GUSMAN.
Je veux plus, je te veux forcer à me chérir.

ACTE V, SCÈNE VII.

Alzire n'a vécu que trop infortunée,
Et par mes cruautés, et par mon hyménée ;
Que ma mourante main la remette en tes bras :
Vivez sans me haïr, gouvernez vos états,
Et de vos murs détruits rétablissant la gloire,
De mon nom, s'il se peut, bénissez la mémoire.
          (à Alvarez.)
Daignez servir de père à ces époux heureux ;
Que du ciel, par vos soins, le jour luise sur eux !
Aux clartés des chrétiens si son ame est ouverte,
Zamore est votre fils, et répare ma perte.

ZAMORE.

Je demeure immobile, égaré, confondu.
Quoi donc, les vrais chrétiens auraient tant de vertu !
Ah ! la loi qui t'oblige à cet effort suprême,
Je commence à le croire, est la loi d'un Dieu même.
J'ai connu l'amitié, la constance, la foi ;
Mais tant de grandeur d'ame est au-dessus de moi ;
Tant de vertu m'accable, et son charme m'attire.
Honteux d'être vengé, je t'aime, et je t'admire.
          (il se jette à ses pieds.)

ALZIRE.

Seigneur, en rougissant je tombe à vos genoux :
Alzire en ce moment voudrait mourir pour vous.
Entre Zamore et vous mon ame déchirée
Succombe au repentir dont elle est dévorée.
Je me sens trop coupable, et mes tristes erreurs...

GUSMAN.

Tout vous est pardonné, puisque je vois vos pleurs.
Pour la dernière fois, approchez-vous, mon père ;
Vivez long-temps heureux ; qu'Alzire vous soit chère.
Zamore, sois chrétien ; je suis content : je meurs.

ALVAREZ, *à Montèze.*

Je vois le doigt de Dieu marqué dans nos malheurs.
Mon cœur désespéré se soumet, s'abandonne
Aux volontés d'un Dieu qui frappe et qui pardonne.

FIN D'ALZIRE.

L'ENFANT PRODIGUE,

COMÉDIE,

Représentée, pour la première fois, le 10 octo.
1736.

PRÉFACE

DE L'ÉDITEUR DE L'ÉDITION DE 1738.

Il est assez étrange que l'on n'ait pas songé plus tôt à imprimer cette comédie, qui fut jouée il y a près de deux ans, et qui eut environ trente représentations. L'auteur ne s'étant point déclaré, on l'a mise jusqu'ici sur le compte de diverses personnes très estimées; mais elle est véritablement de M. de Voltaire, quoique le style de la Henriade et d'Alzire soit si différent de celui-ci, qu'il ne permet guère d'y reconnaître la même main.

C'est ce qui fait que nous donnons sous son nom cette pièce au public, comme la première comédie qui soit écrite en vers de cinq pieds. Peut-être cette nouveauté engagera-t-elle quelqu'un à se servir de cette mesure. Elle produira sur le théâtre français de la variété; et qui donne des plaisirs nouveaux doit toujours être bien reçu.

Si la comédie doit être la représentation des mœurs, cette pièce semble être assez de ce caractère. On y voit un mélange de sérieux et de plaisanterie, de comique et de touchant. C'est ainsi que la vie des hommes est bigarrée; souvent même une seule aventure produit tous ces contrastes. Rien n'est si commun qu'une maison dans laquelle un père gronde, une fille occupée de sa passion pleure, le fils se moque des deux, et quelques parents prennent différemment part à la scène. On raille très souvent dans une chambre de ce qui attendrit dans la chambre voisine; et la même personne a quelquefois ri et pleuré de la même chose dans le même quart-d'heure.

Une dame très respectable[1] étant un jour au chevet d'une de ses filles[2] qui était en danger de mort, entourée de toute sa famille, s'écriait en fondant en larmes : « Mon dieu, rendez-la « moi, et prenez tous mes autres enfants ! » Un homme qui avait épousé une autre de ses filles[3] s'approcha d'elle, et la tirant par la manche, « Madame, dit-il, les gendres en sont-ils ? » Le sang-froid et le comique avec lequel il prononça ces paroles fit un tel effet sur cette dame affligée, qu'elle sortit en éclatant de rire; tout le monde la suivit en riant, et la malade, ayant su de

---

[1] La première maréchale de Noailles.
[2] Madame de Gondrin, depuis comtesse de Toulouse.
[3] Le duc de la Vallière.

quoi il était question, se mit à rire plus fort que les autres.

Nous n'inférons pas de là que toute comédie doive avoir des scènes de bouffonnerie et des scènes attendrissantes. Il y a beaucoup de très bonnes pièces où il ne règne que de la gaieté; d'autres toutes sérieuses, d'autres mélangées, d'autres où l'attendrissement va jusqu'aux larmes. Il ne faut donner l'exclusion à aucun genre : et si l'on me demandait quel genre est le meilleur, je répondrais, « Celui qui est le « mieux traité. »

Il serait peut-être à propos et conforme au goût de ce siècle *raisonneur* d'examiner ici quelle est cette sorte de plaisanterie qui nous fait rire à la comédie.

La cause du rire est une de ces choses plus senties que connues. L'admirable Molière, Regnard, qui le vaut quelquefois, et les auteurs de tant de jolies petites pièces, se sont contentés d'exciter en nous ce plaisir, sans nous en rendre jamais raison, et sans dire leur secret.

J'ai cru remarquer aux spectacles qu'il ne s'élève presque jamais de ces éclats de rire universels qu'à l'occasion d'une méprise. Mercure pris pour Sosie; le chevalier Ménechme pris pour son frère; Crispin faisant son testament sous le nom du bon-homme Géronte ; **Valère** parlant à Harpagon des beaux yeux de sa fille, tandis qu'Harpagon n'entend que les beaux yeux de sa cassette ; Pourceaugnac à qui on tâte le pouls, parce qu'on le veut faire passer pour fou : en un mot, les méprises, les équivoques de pareille espèce excitent un rire général. Arlequin ne fait guère rire que quand il se méprend ; et voilà pourquoi le titre de *balourd* lui était si bien approprié.

Il y a bien d'autres genres de comique. Il y a des plaisanteries qui causent une autre sorte de plaisir ; mais je n'ai jamais vu ce qui s'appelle rire de tout son cœur, soit aux spectacles, soit dans la société, que dans des cas approchants de ceux dont je viens de parler.

Il y a des caractères ridicules dont la représentation plaît, sans causer ce rire immodéré de joie. Trissotin et Vadius, par exemple, semblent être de ce genre ; le Joueur, le Grondeur, qui font un plaisir inexprimable, ne permettent guère le rire éclatant.

Il y a d'autres ridicules mêlés de vices, dont on est charmé de voir la peinture, et qui ne causent qu'un plaisir sérieux. Un mal-honnête homme ne fera jamais rire, parce que dans le rire il entre toujours de la gaieté, incompatible avec le mépris et l'indignation. Il est vrai qu'on rit au Tartuffe; mais ce n'est pas de son hypocrisie, c'est de la méprise du bon-homme qui le croit un saint; et l'hypocrisie une fois reconnue, on ne rit plus, on sent d'autres impressions.

On pourrait aisément remonter aux sources de nos autres sentiments, à ce qui excite la gaieté, la curiosité, l'intérêt, l'émotion, les larmes. Ce serait surtout aux auteurs dramatiques à nous développer tous ces ressorts, puisque ce sont eux qui les font jouer. Mais ils sont plus occupés de remuer les passions que de les examiner; ils sont persuadés qu'un sentiment vaut mieux qu'une définition; et je suis trop de leur avis pour mettre un traité de philosophie au-devant d'une pièce de théâtre.

Je me bornerai simplement à insister encore un peu sur la nécessité où nous sommes d'avoir des choses nouvelles. Si l'on avait toujours mis sur le théâtre tragique la grandeur romaine, à la fin on s'en serait rebuté; si les héros ne parlaient jamais que de tendresse, on serait affadi.

O imitatores, servum pecus!

Les ouvrages que nous avons depuis les Corneille, les Molière, les Racine, les Quinault, les Lulli, les le Brun, me paraissent tous avoir quelque chose de neuf et d'original qui les a sauvés du naufrage. Encore une fois tous les genres sont bons, hors le genre ennuyeux.

Ainsi il ne faut jamais dire, si cette musique n'a pas réussi, si ce tableau ne plaît pas, si cette pièce est tombée, c'est que cela était d'une espèce nouvelle; il faut dire, c'est que cela ne vaut rien dans son espèce.

PERSONNAGES.

EUPHÉMON PÈRE.
EUPHÉMON FILS.
FIERENFAT, président de Cognac, second fils d'Euphémon.
RONDON, bourgeois de Cognac.
LISE, fille de Rondon.
LA BARONNE DE CROUPILLAC.
MARTHE, suivante de Lise.
JASMIN, valet d'Euphémon fils.

La scène est à Cognac.

L'ENFANT PRODIGUE,
COMÉDIE.

ACTE PREMIER.

SCÈNE I
EUPHÉMON, RONDON.

RONDON.

Mon triste ami, mon cher et vieux voisin,
Que de bon cœur j'oublierai ton chagrin !
Que je rirai ! Quel plaisir ! Que ma fille
Va ranimer ta dolente famille !
Mais mons ton fils, le sieur de Fierenfat,
Me semble avoir un procédé bien plat.

EUPHÉMON.

Quoi donc ?

RONDON.

Tout fier de sa magistrature,
Il fait l'amour avec poids et mesure.
Adolescent qui s'érige en barbon,
Jeune écolier qui vous parle en Caton,
Est, à mon sens, un animal bernable ;
Et j'aime mieux l'air fou que l'air capable :
Il est trop fat.

L'ENFANT PRODIGUE.

EUPHÉMON.
Et vous êtes aussi
Un peu trop brusque.

RONDON.
Ah! je suis fait ainsi.
J'aime le vrai, je me plais à l'entendre;
J'aime à le dire, à gourmander mon gendre;
A bien mater cette fatuité,
Et l'air pédant dont il est encroûté.
Vous avez fait, beau-père, en père sage,
Quand son aîné, ce joueur, ce volage,
Ce débauché, ce fou, partit d'ici,
De donner tout à ce sot cadet-ci;
De mettre en lui toute votre espérance,
Et d'acheter pour lui la présidence
De cette ville : oui, c'est un trait prudent.
Mais dès qu'il fut monsieur le président,
Il fut, ma foi! gonflé d'impertinence :
Sa gravité marche et parle en cadence :
Il dit qu'il a bien plus d'esprit que moi,
Qui, comme on sait, en ai bien plus que toi.
Il est....

EUPHÉMON.
Eh mais! quelle humeur vous emporte?
Faut-il toujours....

RONDON.
Va, va, laisse, qu'importe?
Tous ces défauts, vois-tu, sont comme rien,
Lorsque d'ailleurs on amasse un gros bien.
Il est avare; et tout avare est sage.
Oh! c'est un vice excellent en ménage,
Un très bon vice. Allons, dès aujourd'hui

ACTE I, SCÈNE I.

Il est mon gendre, et ma Lise est à lui.
Il reste donc, notre triste beau-père,
A faire ici donation entière
De tous vos biens, contrats, acquis, conquis,
Présents, futurs, à monsieur votre fils,
En réservant sur votre vieille tête
D'un usufruit l'entretien fort honnête;
Le tout en bref arrêté, cimenté,
Pour que ce fils, bien cossu, bien doté,
Joigne à nos biens une vaste opulence :
Sans quoi soudain ma Lise à d'autres pense.

EUPHÉMON.

Je l'ai promis, et j'y satisferai;
Oui, Fierenfat aura le bien que j'ai.
Je veux couler au sein de la retraite
La triste fin de ma vie inquiète;
Mais je voudrais qu'un fils si bien doté
Eût pour mes biens un peu moins d'âpreté.
J'ai vu d'un fils la débauche insensée,
Je vois dans l'autre une ame intéressée.

RONDON.

Tant mieux! tant mieux!

EUPHÉMON.

    Cher ami, je suis né
Pour n'être rien qu'un père infortuné.

RONDON.

Voilà-t-il pas de vos jérémiades,
De vos regrets, de vos complaintes fades?
Voulez-vous pas que ce maître étourdi,
Ce bel aîné dans le vice enhardi,
Venant gâter les douceurs que j'apprête,
Dans cet hymen paraisse en trouble-fête?

EUPHÉMON.

Non

RONDON.

Voulez-vous qu'il vienne sans façon
Mettre en jurant le feu dans la maison?

EUPHÉMON.

Non.

RONDON.

Qu'il vous batte, et qu'il m'enlève Lise?
Lise autrefois à cet aîné promise;
Ma Lise qui....

EUPHÉMON.

Que cet objet charmant
Soit préservé d'un pareil garnement!

RONDON.

Qu'il rentre ici pour dépouiller son père?
Pour succéder?

EUPHÉMON.

Non.... tout est à son frère.

RONDON.

Ah! sans cela point de Lise pour lui.

EUPHÉMON.

Il aura Lise et mes biens aujourd'hui;
Et son aîné n'aura pour tout partage
Que le courroux d'un père qu'il outrage:
Il le mérite, il fut dénaturé.

RONDON.

Ah! vous l'aviez trop long-temps enduré,
L'autre du moins agit avec prudence:
Mais cet aîné! quel trait d'extravagance!
Le libertin, mon Dieu, que c'était-là!
Te souvient-il, vieux beau-père, ah, ah, ah,

ACTE I, SCÈNE I.

Qu'il te vola, ce tour est bagatelle,
Chevaux, habits, linge, meubles, vaisselle,
Pour équiper la petite Jourdain,
Qui le quitta le lendemain matin ?
J'en ai bien ri, je l'avoue.

EUPHÉMON.

Ah ! quels charmes
Trouvez-vous donc à rappeler mes larmes ?

RONDON.

Et sur un as mettant vingt rouleaux d'or....
Eh, eh !

EUPHÉMON.

Cessez.

RONDON.

Te souvient-il encor,
Quand l'étourdi dut en face d'église
Se fiancer à ma petite Lise,
Dans quel endroit on le trouva caché ?
Comment, pour qui ?... Peste, quel débauché !

EUPHÉMON.

Épargnez-moi ces indignes histoires,
De sa conduite impressions trop noires ;
Ne suis-je pas assez infortuné ?
Je suis sorti des lieux où je suis né
Pour m'épargner, pour ôter de ma vue
Ce qui rappelle un malheur qui me tue :
Votre commerce ici vous a conduit ;
Mon amitié, ma douleur vous y suit.
Ménagez-les : vous prodiguez sans cesse
La vérité ; mais la vérité blesse.

RONDON.

Je me tairai, soit : j'y consens, d'accord.
Pardon ; mais diable ! aussi vous aviez tort,

En connaissant le fougueux caractère
De votre fils, d'en faire un mousquetaire.
EUPHÉMON.
Encor!
RONDON.
Pardon ; mais vous deviez....
EUPHÉMON.
Je dois
Oublier tout pour notre nouveau choix,
Pour mon cadet, et pour son mariage.
Çà, pensez-vous que ce cadet si sage
De votre fille ait pu toucher le cœur ?
RONDON.
Assurément. Ma fille a de l'honneur,
Elle obéit à mon pouvoir suprême ;
Et quand je dis, Allons, je veux qu'on aime,
Son cœur docile, et que j'ai su tourner,
Tout aussitôt aime sans raisonner :
A mon plaisir j'ai pétri sa jeune ame.
EUPHÉMON.
Je doute un peu pourtant qu'elle s'enflamme
Par vos leçons ; et je me trompe fort
Si de vos soins votre fille est d'accord.
Pour mon aîné j'obtins le sacrifice
Des vœux naissants de son ame novice :
Je sais quels sont ces premiers traits d'amour :
Le cœur est tendre ; il saigne plus d'un jour.
RONDON.
Vous radotez.
EUPHÉMON.
Quoi que vous puissiez dire,
Cet étourdi pouvait très-bien séduire.

RONDON.

Lui ? point du tout ; ce n'était qu'un vaurien.
Pauvre bon-homme ! allez, ne craignez rien ;
Car à ma fille, après ce beau ménage,
J'ai défendu de l'aimer davantage.
Ayez le cœur sur cela réjoui ;
Quand j'ai dit non, personne ne dit oui.
Voyez plutôt.

SCÈNE II.

EUPHÉMON, RONDON, LISE, MARTHE.

RONDON.

Approchez, venez, Lise ;
Ce jour pour vous est un grand jour de crise.
Que je te donne un mari jeune ou vieux,
Ou laid ou beau, triste ou gai, riche ou gueux,
Ne sens-tu pas des désirs de lui plaire,
Du goût pour lui, de l'amour ?

LISE.

Non, mon père.

RONDON.

Comment, coquine ?

EUPHÉMON.

Ah, ah ! notre féal,
Votre pouvoir va, ce semble, un peu mal ?
Qu'est devenu ce despotique empire ?

RONDON.

Comment ? après tout ce que j'ai pu dire,
Tu n'aurais pas un peu de passion
Pour ton futur époux ?

LISE.

Mon père, non.

RONDON.

Ne sais-tu pas que le devoir t'oblige
A lui donner tout ton cœur ?

LISE.

Non, vous dis-je.
Je sais, mon père, à quoi ce nœud sacré
Oblige un cœur de vertu pénétré ;
Je sais qu'il faut, aimable en sa sagesse,
De son époux mériter la tendresse,
Et reparer du moins par la bonté
Ce que le sort nous refuse en beauté ;
Être au dehors discrète, raisonnable ;
Dans sa maison, douce, égale, agréable :
Quant à l'amour, c'est tout un autre point ;
Les sentiments ne se commandent point.
N'ordonnez rien ; l'amour fuit l'esclavage.
De mon époux le reste est le partage,
Mais pour mon cœur, il le doit mériter :
Ce cœur au moins, difficile à domter,
Ne peut aimer ni par ordre d'un père,
Ni par raison, ni par-devant notaire.

EUPHÉMON.

C'est à mon gré raisonner sensément ;
J'approuve fort ce juste sentiment.
C'est à mon fils à tâcher de se rendre
Digne d'un cœur aussi noble que tendre.

RONDON.

Vous tairez-vous, radoteur complaisant,
Flatteur barbon, vrai corrupteur d'enfant ?

Jamais sans vous ma fille bien apprise
N'eût devant moi lâché cette sottise.
  (à Lise.)
Écoute, toi : je te baille un mari
Tant soit peu fat, et par trop renchéri ;
Mais c'est à moi de corriger mon gendre :
Toi, tel qu'il est, c'est à toi de le prendre,
De vous aimer, si vous pouvez, tous deux,
Et d'obéir à tout ce que je veux :
C'est là ton lot ; et toi, notre beau-père,
Allons signer chez notre gros notaire,
Qui vous alonge en cent mots superflus
Ce qu'on dirait en quatre tout au plus
Allons hâter son bavard griffonnage ;
Lavons la tête à ce large visage ;
Puis je reviens, après cet entretien,
Gronder ton fils, ma fille, et toi.

EUPHÉMON.
      Fort bien.

SCÈNE III.

LISE, MARTHE.

MARTHE.

Mon dieu, qu'il joint à tous ses airs grotesques
Des sentiments et des travers burlesques !

LISE.

Je suis sa fille ; et de plus son humeur
N'altère point la bonté de son cœur ;
Et sous les plis d'un front atrabilaire,
Sous cet air brusque, il a l'ame d'un père,

Quelquefois même, au milieu de ses cris,
Tout en grondant il cède à mes avis.
Il est bien vrai qu'en blâmant la personne
Et les défauts du mari qu'il me donne,
En me montrant d'une telle union
Tous les dangers, il a grande raison ;
Mais lorsqu'ensuite il ordonne que j'aime,
Dieu, que je sens que son tort est extrême !

MARTHE.

Comment aimer un monsieur Fierenfat ?
J'épouserais plutôt un vieux soldat
Qui jure, boit, bat sa femme, et qui l'aime,
Qu'un fat en robe, enivré de lui-même,
Qui, d'un ton grave et d'un air de pédant,
Semble juger sa femme en lui parlant ;
Qui comme un paon dans lui-même se mire,
Sous son rabat se rengorge et s'admire,
Et, plus avare encor que suffisant,
Vous fait l'amour en comptant son argent.

LISE.

Ah ! ton pinceau l'a peint d'après nature.
Mais qu'y ferai-je ? il faut bien que j'endure
L'état forcé de cet hymen prochain.
On ne fait pas comme on veut son destin :
Et mes parents, ma fortune, mon âge,
Tout de l'hymen me prescrit l'esclavage.
Ce Fierenfat est, malgré mes dégoûts,
Le seul qui puisse être ici mon époux ;
Il est le fils de l'ami de mon père ;
C'est un parti devenu nécessaire.
Hélas ! quel cœur, libre dans ses soupirs,
Peut se donner au gré de ses désirs ?

ACTE I, SCÈNE III.

Il faut céder : le temps, la patience,
Sur mon époux vaincront ma répugnance ;
Et je pourrai, soumise à mes liens,
A ses défauts me prêter comme aux miens.

MARTHE.

C'est bien parler, belle et discrète Lise :
Mais votre cœur tant soit peu se déguise.
Si j'osais.... mais vous m'avez ordonné
De ne parler jamais de cet aîné.

LISE.

Quoi ?

MARTHE.

D'Euphémon, qui, malgré tous ses vices,
De votre cœur eut les tendres prémices,
Qui vous aimait.

LISE.

Il ne m'aima jamais.
Ne parlons plus de ce nom que je hais.

MARTHE, *en s'en allant.*

N'en parlons plus.

LISE, *la retenant.*

Il est vrai, sa jeunesse
Pour quelque temps a surpris ma tendresse.
Était-il fait pour un cœur vertueux ?

MARTHE, *en s'en allant.*

C'était un fou, ma foi, très dangereux.

LISE, *la retenant.*

De corrupteurs sa jeunesse entourée
Dans les excès se plongeait égarée :
Le malheureux ! il cherchait tour à tour
Tous les plaisirs ; il ignorait l'amour.

MARTHE.

Mais autrefois vous m'avez paru croire
Qu'à vous aimer il avait mis sa gloire;
Que dans vos fers il était engagé.

LISE.

S'il eût aimé, je l'aurais corrigé.
Un amour vrai, sans feinte, et sans caprice,
Est en effet le plus grand frein du vice.
Dans ses liens qui sait se retenir
Est honnête homme, ou va le devenir.
Mais Euphémon dédaigna sa maîtresse;
Pour la débauche il quitta la tendresse.
Ses faux amis, indigents scélérats,
Qui dans le piège avaient conduit ses pas,
Ayant mangé tout le bien de sa mère,
Ont sous son nom volé son triste père:
Pour comble enfin, ces séducteurs cruels
L'ont entraîné loin des bras paternels,
Loin de mes yeux, qui, noyés dans les larmes,
Pleuraient encor ses vices et ses charmes.
Je ne prends plus nul intérêt à lui.

MARTHE.

Son frère enfin lui succède aujourd'hui:
Il aura Lise; et certes c'est dommage,
Car l'autre avait un bien joli visage,
De blonds cheveux, la jambe faite au tour,
Dansait, chantait, était né pour l'amour.

LISE.

Ah! que dis-tu?

MARTHE.

    Même dans ces mélanges
D'égarements, de sottises étranges,

On découvrait aisément dans son cœur,
Sous ses défauts, un certain fonds d'honneur.

LISE.

Il était né pour le bien, je l'avoue.

MARTHE.

Ne croyez pas que ma bouche le loue;
Mais il n'était, me semble, point flatteur,
Point médisant, point escroc, point menteur.

LISE.

Oui; mais....

MARTHE.

Fuyons, car c'est monsieur son frère.

LISE.

Il faut rester; c'est un mal nécessaire.

SCÈNE IV.

LISE, MARTHE, LE PRÉSIDENT FIERENFAT.

FIERENFAT.

Je l'avouerai, cette donation
Doit augmenter la satisfaction
Que vous avez d'un si beau mariage.
Surcroît de biens est l'ame d'un ménage :
Fortune, honneurs, et dignités, je croi,
Abondamment se trouvent avec moi;
Et vous aurez dans Cognac, à la ronde,
L'honneur du pas sur les gens du beau monde
C'est un plaisir bien flatteur que cela ;
Vous entendrez murmurer : *La voilà.*
En vérité, quand j'examine au large
Mon rang, mon bien, tous les droits de ma charge,

Les agréments que dans le monde j'ai,
Les droits d'aînesse où je suis subrogé,
Je vous en fais mon compliment, madame.
MARTHE.
Moi, je la plains : c'est une chose infâme
Que vous mêliez dans tous vos entretiens
Vos qualités, votre rang, et vos biens.
Être à la fois et Midas et Narcisse,
Enfle d'orgueil et pincé d'avarice ;
Lorgner sans cesse avec un œil content
Et sa personne et son argent comptant ;
Être en rabat un petit-maître avare ;
C'est un excès de ridicule rare :
Un jeune fat passe encor ; mais, ma foi,
Un jeune avare est un monstre pour moi.
FIERENFAT.
Ce n'est pas vous, probablement, ma mie,
A qui mon père aujourd'hui me marie,
C'est à madame : ainsi donc, s'il vous plaît,
Prenez à nous un peu moins d'intérêt.
(à Lise.)
Le silence est votre fait.... Vous, madame,
Qui dans une heure ou deux serez ma femme.
Avant la nuit vous aurez la bonté
De me chasser ce gendarme effronté,
Qui, sous le nom d'une fille suivante,
Donne carrière à sa langue impudente.
Je ne suis pas un président pour rien,
Et nous pourrions l'enfermer pour son bien.
MARTHE, *à Lise.*
Défendez-moi, parlez-lui, parlez ferme :
Je suis à vous, empêchez qu'on m'enferme ;
Il pourrait bien vous enfermer aussi,

ACTE I, SCÈNE IV.

LISE.

J'augure mal déja de tout ceci.

MARTHE.

Parlez-lui donc, laissez ces vains murmures.

LISE.

Que puis-je, hélas ! lui dire ?

MARTHE.

Des injures.

LISE.

Non, des raisons valent mieux.

MARTHE.

Croyez-moi,
Point de raisons, c'est le plus sûr.

SCÈNE V.

LES ACTEURS PRÉCÉDENTS, RONDON.

RONDON.

Ma foi !
Il nous arrive une plaisante affaire.

PIERENFAT.

Eh quoi, monsieur ?

RONDON.

Ecoute. A ton vieux père
J'allais porter notre papier timbré,
Quand nous l'avons ici près rencontré,
Entretenant au pied de cette roche
Un voyageur qui descendait du coche.

LISE.

Un voyageur jeune ?...

RONDON.
Nenni vraiment,
Un béquillard, un vieux ridé sans dent.
Nos deux barbons d'abord avec franchise
L'un contre l'autre ont mis leur barbe grise ;
Leurs dos voûtés s'élevaient, s'abaissaient
Aux longs élans des soupirs qu'ils poussaient,
Et sur leur nez leur prunelle éraillée
Versait les pleurs dont elle était mouillée ;
Puis, Euphémon, d'un air tout rechigné,
Dans son logis soudain s'est rencogné :
Il dit qu'il sent une douleur insigne,
Qu'il faut au moins qu'il pleure avant qu'il signe,
Et qu'à personne il ne prétend parler.

FIERENFAT.
Ah! je prétends, moi, l'aller consoler.
Vous savez tous comme je le gouverne ;
Et d'assez près la chose nous concerne :
Je le connais, et dès qu'il me verra
Contrat en main, d'abord il signera.
Le temps est cher, mon nouveau droit d'aînesse
Est un objet....

LISE.
Non, monsieur, rien ne presse.

RONDON.
Si fait, tout presse ; et c'est ta faute aussi
Que tout cela.

LISE.
Comment? moi! ma faute?

RONDON.
Oui.

ACTE I, SCÈNE V.

Les contre-temps qui troublent les familles
Viennent toujours par la faute des filles.

LISE.

Qu'ai-je donc fait qui vous fâche si fort ?

RONDON.

Vous avez fait que vous avez tous tort.
Je veux un peu voir nos deux trouble-fêtes,
A la raison ranger leurs lourdes têtes ;
Et je prétends vous marier tantôt,
Malgré leurs dents, malgré vous, s'il le faut.

FIN DU PREMIER ACTE.

ACTE SECOND.

SCÈNE I.
LISE, MARTHE.

MARTHE.
Vous frémissez en voyant de plus près
Tout ce fracas, ces noces, ces apprêts.
LISE.
Ah! plus mon cœur s'étudie et s'essaie,
Plus de ce joug la pesanteur m'effraie :
A mon avis, l'hymen et ses liens
Sont les plus grands ou des maux ou des biens.
Point de milieu; l'état du mariage
Est des humains le plus cher avantage,
Quand le rapport des esprits et des cœurs,
Des sentiments, des goûts, et des humeurs,
Serre ces nœuds tissus par la nature,
Que l'amour forme, et que l'honneur épure.
Dieux! quel plaisir d'aimer publiquement,
Et de porter le nom de son amant!
Votre maison, vos gens, votre livrée,
Tout vous retrace une image adorée;
Et vos enfants, ces gages précieux,
Nés de l'amour, en sont de nouveaux nœuds.
Un tel hymen, une union si chère,
Si l'on en voit, c'est le ciel sur la terre.
Mais tristement vendre par un contrat
Sa liberté, son nom, et son état,

Aux volontés d'un maître despotique,
Dont on devient le premier domestique;
Se quereller, ou s'éviter le jour;
Sans joie à table, et la nuit sans amour;
Trembler toujours d'avoir une faiblesse,
Y succomber ou combattre sans cesse;
Tromper son maître, ou vivre sans espoir
Dans les langueurs d'un importun devoir;
Gémir, sécher dans sa douleur profonde;
Un tel hymen est l'enfer de ce monde.

MARTHE.

En vérité, les filles, comme on dit,
Ont un démon qui leur forme l'esprit :
Que de lumière en une ame si neuve !
La plus experte et la plus fine veuve.
Qui sagement se console à Paris
D'avoir porté le deuil de trois maris,
N'en eût pas dit sur ce point davantage.
Mais vos dégoûts sur ce beau mariage
Auraient besoin d'un éclaircissement.
L'hymen déplaît avec le président;
Vous plairait-il avec monsieur son frère?
Débrouillez-moi, de grâce, ce mystère :
L'ainé fait-il bien du tort au cadet?
Haïssez-vous? aimez-vous? parlez net.

LISE.

Je n'en sais rien; je ne puis et je n'ose
De mes dégoûts bien démêler la cause.
Comment chercher la triste vérité
Au fond d'un cœur, hélas ! trop agité?
Il faut au moins, pour se mirer dans l'onde,
Laisser calmer la tempête qui gronde,

Et que l'orage et les vents en repos
Ne rident plus la surface des eaux.

MARTHE.

Comparaison n'est pas raison, madame :
On lit très bien dans le fond de son ame,
On y voit clair ; et si les passions
Portent en nous tant d'agitations,
Fille de bien sait toujours dans sa tête
D'où vient le vent qui cause la tempête.
On sait....

LISE.

Et moi, je ne veux rien savoir ;
Mon œil se ferme, et je ne veux rien voir :
Je ne veux point chercher si j'aime encore
Un malheureux qu'il faut bien que j'abhorre ;
Je ne veux point accroître mes dégoûts
Du vain regret d'un plus aimable époux.
Que loin de moi cet Euphémon, ce traître,
Vive content, soit heureux, s'il peut l'être ;
Qu'il ne soit pas au moins déshérité :
Je n'aurai pas l'affreuse dureté,
Dans ce contrat où je me détermine,
D'être sa sœur pour hâter sa ruine.
Voilà mon cœur ; c'est trop le pénétrer ;
Aller plus loin serait le déchirer.

SCÈNE II.

LISE, MARTHE, un LAQUAIS.

LE LAQUAIS.

Là-bas, madame, il est une baronne
De Croupillac....

ACTE II, SCÈNE II

LISE
Sa visite m'étonne.

LE LAQUAIS.
Qui d'Angoulême arrive justement,
Et veut ici vous faire compliment.

LISE
Hélas ! sur quoi ?

MARTHE.
Sur votre hymen, sans doute.

LISE.
Ah ! c'est encor tout ce que je redoute.
Suis-je en état d'entendre ces propos,
Ces complimens, protocole des sots,
Où l'on se gêne, où le bon sens expire
Dans le travail de parler sans rien dire ?
Que ce fardeau me pèse et me déplaît !

SCÈNE III.

LISE, MADAME CROUPILLAC, MARTHE.

MARTHE.
Voilà la dame

LISE.
Oh ! je vois trop qui c'est.

MARTHE.
On dit qu'elle est assez grande épouseuse,
Un peu plaideuse, et beaucoup radoteuse

LISE.
Des sièges donc. Madame, pardon si....

MADAME CROUPILLAC.
Ah ! madame !

LISE.
Eh, madame!
MADAME CROUPILLAC.
Il faut aussi....
LISE.
S'asseoir, madame.
MADAME CROUPILLAC, *assise*.
En vérité, madame,
Je suis confuse; et dans le fond de l'ame
Je voudrais bien....
LISE.
Madame?
MADAME CROUPILLAC.
Je voudrais
Vous enlaidir, vous ôter vos attraits.
Je pleure, hélas! vous voyant si jolie.
LISE.
Consolez-vous, madame.
MADAME CROUPILLAC.
Oh! non, ma mie,
Je ne saurais; je vois que vous aurez
Tous les maris que vous demanderez.
J'en avais un, du moins en espérance,
Un seul, hélas! c'est bien peu, quand j'y pense,
Et j'avais eu grand'peine à le trouver;
Vous me l'ôtez, vous allez m'en priver.
Il est un temps, ah! que ce temps vient vîte!
Où l'on perd tout quand un amant nous quitte,
Où l'on est seule; et certe il n'est pas bien
D'enlever tout à qui n'a presque rien.
LISE.
Excusez-moi si je suis interdite

De vos discours et de votre visite.
Quel accident afflige vos esprits ?
Qui perdez-vous ? et qui vous ai-je pris ?

MADAME CROUPILLAC.

Ma chère enfant, il est force bégueules
Au teint ridé, qui pensent qu'elles seules,
Avec du fard et quelques fausses dents,
Fixent l'amour, les plaisirs, et le temps :
Pour mon malheur, hélas ! je suis plus sage ;
Je vois trop bien que tout passe, et j'enrage.

LISE.

J'en suis fâchée, et tout est ainsi fait ;
Mais je ne puis vous rajeunir.

MADAME CROUPILLAC.

Si fait :
J'espère encore ; et ce serait peut-être
Me rajeunir que me rendre mon traître.

LISE.

Mais de quel traître ici me parlez-vous ?

MADAME CROUPILLAC.

D'un président, d'un ingrat, d'un époux,
Que je poursuis, pour qui je perds haleine,
Et sûrement qui n'en vaut pas la peine.

LISE.

Eh bien ! madame ?

MADAME CROUPILLAC.

Eh bien ! dans mon printemps
Je ne parlais jamais aux présidents ;
Je haïssais leur personne et leur style ;
Mais avec l'âge on est moins difficile.

LISE.

Enfin, madame ?

MADAME CROUPILLAC.
 Enfin il faut savoir
Que vous m'avez réduite au désespoir.
LISE.
Comment! en quoi?
MADAME CROUPILLAC.
 J'étais dans Angoulême
Veuve, et pouvant disposer de moi-même :
Dans Angoulême, en ce temps, Fierenfat
Étudiait, apprenti magistrat ;
Il me lorgnait ; il se mit dans la tête
Pour ma personne un amour mal-honnête,
Bien mal-honnête, hélas! bien outrageant ;
Car il faisait l'amour à mon argent.
Je fis écrire au bon-homme de père :
On s'entremit, on poussa loin l'affaire ;
Car en mon nom souvent on lui parla :
Il répondit qu'il verrait tout cela ;
Vous voyez bien que la chose était sûre.
LISE.
Oh, oui.
MADAME CROUPILLAC.
 Pour moi, j'étais prête à conclure.
De Fierenfat alors le frère aîné
A votre lit fut, dit-on, destiné.
LISE.
Quel souvenir!
MADAME CROUPILLAC.
 C'était un fou, ma chère,
Qui jouissait de l'honneur de vous plaire.
LISE.
Ah!

ACTE II, SCÈNE III.

MADAME CROUPILLAC.

Ce fou-là s'étant fort dérangé,
Et de son père ayant pris son congé,
Errant, proscrit, peut-être mort, que sais-je?
(Vous vous troublez!) mon héros de collège,
Mon président, sachant que votre bien
Est, tout compté, plus ample que le mien,
Méprise enfin ma fortune et mes larmes:
De votre dot il convoite les charmes;
Entre vos bras il est ce soir admis.
Mais pensez-vous qu'il vous soit bien permis
D'aller ainsi, courant de frère en frère,
Vous emparer d'une famille entière?
Pour moi, déja, par protestation,
J'arrête ici la célébration:
J'y mangerai mon château, mon douaire;
Et le procès sera fait de manière
Que vous, son père, et les enfants que j'ai,
Nous serons morts avant qu'il soit jugé.

LISE.

En vérité, je suis toute honteuse
Que mon hymen vous rende malheureuse;
Je suis peu digne, hélas! de ce courroux.
Sans être heureux on fait donc des jaloux!
Cessez, madame, avec un œil d'envie
De regarder mon état et ma vie;
On nous pourrait aisément accorder:
Pour un mari je ne veux point plaider.

MADAME CROUPILLAC.

Quoi! point plaider?

LISE.

Non; je vous l'abandonne.

L'ENFANT PRODIGUE.

MADAME CROUPILLAC.

Vous êtes donc sans goût pour sa personne ?
Vous n'aimez point ?

LISE.

Je trouve peu d'attraits
Dans l'hyménée, et nul dans les procès.

SCÈNE IV.

MADAME CROUPILLAC, LISE, RONDON.

RONDON.

Oh ! oh ! ma fille, on nous fait des affaires
Qui font dresser les cheveux aux beaux-pères !
On m'a parlé de protestation.
Eh, vertu-bleu ! qu'on en parle à Rondon ;
Je chasserai bien loin ces créatures.

MADAME CROUPILLAC.

Faut-il encore essuyer des injures ?
Monsieur Rondon, de grâce, écoutez moi.

RONDON.

Que vous plaît-il ?

MADAME CROUPILLAC.

Votre gendre est sans foi ;
C'est un fripon d'espèce toute neuve,
Galant, avare, écornifleur de veuve ;
C'est de l'argent qu'il aime.

RONDON.

Il a raison.

MADAME CROUPILLAC.

Il m'a cent fois promis dans ma maison
Un pur amour, d'éternelles tendresses.

ACTE II, SCÈNE IV.

RONDON.

Est-ce qu'on tient de semblables promesses?

MADAME CROUPILLAC.

Il m'a quittée, hélas! si durement.

RONDON.

J'en aurais fait de bon cœur tout autant.

MADAME CROUPILLAC.

Je vais parler comme il faut à son père.

RONDON.

Ah! parlez-lui plutôt qu'à moi.

MADAME CROUPILLAC.

                L'affaire
Est effroyable, et le beau sexe entier
En ma faveur ira partout crier.

RONDON.

Il criera moins que vous.

MADAME CROUPILLAC.

                Ah! vos personnes
Sauront un peu ce qu'on doit aux baronnes.

RONDON.

On doit en rire.

MADAME CROUPILLAC.

        Il me faut un époux;
Et je prendrai lui, son vieux père, ou vous.

RONDON.

Qui, moi?

MADAME CROUPILLAC.

Vous-même.

RONDON.

            Oh! je vous en défie.

MADAME CROUPILLAC.

Nous plaiderons.

RONDON.

Mais voyez la folie !

SCÈNE V.

RONDON, FIERENFAT, LISE.

RONDON, *à Lise.*

Je voudrais bien savoir aussi pourquoi
Vous recevez ces visites chez moi ?
Vous m'attirez toujours des algarades.
(*à Fierenfat.*)
Et vous, monsieur, le roi des pédants fades,
Quel sot démon vous force à courtiser
Une baronne afin de l'abuser ?
C'est bien à vous, avec ce plat visage,
De vous donner des airs d'être volage !
Il vous sied bien, grave et triste indolent,
De vous mêler du métier de galant !
C'était le fait de votre fou de frère !
Mais vous, mais vous !

FIERENFAT.

Détrompez-vous, beau-père,
Je n'ai jamais requis cette union :
Je ne promis que sous condition,
Me réservant toujours au fond de l'ame
Le droit de prendre une plus riche femme.
De mon aîné l'exhérédation,
Et tous ses biens en ma possession,
A votre fille enfin m'ont fait prétendre :
Argent comptant fait et beau-père et gendre.

ACTE II, SCÈNE V

RONDON.

Il a raison, ma foi ! j'en suis d'accord.

LISE.

Avoir ainsi raison, c'est un grand tort.

RONDON.

L'argent fait tout : va, c'est chose très-sûre.
Hâtons-nous donc sur ce pied de conclure.
D'écus tournois soixante pesants sacs
Finiront tout, malgré les Croupillacs.
Qu'Euphémon tarde, et qu'il me désespère !
Signons toujours avant lui.

LISE.

Non, mon père ;
Je fais aussi mes protestations,
Et je me donne à des conditions.

RONDON.

Conditions, toi ? quelle impertinence !
Tu dis, tu dis...?

LISE.

Je dis ce que je pense.
Peut-on goûter le bonheur odieux
De se nourrir des pleurs d'un malheureux ?

(à Fierenfat.)

Et vous, monsieur, dans votre sort prospère,
Oubliez-vous que vous avez un frère ?

FIERENFAT.

Mon frère ? moi, je ne l'ai jamais vu ;
Et du logis il était disparu
Lorsque j'étais encor dans notre école
Le nez collé sur Cujas et Barthole.
J'ai su depuis ses beaux déportements ;
Et si jamais il reparaît céans,

Consolez-vous, nous savons les affaires,
Nous l'enverrons en douceur aux galères.
LISE.
C'est un projet fraternel et chrétien.
En attendant, vous confisquez son bien :
C'est votre avis; mais moi, je vous déclare
Que je déteste un tel projet.
RONDON.
Tarare.
Va, mon enfant, le contrat est dressé;
Sur tout cela le notaire a passé.
FIERENFAT.
Nos pères l'ont ordonné de la sorte;
En droit écrit leur volonté l'emporte.
Lisez Cujas, chapitres cinq, six, sept :
« Tout libertin de débauches infect,
« Qui, renonçant à l'aile paternelle,
« Fuit la maison, ou bien qui pille icelle,
« *Ipso facto,* de tout dépossédé,
« Comme un bâtard il est exhérédé. »
LISE.
Je ne connais le droit ni la coutume;
Je n'ai point lu Cujas, mais je présume
Que ce sont tous des mal-honnêtes gens,
Vrais ennemis du cœur et du bon sens,
Si dans leur code ils ordonnent qu'un frère
Laisse périr son frère de misère;
Et la nature et l'honneur ont leurs droits,
Qui valent mieux que Cujas et vos lois.
RONDON.
Ah! laissez là vos lois et votre code,
Et votre honneur, et faites à ma mode;

ACTE II, SCÈNE V.

De cet aîné que t'embarrasses-tu ?
Il faut du bien.

LISE.

Il faut de la vertu.
Qu'il soit puni ; mais au moins qu'on lui laisse
Un peu de bien, reste d'un droit d'ainesse.
Je vous le dis, ma main ni mes faveurs
Ne seront point le prix de ses malheurs.
Corrigez donc l'article que j'abhorre
Dans ce contrat qui tous nous déshonore :
Si l'intérêt ainsi l'a pu dresser,
C'est un opprobre, il le faut effacer.

FIERENFAT.

Ah ! qu'une femme entend mal les affaires !

RONDON.

Quoi ! tu voudrais corriger deux notaires ?
Faire changer un contrat ?

LISE.

Pourquoi non ?

RONDON.

Tu ne feras jamais bonne maison ;
Tu perdras tout.

LISE.

Je n'ai pas grand usage,
Jusqu'à présent, du monde et du ménage ;
Mais l'intérêt, mon cœur vous le maintient,
Perd des maisons autant qu'il en soutient.
Si j'en fais une, au moins cet édifice
Sera d'abord fondé sur la justice.

RONDON.

Elle est têtue ; et pour la contenter,

Allons, mon gendre, il faut s'exécuter :
Ça, donne un peu.

FIERENFAT.

Oui, je donne à mon frère...
Je donne.... allons....

RONDON.

Ne lui donne donc guère.

SCÈNE VI.

EUPHÉMON, RONDON, LISE, FIERENFAT.

RONDON.

Ah ! le voici, le bon-homme Euphémon.
Viens, viens, j'ai mis ma fille à la raison.
On n'attend plus rien que ta signature ;
Presse moi donc cette tardive allure :
Dégourdis-toi, prends un ton réjoui,
Un air de noce, un front épanoui ;
Car dans neuf mois, je veux, ne te déplaise,
Que deux enfants.... je ne me sens pas d'aise.
Allons, ris donc, chassons tous les ennuis ;
Signons, signons.

EUPHÉMON.

Non, monsieur, je ne puis.

FIERENFAT.

Vous ne pouvez ?

RONDON.

En voici bien d'une autre.

FIERENFAT.

Quelle raison ?

RONDON.

Quelle rage est la vôtre ?

ACTE II, SCÈNE VI.

Quoi! tout le monde est-il devenu fou?
Chacun dit, non : comment? pourquoi? par où?

EUPHÉMON.

Ah! ce serait outrager la nature
Que de signer dans cette conjoncture.

RONDON.

Serait-ce point la dame Croupillac
Qui sourdement fait ce maudit micmac?

EUPHÉMON.

Non, cette femme est folle, et dans sa tête
Elle veut rompre un hymen que j'apprête :
Mais ce n'est pas de ses cris impuissants
Que sont venus les ennuis que je sens.

RONDON.

Eh bien! quoi donc? ce béquillard du coche
Dérange tout et notre affaire accroche?

EUPHÉMON.

Ce qu'il a dit doit retarder du moins
L'heureux hymen, objet de tant de soins.

LISE.

Qu'a-t-il donc dit, monsieur?

FIERENFAT.

Quelle nouvelle
A-t-il appris?

EUPHÉMON.

Une, hélas! trop cruelle.
Devers Bordeaux cet homme a vu mon fils,
Dans les prisons, sans secours, sans habits,
Mourant de faim; la honte et la tristesse
Vers le tombeau conduisaient sa jeunesse;
La maladie et l'excès du malheur
De son printemps avaient séché la fleur;

Et dans son sang la fièvre enracinée
Précipitait sa dernière journée..
Quand il le vit, il était expirant :
Sans doute, hélas! il est mort à présent.

RONDON.

Voilà, ma foi, sa pension payée.

LISE.

Il serait mort!

RONDON.

N'en sois point effrayée,
Va, que t'importe ?

FIERENFAT.

Ah! monsieur, la pâleur
De son visage efface la couleur.

RONDON.

Elle est, ma foi, sensible : ah! la friponne !
Puisqu'il est mort, allons, je te pardonne.

FIERENFAT.

Mais après tout, mon père, voulez-vous....?

EUPHÉMON.

Ne craignez rien, vous serez son époux :
C'est mon bonheur. Mais il serait atroce
Qu'un jour de deuil devînt un jour de noce.
Puis-je, mon fils, mêler à ce festin
Le contre-temps de mon juste chagrin,
Et sur vos fronts parés de fleurs nouvelles
Laisser couler mes larmes paternelles ?
Donnez, mon fils, ce jour à nos soupirs,
Et différez l'heure de vos plaisirs :
Par une joie indiscrète, insensée,
L'honnêteté serait trop offensée.

ACTE II, SCÈNE VI.

LISE.

Ah! oui, monsieur, j'approuve vos douleurs;
Il m'est plus doux de partager vos pleurs
Que de former les nœuds du mariage.

FIERENFAT.

Eh! mais, mon père....

RONDON.

    Eh! vous n'êtes pas sage
Quoi! différer un hymen projeté,
Pour un ingrat cent fois déshérité,
Maudit de vous, de sa famille entière!

EUPHÉMON.

Dans ces moments un père est toujours père :
Ses attentats et toutes ses erreurs
Furent toujours le sujet de mes pleurs,
Et ce qui pèse à mon ame attendrie,
C'est qu'il est mort sans réparer sa vie.

RONDON.

Réparons-la; donnons-nous aujourd'hui
Des petit-fils qui valent mieux que lui;
Signons, dansons, allons. Que de faiblesse!

EUPHÉMON.

Mais....

RONDON.

   Mais, morbleu! ce procédé me blesse :
De regretter même le plus grand bien,
C'est fort mal fait : douleur n'est bonne à rien;
Mais regretter le fardeau qu'on vous ôte,
C'est une énorme et ridicule faute.
Ce fils aîné, ce fils, votre fléau,
Vous mit trois fois sur le bord du tombeau.

Pauvre cher homme ! allez, sa frénésie
Eût tôt ou tard abrégé votre vie.
Soyez tranquille, et suivez mes avis ;
C'est un grand gain que de perdre un tel fils.

EUPHÉMON.

Oui, mais ce gain coûte plus qu'on ne pense ;
Je pleure, hélas ! sa mort et sa naissance.

RONDON, *à Fierenfat.*

Va : suis ton père, et sois expéditif ;
Prends ce contrat ; le mort saisit le vif.
Il n'est plus temps qu'avec moi l'on barguigne :
Prends-lui la main, qu'il parafe et qu'il signe.

(*à Lise.*)

Et toi, ma fille, attendons à ce soir :
Tout ira bien.

LISE.
Je suis au désespoir.

FIN DU SECOND ACT.

ACTE TROISIÈME.

SCÈNE I.
EUPHÉMON FILS, JASMIN.

JASMIN.

Oui, mon ami, tu fus jadis mon maître;
Je t'ai servi deux ans sans te connaître;
Ainsi que moi, réduit à l'hôpital,
Ta pauvreté m'a rendu ton égal.
Non, tu n'es plus ce monsieur d'Entremonde,
Ce chevalier si pimpant dans le monde,
Fêté, couru, de femmes entouré,
Nonchalamment de plaisirs enivré :
Tout est au diable. Éteins dans ta mémoire
Ces vains regrets des beaux jours de ta gloire :
Sur du fumier l'orgueil est un abus ;
Le souvenir d'un bonheur qui n'est plus
Est à nos maux un poids insupportable.
Toujours Jasmin, j'en suis moins misérable :
Né pour souffrir, je sais souffrir gaiement;
Manquer de tout, voilà mon élément :
Ton vieux chapeau, tes guenilles de bure,
Dont tu rougis, c'était là ma parure.
Tu dois avoir, ma foi ! bien du chagrin
De n'avoir pas été toujours Jasmin.

EUPHÉMON FILS.

Que la misère entraîne d'infamie !
Faut-il encor qu'un valet m'humilie ?

Quelle accablante et terrible leçon !
Je sens encor, je sens qu'il a raison.
Il me console au moins à sa manière ;
Il m'accompagne ; et son ame grossière,
Sensible et tendre en sa rusticité,
N'a point pour moi perdu l'humanité ;
Né mon égal (puisque enfin il est homme)
Il me soutient sous le poids qui m'assomme,
Il suit gaiement mon sort infortuné ;
Et mes amis m'ont tous abandonné.

JASMIN.

Toi, des amis ! hélas ! mon pauvre maitre,
Apprends-moi donc, de grâce, à les connaître ;
Comment sont faits les gens qu'on nomme amis ?

EUPHÉMON FILS.

Tu les as vus chez moi toujours admis,
M'importunant souvent de leurs visites,
A mes soupers délicats parasites,
Vantant mes goûts d'un esprit complaisant,
Et sur le tout empruntant mon argent ;
De leur bon cœur m'étourdissant la tête,
Et me louant moi présent.

JASMIN.

                Pauvre bête,
Pauvre innocent ! tu ne les voyais pas
Te chansonner au sortir d'un repas,
Siffler, berner ta bénigne imprudence ?

EUPHÉMON FILS.

Ah ! je le crois ; car, dans ma décadence,
Lorsqu'à Bordeaux je me vis arrêté,
Aucun de ceux à qui j'ai tout prêté

Ne me vint voir; nul ne m'offrit sa bourse:
Puis au sortir, malade et sans ressource,
Lorsqu'à l'un d'eux, que j'avais tant aimé,
J'allais m'offrir mourant, inanimé,
Sous ces haillons, dépouilles délabrées,
De l'indigence exécrables livrées;
Quand je lui vins demander un secours
D'où dépendaient mes misérables jours,
Il détourna son œil confus et traître,
Puis il feignit de ne me pas connaître,
Et me chassa comme un pauvre importun.

JASMIN.

Aucun n'osa te consoler?

EUPHÉMON FILS.

Aucun.

JASMIN.

Ah, les amis! les amis! quels infâmes!

EUPHÉMON FILS.

Les hommes sont tous de fer.

JASMIN.

Et les femmes?

EUPHÉMON FILS.

J'en attendais, hélas! plus de douceur;
J'en ai cent fois essuyé plus d'horreur.
Celle surtout qui, m'aimant sans mystère,
Semblait placer son orgueil à me plaire,
Dans son logis meublé de mes présents,
De mes bienfaits achetait des amants,
Et de mon vin régalait leur cohue,
Lorsque de faim j'expirais dans sa rue.
Enfin, Jasmin, sans ce pauvre vieillard
Qui dans Bordeaux me trouva par hasard,

Qui m'avait vu, dit-il, dans mon enfance,
Une mort prompte eût fini ma souffrance.
Mais en quel lieu sommes-nous, cher Jasmin ?

JASMIN.

Près de Cognac, si je sais mon chemin ;
Et l'on m'a dit que mon vieux premier maître,
Monsieur Rondon, loge en ces lieux peut-être.

EUPHÉMON FILS.

Rondon, le père de.... Quel nom dis-tu ?

JASMIN.

Le nom d'un homme assez brusque et bourru.
Je fus jadis page dans sa cuisine ;
Mais, dominé d'une humeur libertine,
Je voyageai : je fus depuis coureur,
Laquais, commis, fantassin, déserteur ;
Puis dans Bordeaux je te pris pour mon maître.
De moi Rondon se souviendra peut-être ;
Et nous pourrions dans notre adversité....

EUPHÉMON FILS.

Et depuis quand, dis-moi, l'as-tu quitté ?

JASMIN.

Depuis quinze ans. C'était un caractère,
Moitié plaisant, moitié triste et colère,
Au fond bon diable : il avait un enfant,
Un vrai bijou, fille unique vraiment,
OEil bleu, nez court, teint frais, bouche vermeille,
Et des raisons ! c'était une merveille.
Cela pouvait bien avoir de mon temps,
A bien compter, entre six à sept ans ;
Et cette fleur, avec l'âge embellie,
Est en état, ma foi ! d'être cueillie.

ACTE III, SCÈNE I.

EUPHÉMON FILS.

Ah, malheureux !

JASMIN.

Mais j'ai beau te parler ;
Ce que je dis ne te peut consoler :
Je vois toujours à travers ta visière
Tomber des pleurs qui bordent ta paupière.

EUPHÉMON FILS.

Quel coup du sort, ou quel ordre des cieux
A pu guider ma misère en ces lieux ?
Hélas !

JASMIN.

Ton œil contemple ces demeures ;
Tu restes là tout pensif, et tu pleures.

EUPHÉMON FILS.

J'en ai sujet.

JASMIN.

Mais connais-tu Rondon ?
Serais-tu pas parent de la maison ?

EUPHÉMON FILS.

Ah ! laisse-moi.

JASMIN, *en l'embrassant.*

Par charité, mon maître,
Mon cher ami, dis-moi qui tu peux être.

EUPHÉMON FILS, *en pleurant.*

Je suis.... je suis un malheureux mortel,
Je suis un fou, je suis un criminel,
Qu'on doit haïr, que 'e ciel doit poursuivre,
Et qui devrait être mort.

JASMIN.

Songe à vivre ;

Mourir de faim est par trop rigoureux :
Tiens, nous avons quatre mains à nous deux,
Servons-nous-en sans complainte importune.
Vois-tu d'ici ces gens dont la fortune
Est dans leurs bras, qui, la bêche à la main,
Le dos courbé, retournent ce jardin ?
Enrôlons-nous parmi cette canaille ;
Viens avec eux, imite-les, travaille,
Gagne ta vie.

    EUPHÉMON FILS.

     Hélas ! dans leurs travaux,
Ces vils humains, moins hommes qu'animaux,
Goûtent des biens dont toujours mes caprices
M'avaient privé dans mes fausses délices ;
Ils ont au moins, sans trouble, sans remords,
La paix de l'ame et la santé du corps.

SCÈNE II.

MADAME CROUPILLAC, EUPHÉMON FILS, JASMIN.

MADAME CROUPILLAC, *dans l'enfoncement.*
QUE vois-je ici ? serais-je aveugle ou borgne ?
C'est lui, ma foi ! plus j'avise et je lorgne
Cet homme-là, plus je dis que c'est lui.
 (*elle le considère.*)
Mais ce n'est plus le même homme aujourd'hui,
Ce cavalier brillant dans Angoulême,
Jouant gros jeu, cousu d'or.... c'est lui-même.
 (*elle s'approche d'Euphémon.*)
Mais l'autre était riche, heureux, beau, bien fait,
Et celui-ci me semble pauvre et laid.

La maladie altère un beau visage ;
La pauvreté change encor davantage.
JASMIN.
Mais pourquoi donc ce spectre féminin
Nous poursuit-il de son regard malin ?
EUPHÉMON FILS.
Je la connais, hélas ! ou je me trompe ;
Elle m'a vu dans l'éclat, dans la pompe.
Il est affreux d'être ainsi dépouillé
Aux mêmes yeux auxquels on a brillé.
Sortons.

MADAME CROUPILLAC, *s'avançant vers Euphémon fils.*
Mon fils, quelle étrange aventure
T'a donc réduit en si piètre posture ?
EUPHÉMON FILS.
Ma faute.
MADAME CROUPILLAC.
Hélas ! comme te voilà mis !
JASMIN.
C'est pour avoir eu d'excellents amis,
C'est pour avoir été volé, madame.
MADAME CROUPILLAC.
Volé ! par qui ? comment ?
JASMIN.
Par bonté d'ame.
Nos voleurs sont de très honnêtes gens,
Gens du beau monde, aimables fainéants,
Buveurs, joueurs et conteurs agréables,
Des gens d'esprit, des femmes adorables.
MADAME CROUPILLAC.
J'entends, j'entends, vous avez tout mangé :
Mais vous serez cent fois plus affligé

Quand vous saurez les excessives pertes
Qu'en fait d'hymen j'ai depuis peu souffertes.
EUPHÉMON FILS.
Adieu, madame.
MADAME CROUPILLAC, *l'arrêtant.*
Adieu! non, tu sauras
Mon accident; parbleu! tu me plaindras.
EUPHÉMON FILS.
Soit, je vous plains : adieu.
MADAME CROUPILLAC.
Non; je te jure
Que tu sauras toute mon aventure:
Un Fierenfat, robin de son métier,
Vint avec moi connaissance lier,

(*elle court après lui.*)

Dans Angoulême, au temps où vous battîtes
Quatre huissiers, et la fuite vous prîtes.
Ce Fierenfat habite en ce canton
Avec son père, un seigneur Euphémon.
EUPHÉMON FILS, *revenant.*
Euphémon?
MADAME CROUPILLAC.
Oui.
EUPHÉMON FILS.
Ciel! madame, de grâce,
Cet Euphémon, cet honneur de sa race,
Que ses vertus ont rendu si fameux,
Serait....
MADAME CROUPILLAC.
Eh oui.
EUPHÉMON FILS.
Quoi! dans ces mêmes lieux?

ACTE III, SCÈNE II.

MADAME CROUPILLAC.

Oui.

EUPHÉMON FILS.

Puis-je au moins savoir.... comme il se porte?

MADAME CROUPILLAC.

Fort bien, je crois.... Que diable vous importe?

EUPHÉMON FILS.

Et que dit-on ..?

MADAME CROUPILLAC.

De qui?

EUPHÉMON, FILS.

D'un fils ainé
Qu'il eut jadis.

MADAME CROUPILLAC.

Ah! c'est un fils mal né,
Un garnement, une tête légère,
Un fou fieffé, le fléau de son père,
Depuis long-temps de débauches perdu,
Et qui peut-être est à présent pendu.

EUPHÉMON FILS.

En vérité.... je suis confus dans l'ame
De vous avoir interrompu, madame.

MADAME CROUPILLAC.

Poursuivons donc. Fierenfat, son cadet
Chez moi l'amour hautement me faisait
Il me devait avoir par mariage.

EUPHÉMON FILS.

Eh bien! a-t-il ce bonheur en partage?
Est-il à vous?

MADAME CROUPILLAC.

Non; ce fat engraissé
De tout le lot de son frère insensé,

Devenu riche et voulant l'être encore,
Rompt aujourd'hui cet hymen qui l'honore.
Il veut saisir la fille d'un Rondon,
D'un plat bourgeois, le coq de ce canton.

EUPHÉMON FILS.

Que dites-vous ? Quoi ! madame, il l'épouse ?

MADAME CROUPILLAC.

Vous m'en voyez terriblement jalouse.

EUPHÉMON FILS.

Ce jeune objet aimable.... dont Jasmin
M'a tantôt fait un portrait si divin,
Se donnerait....

JASMIN.

    Quelle rage est la vôtre !
Autant lui vaut ce mari-là qu'un autre.
Quel diable d'homme ! il s'afflige de tout.

EUPHÉMON FILS, *à part.*

Ce coup a mis ma patience à bout.
 (*à Madame Croupillac.*)
Ne doutez point que mon cœur ne partage
Amèrement un si sensible outrage :
Si j'étais cru, cette Lise aujourd'hui
Assurément ne serait pas pour lui.

MADAME CROUPILLAC.

Oh ! tu le prends du ton qu'il le faut prendre :
Tu plains mon sort, un gueux est toujours tendre :
Tu paraissais bien moins compatissant
Quand tu roulais sur l'or et sur l'argent.
Ecoute : on peut s'entr'aider dans la vie.

JASMIN.

Aidez-nous donc, madame, je vous prie.

ACTE III, SCÈNE II.

MADAME CROUPILLAC.
Je veux ici te faire agir pour moi.
EUPHÉMON FILS.
Moi, vous servir ! hélas ! madame, en quoi ?
MADAME CROUPILLAC.
En tout. Il faut prendre en main mon injure :
Un autre habit, quelque peu de parure,
Te pourraient rendre encore assez joli :
Ton esprit est insinuant, poli ;
Tu connais l'art d'empaumer une fille.
Introduis-toi, mon cher, dans la famille ;
Fais le flatteur auprès de Fierenfat ;
Vante son bien, son esprit, son rabat,
Sois en faveur ; et lorsque je proteste
Contre son vol, toi, mon cher, fais le reste :
Je veux gagner du temps en protestant.

EUPHÉMON, *voyant son père.*
Que vois-je ! ô ciel !
(*il s'enfuit.*)
MADAME CROUPILLAC.
   Cet homme est fou vraiment !
Pourquoi s'enfuir ?
JASMIN.
   C'est qu'il vous craint, sans doute,
MADAME CROUPILLAC.
Poltron, demeure, arrête, écoute, écoute,

SCÈNE III.

EUPHÉMON père, JASMIN.

EUPHÉMON.

Je l'avouerai, cet aspect imprévu
D'un malheureux avec peine entrevu,
Porte à mon cœur je ne sais quelle atteinte
Qui me remplit d'amertume et de crainte :
Il a l'air noble, et même certains traits
Qui m'ont touché ; las ! je ne vois jamais
De malheureux à peu près de cet âge
Que de mon fils la douloureuse image
Ne vienne alors, par un retour cruel,
Persécuter ce cœur trop paternel.
Mon fils est mort, ou vit dans la misère,
Dans la débauche, et fait honte à son père.
De tous côtés je suis bien malheureux !
J'ai deux enfants, ils m'accablent tous deux :
L'un, par sa perte et par sa vie infâme,
Fait mon supplice, et déchire mon ame ;
L'autre en abuse ; il sent trop que sur lui
De mes vieux ans j'ai fondé tout l'appui.
Pour moi la vie est un poids qui m'accable.
(apercevant Jasmin qui le salue.)
Que me veux-tu, l'ami ?

JASMIN.

Seigneur aimable,
Reconnaissez, digne et noble Euphémon,
Certain Jasmin élevé chez Rondon.

EUPHÉMON.

Ah, ah ! c'est toi ? Le temps change un visage ;
Et mon front chauve en sent le long outrage.

ACTE III, SCÈNE III

Quand tu partis, tu me vis encor frais;
Mais l'âge avance, et le terme est bien près.
Tu reviens donc enfin dans ta patrie?

JASMIN.

Oui; je suis las de tourmenter ma vie,
De vivre errant et damné comme un juif :
Le bonheur semble un être fugitif :
Le diable enfin, qui toujours me promène,
Me fit partir; le diable me ramène.

EUPHÉMON.

Je t'aiderai : sois sage, si tu peux.
Mais quel était cet autre malheureux
Qui te parlait dans cette promenade,
Qui s'est enfui?

JASMIN.

    Mais.... c'est mon camarade,
Un pauvre hère, affamé comme moi,
Qui, n'ayant rien, cherche aussi de l'emploi.

EUPHÉMON.

On peut tous deux vous occuper peut-être.
A-t-il des mœurs? est-il sage?

JASMIN.

    Il doit l'être.
Je lui connais d'assez bons sentiments;
Il a de plus de fort jolis talents;
Il sait écrire, il sait l'arithmétique,
Dessine un peu, sait un peu de musique :
Ce drôle-là fut très bien élevé.

EUPHÉMON.

S'il est ainsi, son poste est tout trouvé;
Jasmin, mon fils deviendra votre maître ;
Il se marie. et de sa sœur peut-être;

Avec son bien, son train doit augmenter.
Un de ses gens qui vient de le quitter
Vous laisse encore une place vacante :
Tous deux ce soir il faut qu'on vous présente;
Vous le verrez chez Rondon mon voisin ;
J'en parlerai. J'y vais : adieu, Jasmin :
En attendant, tiens, voici de quoi boire.

SCÈNE IV.

JASMIN.

Ah! l'honnête homme! ô ciel! pourrait-on croire
Qu'il soit encore, en ce siècle félon,
Un cœur si droit, un mortel aussi bon?
Cet air, ce port, cette ame bienfaisante,
Du bon vieux temps est l'image parlante.

SCÈNE V.

EUPHÉMON FILS, *revenant*, JASMIN.

JASMIN, *en l'embrassant.*

Je t'ai trouvé déja condition,
Et nous serons laquais chez Euphémon.

EUPHÉMON FILS.

Ah!

JASMIN.

S'il te plait, quel excès de surprise!
Pourquoi ces yeux de gens qu'on exorcise,
Et ces sanglots coup sur coup redoublés,
Pressant tes mots au passage étranglés?

EUPHÉMON FILS.

Ah! je ne puis contenir ma tendresse;
Je cède au trouble, au remords qui me presse.

ACTE III, SCÈNE V.

JASMIN.
Qu'a-t-elle dit qui t'ait tant agité?
EUPHÉMON FILS.
Elle m'a dit.... Je n'ai rien écouté.
JASMIN.
Qu'avez-vous donc?
EUPHÉMON FILS.
Mon cœur ne peut se taire:
Cet Euphémon....
JASMIN.
Eh bien?
EUPHÉMON FILS.
Ah!.... c'est mon père.
JASMIN.
Qui? lui, monsieur!
EUPHÉMON FILS.
Oui, je suis cet aîné,
Ce criminel, et cet infortuné,
Qui désola sa famille éperdue.
Ah! que mon cœur palpitait à sa vue!
Qu'il lui portait ses vœux humiliés!
Que j'étais près de tomber à ses pieds!
JASMIN.
Qui, vous, son fils? Ah! pardonnez, de grâce,
Ma familière et ridicule audace;
Pardon, monsieur.
EUPHÉMON FILS.
Va, mon cœur oppressé
Peut-il savoir si tu m'as offensé?
JASMIN.
Vous êtes fils d'un homme qu'on admire,
D'un homme unique; et, s'il faut tout vous dire,

D'Euphémon fils la réputation
Ne flaire pas à beaucoup près si bon.

EUPHÉMON FILS.

Et c'est aussi ce qui me désespère.
Mais réponds-moi ; que te disait mon père ?

JASMIN.

Moi, je disais que nous étions tous deux
Prêts à servir, bien élevés, très gueux ;
Et lui, plaignant nos destins sympathiques,
Nous recevait tous deux pour domestiques.
Il doit ce soir vous placer chez ce fils,
Ce président à Lise tant promis,
Ce président votre fortuné frère
De qui Rondon doit être le beau-père.

EUPHÉMON FILS.

Eh bien ! il faut développer mon cœur.
Vois tous mes maux, connais leur profondeur :
S'être attiré, par un tissu de crimes,
D'un père aimé les fureurs légitimes,
Être maudit, être déshérité,
Sentir l'horreur de la mendicité,
A mon cadet voir passer ma fortune,
Être exposé, dans ma honte importune,
A le servir, quand il m'a tout ôté ;
Voilà mon sort : je l'ai bien mérité.
Mais croiras-tu qu'au sein de la souffrance,
Mort aux plaisirs, et mort à l'espérance,
Haï du monde, et méprisé de tous,
N'attendant rien, j'ose être encor jaloux ?

JASMIN.

Jaloux ! de qui ?

ACTE III, SCÈNE V.

EUPHÉMON FILS.
De mon frère, de Lise.

JASMIN.
Vous sentiriez un peu de convoitise
Pour votre sœur? mais vraiment c'est un trait
Digne de vous; ce péché vous manquait.

EUPHÉMON FILS.
Tu ne sais pas qu'au sortir de l'enfance
(Car chez Rondon tu n'étais plus, je pense),
Par nos parents l'un à l'autre promis,
Nos cœurs étaient à leurs ordres soumis;
Tout nous liait, la conformité d'âge,
Celle des goûts, les jeux, le voisinage :
Plantés exprès, deux jeunes arbrisseaux
Croissent ainsi pour unir leurs rameaux.
Le temps, l'amour qui hâtait sa jeunesse,
La fit plus belle, augmenta sa tendresse :
Tout l'univers alors m'eût envié;
Mais jeune, aveugle, à des méchants lié,
Qui de mon cœur corrompaient l'innocence,
Ivre de tout dans mon extravagance,
Je me faisais un lâche point d'honneur
De mépriser, d'insulter son ardeur.
Le croirais-tu? je l'accablai d'outrages.
Quels temps, hélas! les violents orages
Des passions qui troublaient mon destin
A mes parents m'arrachèrent enfin.
Tu sais depuis quel fut mon sort funeste :
J'ai tout perdu; mon amour seul me reste:
Le ciel, ce ciel qui doit nous désunir,
Me laisse un cœur, et c'est pour me punir.

JASMIN.

S'il est ainsi, si dans votre misère
Vous la raimez, n'ayant pas mieux à faire,
De Croupillac le conseil était bon,
De vous fourrer, s'il se peut, chez Rondon.
Le sort maudit épuisa votre bourse;
L'amour pourrait vous servir de ressource.

EUPHÉMON FILS.

Moi, l'oser voir! moi, m'offrir à ses yeux,
Après mon crime, en cet état hideux!
Il me faut fuir un père, une maîtresse :
J'ai de tous deux outragé la tendresse;
Et je ne sais, ô regrets superflus!
Lequel des deux doit me haïr le plus.

SCÈNE VI.

EUPHÉMON FILS, FIERENFAT, JASMIN.

JASMIN.

Voilà, je crois, ce président si sage.

EUPHÉMON FILS.

Lui? je n'avais jamais vu son visage.
Quoi! c'est donc lui, mon frère, mon rival?

FIERENFAT.

En vérité, cela ne va pas mal;
J'ai tant pressé, tant sermonné mon père,
Que malgré lui nous finissons l'affaire.
  (en voyant Jasmin.)
Où sont ces gens qui voulaient me servir?

JASMIN.

C'est nous, monsieur; nous venions nous offrir
Très humblement.

ACTE III, SCÈNE VI.

FIERENFAT.
Qui de vous deux sait lire ?

JASMIN.
C'est lui, monsieur.

FIERENFAT.
Il sait sans doute écrire ?

JASMIN.
Oh ! oui, monsieur, déchiffrer, calculer.

FIERENFAT.
Mais il devrait savoir aussi parler ?

JASMIN.
Il est timide, et sort de maladie.

FIERENFAT.
Il a pourtant la mine assez hardie ;
Il me paraît qu'il sent assez son bien.
Combien veux-tu gagner de gages ?

EUPHÉMON FILS.
Rien.

JASMIN.
Oh ! nous avons, monsieur, l'ame héroïque.

FIERENFAT.
A ce prix-là, viens, sois mon domestique ;
C'est un marché que je veux accepter ;
Viens, à ma femme il faut te présenter.

EUPHÉMON FILS.
A votre femme ?

FIERENFAT.
Oui, oui, je me marie.

EUPHÉMON FILS.
Quand ?

FIERENFAT.
Dès ce soir.

EUPHÉMON FILS.

     Ciel !.... monsieur, je vous prie,
De cet objet vous êtes donc charmé ?

FIERENFAT.

Oui.

EUPHÉMON FILS.

  Monsieur !

FIERENFAT.

  Hem !

EUPHÉMON FILS.

     En seriez-vous aimé ?

FIERENFAT.

Oui. Vous semblez bien curieux, mon drôle !

EUPHÉMON FILS.

Que je voudrais lui couper la parole,
Et le punir de son trop de bonheur !

FIERENFAT.

Qu'est-ce qu'il dit ?

JASMIN.

     Il dit que de grand cœur
Il voudrait bien vous ressembler et plaire.

FIERENFAT.

Eh ! je le crois : mon homme est téméraire.
Çà, qu'on me suive, et qu'on soit diligent,
Sobre, frugal, soigneux, adroit, prudent,
Respectueux ; allons, la Fleur, la Brie,
Venez, faquins.

EUPHÉMON FILS.

     Il me prend une envie ;
C'est d'affubler sa face de palais,
A poing fermé, de deux larges soufflets.

ACTE III, SCÈNE VI.
JASMIN.
Vous n'êtes pas trop corrigé, mon maître!
EUPHÉMON FILS.
Ah! soyons sage : il est bien temps de l'être.
Le fruit au moins que je dois recueillir
De tant d'erreurs est de savoir souffrir.

FIN DU TROISIÈME ACTE.

ACTE QUATRIÈME.

SCÈNE I.

MADAME CROUPILLAC, EUPHÉMON FILS, JASMIN.

MADAME CROUPILLAC.

J'AI, mon très cher, par prévoyance extrême,
Fait arriver deux huissiers d'Angoulême.
Et toi, t'es-tu servi de ton esprit ?
As-tu bien fait tout ce que je t'ai dit ?
Pourras-tu bien d'un air de prud'hommie
Dans la maison semer la zizanie ?
As-tu flatté le bon-homme Euphémon ?
Parle : as-tu vu la future ?

EUPHÉMON FILS.

Hélas ! non.

MADAME CROUPILLAC.

Comment ?

EUPHÉMON FILS.

Croyez que je me meurs d'envie
D'être à ses pieds.

MADAME CROUPILLAC.

Allons donc, je t'en prie,
Attaque-la pour me plaire, et rends-moi
Ce traître ingrat qui séduisit ma foi.
Je vais pour toi procéder en justice,
Et tu feras l'amour pour mon service.

Reprends cet air imposant et vainqueur,
Si sûr de soi, si puissant sur un cœur,
Qui triomphait sitôt de la sagesse.
Pour être heureux, reprends ta hardiesse.

EUPHÉMON FILS.

Je l'ai perdue.

MADAME CROUPILLAC.

    Eh! quoi! quel embarras!

EUPHÉMON FILS.

J'étais hardi, lorsque je n'aimais pas.

JASMIN.

D'autres raisons l'intimident peut-être;
Ce Fierenfat est ma foi notre maître;
Pour ses valets il nous retient tous deux.

MADAME CROUPILLAC.

C'est fort bien fait, vous êtes trop heureux;
De sa maîtresse être le domestique
Est un bonheur, un destin presque unique :
Profitez-en.

JASMIN.

    Je vois certains attraits
S'acheminer pour prendre ici le frais;
De chez Rondon, me semble, elle est sortie.

MADAME CROUPILLAC.

Eh! sois donc vite amoureux, je t'en prie :
Voici le temps; ose un peu lui parler.
Quoi! je te vois soupirer et trembler!
Tu l'aimes donc? ah! mon cher, ah! de grâce!

EUPHÉMON FILS.

Si vous saviez, hélas! ce qui se passe
Dans mon esprit interdit et confus,
Ce tremblement ne vous surprendrait plus.

JASMIN, *en voyant Lise.*
L'aimable enfant ! comme elle est embellie !
EUPHÉMON FILS.
C'est elle ; ô dieux ! je meurs de jalousie,
De désespoir, de remords, et d'amour.
MADAME CROUPILLAC.
Adieu : je vais te servir à mon tour.
EUPHÉMON FILS.
Si vous pouvez, faites que l'on diffère
Ce triste hymen.
MADAME CROUPILLAC.
C'est ce que je vais faire.
EUPHÉMON FILS.
Je tremble, hélas !
JASMIN.
Il faut tâcher du moins
Que vous puissiez lui parler sans témoins
Retirons-nous.
EUPHÉMON FILS.
Oh ! je te suis : j'ignore
Ce que j'ai fait, ce qu'il faut faire encore ;
Je n'oserai jamais m'y présenter.

SCÈNE II.

LISE, MARTHE ; JASMIN, *dans l'enfoncement, et* EUPHÉMON FILS, *plus reculé.*

LISE.
J'AI beau me fuir, me chercher, m'éviter,
Rentrer, sortir, goûter la solitude,
Et de mon cœur faire en secret l'étude

Plus j'y regarde, hélas! et plus je voi
Que le bonheur n'était pas fait pour moi.
Si quelque chose un moment me console,
C'est Croupillac, c'est cette vieille folle,
À mon hymen mettant empêchement.
Mais ce qui vient redoubler mon tourment,
C'est qu'en effet Fierenfat et mon père
En sont plus vifs à presser ma misère :
Ils ont gagné le bon homme Euphémon.

MARTHE.

En vérité, ce vieillard est trop bon;
Ce Fierenfat est par trop tyrannique,
Il le gouverne.

LISE.

Il aime un fils unique ;
Je lui pardonne ; accablé du premier,
Au moins sur l'autre il cherche à s'appuyer.

MARTHE.

Mais après tout, malgré ce qu'on publie,
Il n'est pas sûr que l'autre soit sans vie.

LISE.

Hélas! il faut (quel funeste tourment!)
Le pleurer mort, ou le haïr vivant.

MARTHE.

De son danger cependant la nouvelle
Dans votre cœur mettait quelque étincelle.

LISE.

Ah! sans l'aimer, on peut plaindre son sort.

MARTHE.

Mais n'être plus aimé, c'est être mort.
Vous allez donc être enfin à son frère ?

LISE.

Ma chère enfant, ce mot me désespère.
Pour Fierenfat tu connais ma froideur;
L'aversion s'est changée en horreur :
C'est un breuvage affreux, plein d'amertume,
Que dans l'excès du mal qui me consume,
Je me résous de prendre malgré moi,
Et que ma main rejette avec effroi.

JASMIN, *tirant Marthe par la robe.*

Puis-je en secret, ô gentille merveille!
Vous dire ici quatre mots à l'oreille?

MARTHE, *à Jasmin.*

Très volontiers.

LISE, *à part.*

   O sort! pourquoi faut-il
Que de mes jours tu respectes le fil,
Lorsqu'un ingrat, un amant si coupable,
Rendit ma vie, hélas! si misérable?

MARTHE, *venant à Lise.*

C'est un des gens de votre président;
Il est à lui, dit-il, nouvellement;
Il voudrait bien vous parler.

LISE.

     Qu'il attende.

MARTHE, *à Jasmin.*

Mon cher ami, madame vous commande
D'attendre un peu.

LISE.

    Quoi! toujours m'excéder!
Et même absent en tous lieux m'obséder!
De mon hymen que je suis déja lasse!

ACTE IV, SCÈNE II.

JASMIN, à Marthe.

Ma belle enfant, obtiens-nous cette grâce.

MARTHE, revenant.

Absolument il prétend vous parler.

LISE.

Ah! je vois bien qu'il faut nous en aller.

MARTHE.

Ce quelqu'un-là veut vous voir tout à l'heure;
Il faut, dit-il, qu'il vous parle ou qu'il meure.

LISE.

Rentrons donc vite, et courons me cacher.

SCÈNE III.

LISE, MARTHE; EUPHÉMON FILS,
s'appuyant sur JASMIN.

EUPHÉMON FILS.

LA voix me manque, et je ne puis marcher;
Mes faibles yeux sont couverts d'un nuage.

JASMIN.

Donnez la main; venons sur son passage.

EUPHÉMON FILS.

Un froid mortel a passé dans mon cœur.
(à Lise.)
Souffrirez-vous?....

LISE, *sans le regarder.*

Que voulez-vous, monsieur?

EUPHÉMON FILS, *se jetant à genoux*

Ce que je veux? la mort, que je mérite.

LISE.

Que vois-je? ô ciel!

MARTHE.

Quelle étrange visite!
C'est Euphemon! grand Dieu! qu'il est changé!

EUPHÉMON FILS.

Oui, je le suis, votre cœur est vengé;
Oui, vous devez en tout me méconnaitre :
Je ne suis plus ce furieux, ce traître,
Si détesté, si craint dans ce séjour,
Qui fit rougir la nature et l'amour.
Jeune, égaré, j'avais tous les caprices;
De mes amis j'avais pris tous les vices;
Et le plus grand, qui ne peut s'effacer,
Le plus affreux, fut de vous offenser.
J'ai reconnu, j'en jure par vous-même,
Par la vertu que j'ai fui, mais que j'aime,
J'ai reconnu ma détestable erreur;
Le vice était étranger dans mon cœur :
Ce cœur n'a plus les taches criminelles
Dont il couvrit ses clartés naturelles;
Mon feu pour vous, ce feu saint et sacré,
Y reste seul; il a tout épuré.
C'est cet amour, c'est lui qui me ramène,
Non pour briser votre nouvelle chaîne,
Non pour oser traverser vos destins;
Un malheureux n'a pas de tels desseins :
Mais quand les maux où mon esprit succombe
Dans mes beaux jours avaient creusé ma tombe,
A peine encore échappé du trépas,
Je suis venu; l'amour guidait mes pas.
Oui, je vous cherche à mon heure dernière,
Heureux cent fois en quittant la lumière,
Si, destiné pour être votre époux,
Je meurs au moins sans être haï de vous!

ACTE IV, SCÈNE III.

LISE.

Je suis à peine en mon sens revenue.
C'est vous, ô ciel ! vous, qui cherchez ma vue !
Dans quel état ! quel jour !.... Ah, malheureux !
Que vous avez fait de tort à tous deux !

EUPHÉMON FILS.

Oui, je le sais : mes excès, que j'abhorre,
En vous voyant semblent plus grands encore ;
Ils sont affreux, et vous les connaissez :
J'en suis puni, mais point encore assez.

LISE.

Est-il bien vrai, malheureux que vous êtes,
Qu'enfin domtant vos fougues indiscrètes,
Dans votre cœur, en effet combattu,
Tant d'infortune ait produit la vertu ?

EUPHÉMON FILS.

Qu'importe, hélas ! que la vertu m'éclaire ?
Ah ! j'ai trop tard aperçu sa lumière !
Trop vainement mon cœur en est épris ;
De la vertu je perds en vous le prix.

LISE.

Mais répondez, Euphémon, puis-je croire
Que vous avez gagné cette victoire ?
Consultez-vous, ne trompez point mes vœux ;
Seriez-vous bien et sage et vertueux ?

EUPHÉMON FILS.

Oui, je le suis, car mon cœur vous adore.

LISE.

Vous, Euphémon ! vous m'aimeriez encore ?

EUPHÉMON FILS.

Si je vous aime ? hélas ! je n'ai vécu
Que par l'amour, qui seul m'a soutenu,

J'ai tout souffert, tout jusqu'à l'infamie ;
Ma main cent fois allait trancher ma vie ;
Je respectai les maux qui m'accablaient ;
J'aimai mes jours, ils vous appartenaient.
Oui, je vous dois mes sentiments, mon être,
Ces jours nouveaux qui me luiront peut-être ;
De ma raison je vous dois le retour,
Si j'en conserve avec autant d'amour.
Ne cachez point à mes yeux pleins de larmes
Ce front serein, brillant de nouveaux charmes :
Regardez-moi, tout changé que je suis ;
Voyez l'effet de mes cruels ennuis.
De longs remords, une horrible tristesse,
Sur mon visage ont flétri la jeunesse.
Je fus peut-être autrefois moins affreux ;
Mais voyez-moi, c'est tout ce que je veux.

LISE.

Si je vous vois constant et raisonnable,
C'en est assez, je vous vois trop aimable.

EUPHÉMON FILS.

Que dites-vous ? juste ciel ! vous pleurez ?

LISE, *à Marthe.*

Ah ! soutiens-moi, mes sens sont égarés.
Moi, je serais l'épouse de son frère !....
N'avez-vous point vu déja votre père ?

EUPHÉMON FILS.

Mon front rougit ; il ne s'est point montré
A ce vieillard que j'ai déshonoré :
Haï de lui, proscrit sans espérance,
J'ose l'aimer, mais je fuis sa présence.

LISE.

Eh ! quel est donc votre projet enfin ?

ACTE IV, SCÈNE III.

EUPHÉMON FILS.

Si de mes jours Dieu recule la fin,
Si votre sort vous attache à mon frère,
Je vais chercher le trépas à la guerre;
Changeant de nom aussi bien que d'état,
Avec honneur je servirai soldat.
Peut-être un jour le bonheur de mes armes
Fera ma gloire, et m'obtiendra vos larmes.
Par ce métier l'honneur n'est point blessé;
Rose et Fabert ont ainsi commencé.

LISE.

Ce désespoir est d'une ame bien haute,
Il est d'un cœur au-dessus de sa faute;
Ces sentiments me touchent encor plus
Que vos pleurs même à mes pieds répandus.
Non, Euphémon, si de moi je dispose
Si je peux fuir l'hymen qu'on me propose,
De votre sort si je puis prendre soin,
Pour le changer vous n'irez pas si loin.

EUPHÉMON FILS.

O ciel! mes maux ont attendri votre ame!

LISE.

Ils me touchaient : votre remords m'enflamme.

EUPHÉMON FILS.

Quoi! vos beaux yeux, si long-temps courroucés,
Avec amour sur les miens sont baissés!
Vous rallumez ces feux si légitimes,
Ces feux sacrés qu'avaient éteints mes crimes.
Ah! si mon frère, aux trésors attaché,
Garde mon bien à mon père arraché,
S'il engloutit à jamais l'héritage
Dont la nature avait fait mon partage;

Qu'il porte envie à ma félicité :
Je vous suis cher, il est déshérité.
Ah ! je mourrai de l'excès de ma joie !

MARTHE.

Ma foi, c'est lui qu'ici le diable envoie.

LISE.

Contraignez donc ces soupirs enflammés ;
Dissimulez.

EUPHÉMON FILS.

Pourquoi, si vous m'aimez ?

LISE.

Ah ! redoutez mes parents, votre père !
Nous ne pouvons cacher à votre frère
Que vous avez embrassé mes genoux ;
Laissez-le au moins ignorer que c'est vous.

MARTHE.

Je ris déja de sa grave colère.

SCÈNE IV.

LISE, EUPHÉMON FILS, MARTHE, JASMIN, FIERENFAT, *dans le fond, pendant qu'Euphémon lui tourne le dos.*

FIERENFAT.

Ou quelque diable a troublé ma visière,
Ou, si mon œil est toujours clair et net,
Je suis.... j'ai vu.... je le suis.... j'ai mon fait.
(*en avançant vers Euphémon.*)
Ah ! c'est donc toi, traître, impudent, faussaire !

EUPHÉMON FILS, *en colère.*

Je....

ACTE IV, SCÈNE IV.

JASMIN, *se mettant entre eux.*
C'est, monsieur, une importante affaire
Qui se traitait, et que vous dérangez;
Ce sont deux cœurs en peu de temps changés;
C'est du respect, de la reconnaissance,
De la vertu.... Je m'y perds, quand j'y pense.

FIERENFAT.
De la vertu? Quoi! lui baiser la main!
De la vertu? scélérat!

EUPHÉMON FILS.
           Ah! Jasmin,
Que, si j'osais....

FIERENFAT.
           Non, tout ceci m'assomme :
Si c'eût été du moins un gentilhomme!
Mais un valet, un gueux, contre lequel,
En intentant un procès criminel,
C'est de l'argent que je perdrai peut-être.

LISE, *à Euphémon.*
Contraignez-vous, si vous m'aimez.

FIERENFAT.
           Ah! traître!
Je te ferai pendre ici, sur ma foi!
   (*à Marthe.*)
Tu ris, coquine?

MARTHE.
Oui, monsieur.

FIERENFAT.
           Et pourquoi?
De quoi ris-tu?

MARTHE.
Mais, monsieur, de la chose....

FIERENFAT.

Tu ne sais pas à quoi ceci t'expose,
Ma bonne amie, et ce qu'au nom du roi
On fait par fois aux filles comme toi.

MARTHE.

Pardonnez-moi, je le sais à merveilles.

FIERENFAT, *à Lise.*

Et vous semblez vous boucher les oreilles,
Vous, infidèle, avec votre air sucré,
Qui m'avez fait ce tour prématuré ;
De votre cœur l'inconstance est précoce ;
Un jour d'hymen ! une heure avant la noce !
Voilà, ma foi ! de votre probité !

LISE.

Calmez, monsieur, votre esprit irrité :
Il ne faut pas sur la simple apparence
Légèrement condamner l'innocence.

FIERENFAT.

Quelle innocence !

LISE.

Oui, quand vous connaîtrez
Mes sentiments, vous les estimerez.

FIERENFAT.

Plaisant chemin pour avoir de l'estime !

EUPHÉMON FILS.

Oh ! c'en est trop.

LISE, *à Euphémon.*

Quel courroux vous anime ?
Eh ! réprimez....

EUPHÉMON FILS.

Non, je ne puis souffrir
Que d'un reproche il ose vous couvrir.

ACTE IV, SCÈNE IV.

FIERENFAT.

Savez vous bien que l'on perd son douaire,
Son bien, sa dot, quand....

EUPHÉMON FILS, *en colère, et mettant la main
sur la garde de son épée.*

Savez-vous vous taire?

LISE.

Eh! modérez.....

EUPHÉMON FILS.

Monsieur le président,
Prenez un air un peu moins imposant,
Moins fier, moins haut, moins juge; car madame
N'a pas l'honneur d'être encor votre femme;
Elle n'est point votre maîtresse aussi.
Eh! pourquoi donc gronder de tout ceci?
Vos droits sont nuls : il faut avoir su plaire
Pour obtenir le droit d'être en colère.
De tels appas n'étaient point faits pour vous;
Il vous sied mal d'oser être jaloux.
Madame est bonne, et fait grâce à mon zèle :
Imitez-la, soyez aussi bon qu'elle.

FIERENFAT, *en posture de se battre.*

Je n'y puis plus tenir. A moi, mes gens.

EUPHÉMON FILS.

Comment?

FIERENFAT.

Allez me chercher des sergents.

LISE, *à Euphémon fils.*

Retirez-vous.

FIERENFAT.

Je te ferai connaître
Ce que l'on doit de respect à son maître,
A mon état, à ma robe.

EUPHÉMON FILS.
                Observez
Ce qu'à madame ici vous en devez ;
Et quant à moi, quoi qu'il puisse en paraître,
C'est vous, monsieur, qui m'en devez, peut-être.
              FIERENFAT.
Moi.... moi ?
         EUPHÉMON FILS.
           Vous.... vous.
              FIERENFAT.
                         Ce drôle est bien osé.
C'est quelque amant en valet déguisé.
Qui donc es-tu ? réponds-moi.
              EUPHÉMON FILS.
                              Je l'ignore ;
Ma destinée est incertaine encore ;
Mon sort, mon rang, mon état, mon bonheur,
Mon être enfin, tout dépend de son cœur,
De ses regards, de sa bonté propice.
              FIERENFAT.
Il dépendra bientôt de la justice,
Je t'en réponds ; va, va, je cours hâter
Tous mes recors, et vîte instrumenter.
Allez, perfide, et craignez ma colère ;
J'amenerai vos parents, votre père ;
Votre innocence en son jour paraîtra,
Et comme il faut on vous estimera.

SCÈNE V.

LISE, EUPHÉMON FILS, MARTHE.

LISE.

Eh, cachez-vous, de grâce, rentrons vîte !
De tout ceci je crains pour nous la suite.
Si votre père apprenait que c'est vous,
Rien ne pourrait apaiser son courroux ;
Il penserait qu'une fureur nouvelle
Pour l'insulter en ces lieux vous rappelle,
Que vous venez entre nos deux maisons
Porter le trouble et les divisions ;
Et l'on pourrait, pour ce nouvel esclandre,
Vous enfermer, hélas ! sans vous entendre.

MARTHE.

Laissez-moi donc le soin de le cacher.
Soyez en sûre, on aura beau chercher.

LISE.

Allez, croyez qu'il est très nécessaire
Que j'adoucisse en secret votre père.
De la nature il faut que le retour
Soit, s'il se peut, l'ouvrage de l'amour.
Cachez-vous bien....

(à Marthe.)
Prends soin qu'il ne paraisse.

Eh ! va donc vîte.

SCÈNE VI.

RONDON, LISE.

RONDON.

Eh bien! ma Lise, qu'est-ce ?
Je te cherchais et ton époux aussi.

LISE.

Il ne l'est pas, que je crois, Dieu merci !

RONDON.

Où vas-tu donc ?

LISE.

Monsieur, la bienséance
M'oblige encor d'éviter sa présence.

(elle sort.)

RONDON.

Ce président est donc bien dangereux !
Je voudrais être incognito près d'eux ;
Là..... voir un peu quelle plaisante mine
Font deux amants qu'à l'hymen on destine.

SCÈNE VII.

FIERENFAT, RONDON, SERGENTS.

FIERENFAT.

Ah ! les fripons ; ils sont fins et subtils.
Où les trouver ? où sont-ils ? où sont-ils ?
Où cachent-ils ma honte et leur fredaine ?

RONDON.

Ta gravité me semble hors d'haleine.
Que prétends-tu ? que cherches-tu ? qu'as-tu ?
Que t'a-t-on fait ?

ACTE IV, SCÈNE VII.

FIERENFAT.
　　　　J'ai.... qu'on m'a fait cocu.

RONDON.
Cocu ! tudieu ! prends garde, arrête, observe.

FIERENFAT.
Oui, oui, ma femme. Allez, Dieu me préserve
De lui donner le nom que je lui dois ?
Je suis cocu, malgré toutes les lois.

RONDON.
Mon gendre !

FIERENFAT.
　　　Hélas ! il est trop vrai, beau-père.

RONDON
Eh quoi ! la chose....

FIERENFAT.
　　　　　Oh ! la chose est fort claire.

RONDON.
Vous me poussez.....

FIERENFAT.
　　　　C'est moi qu'on pousse à bout.

RONDON.
Si je croyais.....

FIERENFAT.
　　　Vous pouvez croire tout.

RONDON.
Mais plus j'entends, moins je comprends mon gendre.

FIERENFAT.
Mon fait pourtant est facile à comprendre.

RONDON.
S'il était vrai, devant tous mes voisins
J'étranglerais ma Lise de mes mains,

FIERENFAT.
Étranglez donc, car la chose est prouvée.
RONDON.
Mais en effet ici je l'ai trouvée ;
La voix éteinte et le regard baissé,
Elle avait l'air timide, embarrassé.
Mon gendre, allons, surprenons la pendarde ;
Voyons le cas, car l'honneur me poignarde.
Tudieu, l'honneur ! Oh, voyez-vous ? Rondon,
En fait d'honneur, n'entend jamais raison.

ACTE CINQUIÈME.

SCÈNE I.

LISE, MARTHE.

LISE.

Ah ! je me sauve à peine entre tes bras.
Que de danger ! quel horrible embarras !
Faut-il qu'une ame aussi tendre, aussi pure,
D'un tel soupçon souffre un moment l'injure !
Cher Euphémon, cher et funeste amant,
Es-tu donc né pour faire mon tourment ?
A ton départ tu m'arrachas la vie,
Et ton retour m'expose à l'infamie.
  (à Marthe.)
Prends garde au moins, car on cherche partout.

MARTHE.

J'ai mis, je crois, tous mes chercheurs à bout.
Nous braverons le greffe et l'écritoire ;
Certains recoins, chez moi, dans mon armoire,
Pour mon usage en secret pratiqués,
Par ces furets ne sont point remarqués ;
Là, votre amant se tapit, se dérobe
Aux yeux hagards des noirs pedants en robe :
Je les ai tous fait courir comme il faut,
Et de ces chiens la meute est en défaut.

SCÈNE II.

LISE, MARTHE, JASMIN.

LISE.

Eh bien ! Jasmin, qu'a-t-on fait ?

JASMIN.

Avec gloire,
J'ai soutenu mon interrogatoire ;
Tel qu'un fripon blanchi dans le métier,
J'ai répondu sans jamais m'effrayer.
L'un vous traînait sa voix de pédagogue,
L'autre braillait d'un ton cas, d'un air rogue,
Tandis qu'un autre, avec un ton flûté,
Disait, mon fils, sachons la vérité :
Moi, toujours ferme, et toujours laconique,
Je rembarrais la troupe scholastique.

LISE.

On ne sait rien ?

JASMIN.

Non, rien ; mais dès demain
On saura tout, car tout se sait enfin.

LISE.

Ah ! que du moins Fierenfat en colère
N'ait pas le temps de prévenir son père :
Je tremble encore, et tout accroît ma peur ;
Je crains pour lui, je crains pour mon honneur.
Dans mon amour j'ai mis mes espérances ;
Il m'aidera....

MARTHE.

Moi, je suis dans des transes

ACTE V, SCÈNE II.

Que tout ceci ne soit cruel pour vous;
Car nous avons deux pères contre nous,
Un président, les bégueules, les prudes.
Si vous saviez quels airs hautains et rudes,
Quel ton sévère, et quel sourcil froncé
De leur vertu le faste rehaussé
Prend contre vous; avec quelle insolence
Leur âcreté poursuit votre innocence :
Leurs cris, leur zèle, et leur sainte fureur,
Vous feraient rire, ou vous feraient horreur.

JASMIN.

J'ai voyagé, j'ai vu du tintamarre :
Je n'ai jamais vu semblable bagarre :
Tout le logis est sens dessus dessous.
Ah! que les gens sont sots, méchants, et fous!
On vous accuse, on augmente, on murmure;
En cent façons on conte l'aventure.
Les violons sont déjà renvoyés,
Tout interdits, sans boire, et point payés :
Pour le festin six tables bien dressées
Dans ce tumulte ont été renversées.
Le peuple accourt, le laquais boit et rit,
Et Rondon jure, et Fierenfat écrit.

LISE.

Et d'Euphémon le père respectable,
Que fait-il donc dans ce trouble effroyable?

MARTHE.

Madame, on voit sur son front éperdu
Cette douleur qui sied à la vertu;
Il lève au ciel les yeux : il ne peut croire
Que vous ayez d'une tache si noire
Souillé l'honneur de vos jours innocents;

Par des raisons il combat vos parents :
Enfin, surpris des preuves qu'on lui donne,
Il en gémit, et dit que sur personne
Il ne faudra s'assurer désormais,
Si cette tache a flétri vos attraits.

LISE.

Que ce vieillard m'inspire de tendresse !

MARTHE.

Voici Rondon, vieillard d'une autre espèce.
Fuyons, madame.

LISE.

Ah ! gardons-nous-en bien :
Mon cœur est pur, il ne doit craindre rien.

JASMIN.

Moi, je crains donc.

SCÈNE III.

LISE, MARTHE, RONDON.

RONDON.

Matoise, mijaurée !
Fille pressée, ame dénaturée !
Ah ! Lise, Lise, allons, je veux savoir
Tous les entours de ce procédé noir.
Çà, depuis quand connais-tu le corsaire ?
Son nom, son rang ? comment t'a-t-il pu plaire ?
De ses méfaits je veux savoir le fil.
D'où nous vient-il ? en quel endroit est-il ?
Réponds, réponds : tu ris de ma colère ?
Tu ne meurs pas de honte ?

LISE.

Non, mon père.

ACTE V, SCÈNE III.

RONDON.

Encor des *non*? toujours ce chien de ton;
Et toujours *non*, quand on parle à Rondon!
La négative est pour moi trop suspecte :
Quand on a tort, il faut qu'on me respecte,
Que l'on me craigne, et qu'on sache obéir.

LISE.

Oui, je suis prête à vous tout découvrir.

RONDON.

Ah! c'est parler cela : quand je menace
On est petit....

LISE.

Je ne veux qu'une grâce :
C'est qu'Euphémon daignât auparavant
Seul en ce lieu me parler un moment.

RONDON.

Euphémon? bon! eh, que pourra-t-il faire?
C'est à moi seul qu'il faut parler.

LISE.

Mon père,
J'ai des secrets qu'il faut lui confier;
Pour votre honneur daignez me l'envoyer;
Daignez.... c'est tout ce que je puis vous dire

RONDON.

A sa demande encor faut-il souscrire?
A ce bon-homme elle veut s'expliquer;
On peut fort bien souffrir, sans rien risquer,
Qu'en confidence elle lui parle seule;
Puis sur-le-champ je cloître ma bégueule.

SCÈNE IV.

LISE, MARTHE.

LISE.

Digne Euphémon, pourrai-je te toucher ?
Mon cœur de moi semble se détacher.
J'attends ici mon trépas ou ma vie.
   (à Marthe.)
Écoute un peu.
                              (elle lui parle à l'oreille.)

MARTHE.
   Vous serez obéie.

SCÈNE V.

EUPHÉMON PÈRE, LISE.

LISE.

Un siège.... Hélas !.... Monsieur, asseyez-vous,
Et permettez que je parle à genoux.
   EUPHÉMON, *l'empêchant de se mettre à genoux.*
Vous m'outragez.

LISE.
   Non, mon cœur vous révère ;
Je vous regarde à jamais comme un père.

EUPHÉMON PÈRE.
Qui, vous ma fille !

LISE.
   Oui, j'ose me flatter
Que c'est un nom que j'ai su mériter.

EUPHÉMON PÈRE.
Après l'éclat et la triste aventure
Qui de nos nœuds a causé la rupture !

ACTE V, SCÈNE V.

LISE.

Soyez mon juge et lisez dans mon cœur;
Mon juge enfin sera mon protecteur.
Écoutez-moi; vous allez reconnaître
Mes sentiments, et les vôtres peut-être.

(elle prend un siège à côté de lui.)

Si votre cœur avait été lié,
Par la plus tendre et plus pure amitié,
A quelque objet de qui l'aimable enfance
Donna d'abord la plus belle espérance,
Et qui brilla dans son heureux printemps,
Croissant en grâce, en mérite, en talents,
Si quelque temps sa jeunesse abusée,
Des vains plaisirs suivant la pente aisée,
Au feu de l'âge avait sacrifié
Tous ses devoirs, et même l'amitié....

EUPHÉMON PÈRE.

Eh bien ?

LISE.

Monsieur, si son expérience
Eût reconnu la triste jouissance
De ces faux biens, objets de ses transports,
Nés de l'erreur, et suivis des remords;
Honteux enfin de sa folle conduite,
Si sa raison, par le malheur instruite,
De ses vertus rallumant le flambeau,
Le ramenait avec un cœur nouveau;
Ou que plutôt, honnête homme et fidèle,
Il eût repris sa forme naturelle,
Pourriez-vous bien lui fermer aujourd'hui
L'accès d'un cœur qui fut ouvert pour lui ?

EUPHÉMON PÈRE.

De ce portrait que voulez-vous conclure ?
Et quel rapport a-t-il à mon injure ?
Le malheureux qu'à vos pieds on a vu
Est un jeune homme en ces lieux inconnu;
Et cette veuve, ici, dit elle-même
Qu'elle l'a vu six mois dans Angoulême;
Un autre dit que c'est un effronté,
D'amours obscurs follement entêté;
Et j'avouerai que ce portrait redouble
L'étonnement et l'horreur qui me trouble.

LISE.

Hélas ! monsieur, quand vous aurez appris
Tout ce qu'il est, vous serez plus surpris.
De grâce, un mot; votre ame est noble et belle;
La cruauté n'est pas faite pour elle :
N'est-il pas vrai qu'Euphémon votre fils
Fut long-temps cher à vos yeux attendris ?

EUPHÉMON PÈRE.

Oui, je l'avoue, et ses lâches offenses
Ont d'autant mieux mérité mes vengeances :
J'ai plaint sa mort, j'avais plaint ses malheurs;
Mais la nature, au milieu de mes pleurs,
Aurait laissé ma raison saine et pure
De ses excès punir sur lui l'injure.

LISE.

Vous ! vous pourriez à jamais le punir,
Sentir toujours le malheur de haïr,
Et repousser encore avec outrage
Ce fils changé, devenu votre image,
Qui de ses pleurs arroserait vos pieds !
Le pourriez-vous ?

ACTE V, SCÈNE V.

EUPHÉMON PÈRE.

Hélas! vous oubliez
Qu'il ne faut point par de nouveaux supplices
De ma blessure ouvrir les cicatrices.
Mon fils est mort, ou mon fils, loin d'ici,
Est dans le crime à jamais endurci :
De la vertu s'il eût repris la trace,
Viendrait-il pas me demander sa grâce ?

LISE.

La demander! sans doute, il y viendra ;
Vous l'entendrez ; il vous attendrira.

EUPHÉMON PÈRE.

Que dites-vous ?

LISE.

Oui, si la mort trop prompte
N'a pas fini sa douleur et sa honte,
Peut-être ici vous le verrez mourir
A vos genoux d'excès de repentir.

EUPHÉMON PÈRE.

Vous sentez trop quel est mon trouble extrême.
Mon fils vivrait !

LISE.

S'il respire, il vous aime.

EUPHÉMON PÈRE.

Ah! s'il m'aimait! mais quelle vaine erreur!
Comment? de qui l'apprendre ?

LISE.

De son cœur.

EUPHÉMON PÈRE.

Mais sauriez-vous....

LISE.

Sur tout ce qui le touche
La vérité vous parle par ma bouche.

EUPHÉMON PÈRE.

Non, non, c'est trop me tenir en suspens :
Ayez pitié du déclin de mes ans :
J'espère encore, et je suis plein d'alarmes.
J'aimai mon fils ; jugez-en par mes larmes ;
Ah ! s'il vivait, s'il était vertueux !
Expliquez-vous, parlez-moi.

LISE.

Je le veux.
Il en est temps, il faut vous satisfaire.
(elle fait quelques pas, et s'adresse à Euphémon fils, qui est dans la coulisse.)
Venez enfin.

SCÈNE VI.

EUPHÉMON PÈRE, EUPHÉMON FILS, LISE.

EUPHÉMON PÈRE.

Que vois-je ? ô ciel !

EUPHÉMON FILS, *aux pieds de son père.*

Mon père,
Connaissez-moi, décidez de mon sort ;
J'attends d'un mot ou la vie ou la mort.

EUPHÉMON PÈRE.

Ah ! qui t'amène en cette conjoncture ?

EUPHÉMON FILS.

Le repentir, l'amour, et la nature.

LISE, *se mettant aussi à genoux.*

A vos genoux vous voyez vos enfants ;
Oui, nous avons les mêmes sentiments,
Le même cœur....

ACTE V, SCÈNE VI.

EUPHÉMON FILS, *en montrant* Lise.
        Hélas, son indulgence
De mes fureurs a pardonné l'offense ;
Suivez, suivez pour cet infortuné,
L'exemple heureux que l'amour a donné.
Je n'espérais, dans ma douleur mortelle,
Que d'expirer aimé de vous et d'elle ;
Et si je vis, ah ! c'est pour mériter
Ces sentiments dont j'ose me flatter.
D'un malheureux vous détournez la vue ?
De quels transports votre ame est-elle émue ?
Est-ce la haine ? Et ce fils condamné....

EUPHÉMON PÈRE, *se levant et l'embrassant.*
C'est la tendresse ; et tout est pardonné,
Si la vertu règne enfin dans ton ame :
Je suis ton père.

        LISE.
        Et j'ose être sa femme.
J'étais à lui : permettez qu'à vos pieds
Nos premiers nœuds soient enfin renoués.
Non, ce n'est pas votre bien qu'il demande ;
D'un cœur plus pur il vous porte l'offrande,
Il ne veut rien ; et s'il est vertueux,
Tout ce que j'ai suffira pour nous deux.

L'ENFANT PRODIGUE.
SCÈNE VII.

LES ACTEURS PRÉCÉDENTS; RONDON; MADAME CROUPILLAC, FIERENFAT; RECORS; SUITE.

FIERENFAT.

Ah! le voici qui parle encore à Lise.
Prenons notre homme hardiment par surprise;
Montrons un cœur au-dessus du commun.

RONDON.

Soyons hardis, nous sommes six contre un.

LISE, à Rondon.

Ouvrez les yeux, et connaissez qui j'aime

RONDON.

C'est lui.

FIERENFAT.

Qui donc?

LISE.

Votre frère.

EUPHÉMON PÈRE.

Lui-même.

FIERENFAT.

Vous vous moquez; ce fripon, mon frère?

LISE.

Oui.

MADAME CROUPILLAC.

J'en ai le cœur tout-à-fait réjoui.

RONDON.

Quel changement! quoi? c'est donc là mon drôle?

FIERENFAT.

Oh, oh! je joue un fort singulier rôle:
Tudieu, quel frère!

ACTE V, SCENE VII.

EUPHÉMON PÈRE.

   Oui, je l'avais perdu;
Le repentir, le ciel me l'a rendu.

MADAME CROUPILLAC.

Bien à propos pour moi.

FIERENFAT.

    La vilaine ame!
Il ne revient que pour m'ôter ma femme!

EUPHÉMON FILS, à *Fierenfat*.

Il faut enfin que vous me connaissiez;
C'est vous, monsieur, qui me la ravissiez.
Dans d'autres temps j'avais eu sa tendresse.
L'emportement d'une folle jeunesse
M'ôta ce bien, dont on doit être épris.
Et dont j'avais trop mal connu le prix.
J'ai retrouvé, dans ce jour salutaire,
Ma probité, ma maîtresse, mon père.
M'envierez-vous l'inopiné retour
Des droits du sang, et des droits de l'amour?
Gardez mes biens, je vous les abandonne;
Vous les aimez.... moi, j'aime sa personne;
Chacun de nous aura son vrai bonheur,
Vous dans mes biens, moi, monsieur, dans son cœur.

EUPHÉMON-PÈRE.

Non, sa bonté si désintéressée,
Ne sera pas si mal récompensée;
Non, Euphémon, ton père ne veut pas
T'offrir, sans bien, sans dot, à ses appas.

RONDON.

Oh! bon cela.

MADAME CROUPILLAC.

   Je suis émerveillée,

Tout ébaubie, et toute consolée.
Ce gentilhomme est venu tout exprès,
En vérité, pour venger mes attraits.
   (*à Euphémon fils.*)
Vîte, épousez : le ciel vous favorise;
Car tout exprès pour vous il a fait Lise;
Et je pourrais, par ce bel accident,
Si l'on voulait, ravoir mon président.
   LISE.   (*à Rondon.*)
De tout mon cœur. Et vous, souffrez, mon père
Souffrez qu'une ame et fidèle et sincère,
Qui ne pouvait se donner qu'une fois,
Soit ramenée à ses premières lois.
   RONDON.
Si sa cervelle est enfin moins volage....
   LISE.
Oh! j'en réponds.
   RONDON.
    S'il t'aime, s'il est sage ...
   LISE.
N'en doutez pas.
   RONDON.
   Si surtout Euphémon
D'une ample dot lui fait un large don,
J'en suis d'accord.
   FIERENFAT.
   Je gagne en cette affaire
Beaucoup, sans doute, en trouvant un mien frère :
Mais cependant je perds en moins de rien
Mes frais de noce, une femme et du bien.
   MADAME CROUPILLAC.
Eh! fi, vilain! quel cœur sordide et chiche!

ACTE V, SCÈNE VII.

Faut-il toujours courtiser la plus riche ?
N'ai-je donc pas en contrats, en châteaux,
Assez pour vivre, et plus que tu ne vaux ?
Ne suis-je pas en date la première ?
N'as-tu pas fait, dans l'ardeur de me plaire,
De longs serments, tous couchés par écrit,
Des madrigaux, des chansons sans esprit ?
Entre les mains j'ai toutes tes promesses :
Nous plaiderons, je montrerai les pièces :
Le parlement doit en semblable cas
Rendre un arrêt contre tous les ingrats.

RONDON.

Ma foi, l'ami, crains sa juste colère ;
Épouse-la, crois-moi, pour t'en défaire.

EUPHÉMON PÈRE, *à madame Croupillac.*

Je suis confus du vif empressement
Dont vous flattez mon fils le président ;
Votre procès lui devrait plaire encore ;
C'est un dépit dont la cause l'honore :
Mais permettez que mes soins réunis
Soient pour l'objet qui m'a rendu mon fils.
Vous, mes enfants, dans ces moments prospères,
Soyez unis, embrassez-vous en frères.
Vous, mon ami, rendons grâces aux cieux,
Dont les bontés ont tout fait pour le mieux.
Non, il ne faut, et mon cœur le confesse,
Désespérer jamais de la jeunesse.

FIN DE L'ENFANT PRODIGUE.

LE FANATISME,

OU

MAHOMET LE PROPHÈTE,

TRAGÉDIE,

Représentée, pour la première fois, à Paris,
le 9 auguste 1742.

AVIS DE L'ÉDITEUR.

J'ai cru rendre service aux amateurs des belles-lettres de publier une tragédie du Fanatisme, si défigurée en France par deux éditions subreptices. Je sais très certainement qu'elle fut composée par l'auteur en 1736, et que des-lors il en envoya une copie au prince royal, depuis roi de Prusse, qui cultivait les lettres avec des succès surprenants, et qui en fait encore son délassement principal.

J'étais à Lille en 1741, quand M. de Voltaire y vint passer quelques jours; il y avait la meilleure troupe d'acteurs qui ait jamais été en province. Elle représenta cet ouvrage d'une manière qui satisfit beaucoup une très nombreuse assemblée : le gouverneur de la province et l'intendant y assistèrent plusieurs fois. On trouva que cette pièce était d'un goût si nouveau, et ce sujet si délicat parut traité avec tant de sagesse, que plusieurs prélats voulurent en voir une représentation par les mêmes acteurs dans une maison particulière. Ils en jugèrent comme le public.

L'auteur fut encore assez heureux pour faire parvenir son manuscrit entre les mains d'un des premiers hommes de l'Europe et de l'église [1], qui soutenait le poids des affaires avec fermeté, et qui jugeait des ouvrages d'esprit avec un goût très sûr dans un âge où les hommes parviennent rarement, et où l'on conserve encore plus rarement son esprit et sa délicatesse. Il dit que la pièce était écrite avec toute la circonspection convenable, et qu'on ne pouvait éviter plus sagement les écueils du sujet; mais que, pour ce qui regardait la poésie, il y avait encore des choses à corriger. Je sais en effet que l'auteur les a retouchées avec beaucoup de soin. Ce fut aussi le sentiment d'un homme qui tient le même rang, et qui n'a pas moins de lumieres.

Enfin l'ouvrage, approuvé d'ailleurs selon toutes les formes ordinaires, fut représenté à Paris le 9 d'auguste 1742. Il y avait une loge entière remplie des premiers magistrats de cette ville; des ministres même y furent présents. Ils pensèrent tous comme les hommes éclairés que j'ai déja cités.

Il se trouva [2] à cette première représentation

---

[1] Le cardinal de Fleuri.

[2] Le fait est que l'abbé Desfontaines et quelques hommes aussi méchants que lui dénoncèrent cet ouvrage comme scandaleux et impie; et cela fit tant de bruit, que

quelques personnes qui ne furent pas de ce sentiment unanime. Soit que dans la rapidité de la représentation ils n'eussent pas suivi assez le fil de l'ouvrage, soit qu'ils fussent peu accoutumés au théâtre, ils furent blessés que Mahomet ordonnât un meurtre, et se servît de sa religion pour encourager à l'assassinat un jeune homme qu'il fait l'instrument de son crime. Ces personnes, frappées de cette atrocité, ne firent pas assez réflexion qu'elle est donnée dans la pièce comme le plus horrible de tous les crimes, et que même il est moralement impossible qu'elle puisse être donnée autrement. En un mot ils ne virent qu'un côté; ce qui est la manière la plus ordinaire de se tromper. Ils avaient raison assurément d'être scandalisés en ne considérant que ce côté qui les révoltait. Un peu plus d'attention les aurait aisément ramenés; mais, dans la première chaleur de leur zèle, ils dirent que la pièce était un ouvrage très dangereux, fait pour former des Ravaillac et des Jacques Clément.

On est bien surpris d'un tel jugement, et ces

---

le cardinal de Fleuri, premier ministre, qui avait lu et approuvé la pièce, fut obligé de conseiller à l'auteur de la retirer.

messieurs l'ont désavoué sans doute. Ce serait dire qu'Hermione enseigne à assassiner un roi, qu'Électre apprend à tuer sa mère, que Cléopâtre et Médée montrent à tuer leurs enfants : ce serait dire qu'Harpagon forme des avares; le Joueur, des joueurs; Tartuffe, des hypocrites. L'injustice même contre Mahomet serait bien plus grande que contre toutes ces pièces; car le crime du faux prophète y est mis dans un jour beaucoup plus odieux que ne l'est aucun des vices et des dérèglements que toutes ces pièces représentent. C'est précisément contre les Ravaillac et les Jacques Clément que la pièce est composée; ce qui a fait dire à un homme de beaucoup d'esprit que si Mahomet avait été écrit du temps de Henri III et de Henri IV, cet ouvrage leur aurait sauvé la vie. Est-il possible qu'on ait pu faire un tel reproche à l'auteur de la Henriade? lui qui a élevé sa voix si souvent dans ce poëme et ailleurs, je ne dis pas seulement contre de tels attentats, mais contre toutes les maximes qui peuvent y conduire.

J'avoue que plus j'ai lu les ouvrages de cet écrivain, plus je les ai trouvés caractérisés par l'amour du bien public. Il inspire partout l'horreur contre les emportements de la rébellion, de la persécution et du fanatisme. Y a-t-il un bon citoyen qui n'adopte toutes les maximes de la Henriade? Ce poëme ne fait-il pas aimer la véritable vertu? Mahomet me paraît écrit entièrement dans le même esprit, et je suis persuadé que ses plus grands ennemis en conviendront.

Il vit bientôt qu'il se formait contre lui une cabale dangereuse : les plus ardents avaient parlé à des hommes en place, qui, ne pouvant voir la représentation de la pièce, devaient les en croire. L'illustre Molière, la gloire de la France, s'était trouvé autrefois à peu près dans le même cas, lorsqu'on joua le Tartuffe; il eut recours directement à Louis le grand, dont il était connu et aimé. L'autorité de ce monarque dissipa bientôt les interprétations sinistres qu'on donnait au Tartuffe. Mais les temps sont différents; la protection qu'on accorde à des arts tout nouveaux ne peut pas être toujours la même après que ces arts ont été cultivés. D'ailleurs tel artiste n'est pas à portée d'obtenir ce qu'un autre a eu aisément. Il eût fallu des mouvements, des discussions, un nouvel examen. L'auteur jugea plus à propos de retirer sa pièce lui-même après la troisième représentation, attendant que le temps adoucit quelques esprits prévenus; ce qui ne peut manquer d'arriver dans une nation aussi spirituelle et aussi éclairée que la française[1]. On mit dans les nouvelles publiques que la tragédie de Mahomet avait été défendue par le gouvernement : je puis assurer qu'il n'y a rien de plus faux. Non seulement il n'y a pas eu le moindre ordre donné à ce sujet, mais il s'en faut beaucoup que les premières têtes de l'état, qui virent la représentation, aient varié un moment sur la sagesse qui règne dans cet ouvrage.

Quelques personnes ayant transcrit à la hâte plusieurs scènes aux représentations, et ayant eu un ou deux rôles des acteurs, en ont fabriqué les éditions qu'on a faites clandestinement. Il est aisé de voir à quel point elles diffèrent du véritable ouvrage que je donne ici. Cette tragédie est précédée de plusieurs pièces intéressantes, dont une des plus curieuses, à mon gré, est la lettre que l'auteur écrivit à sa majesté le roi de Prusse, lorsqu'il repassa par la Hollande après être allé rendre ses respects à ce mo-

---

[1] Ce que l'éditeur semblait espérer en 1742 est arrivé en 1751. La pièce fut représentée alors avec un prodigieux concours. Les cabales et les persécutions cédèrent au cri public, d'autant plus qu'on commençait à sentir quelque honte d'avoir forcé à quitter sa patrie un homme qui travaillait pour elle.

AVIS DE L'ÉDITEUR.

narque. C'est dans de telles lettres, qui ne sont pas d'abord destinées à être publiques, qu'on voit les véritables sentiments des hommes. J'espère qu'elles feront aux vrais philosophes le même plaisir qu'elles m'ont fait.

A SA MAJESTÉ
LE ROI DE PRUSSE.

A Roterdam, ce 20 janvier 1742.

SIRE,

Je ressemble à présent aux pélerins de la Mecque, qui tournent les yeux vers cette ville après l'avoir quittée : je tourne les miens vers votre cour. Mon cœur, pénétré des bontés de votre majesté, ne connaît que la douleur de ne pouvoir vivre auprès d'elle. Je prends la liberté de lui envoyer une nouvelle copie de cette tragédie de Mahomet, dont elle a bien voulu, il y a déja long-temps, voir les premières esquisses. C'est un tribut que je paye à l'amateur des arts, au juge éclairé, surtout au philosophe, beaucoup plus qu'au souverain.

Votre majesté sait quel esprit m'animait en composant cet ouvrage : l'amour du genre humain et l'horreur du fanatisme, deux vertus qui sont faites pour être toujours auprès de votre trône, ont conduit ma plume. J'ai toujours pensé que la tragédie ne doit pas être un simple spectacle qui touche le cœur sans le corriger. Qu'importent au genre humain les passions et les malheurs d'un héros de l'antiquité, s'ils ne servent pas à nous instruire? On avoue que la comédie du Tartuffe, ce chef-d'œuvre qu'aucune nation n'a égalé, a fait beaucoup de bien aux hommes, en montrant l'hypocrisie dans toute sa laideur : ne peut-on pas essayer d'attaquer dans une tragédie cette espèce d'imposture qui met en œuvre à la fois l'hypocrisie des uns et la fureur des autres? ne peut-on pas remonter jusqu'à ces anciens scélérats, fondateurs illustres de la superstition et du fanatisme, qui les premiers ont pris le couteau sur l'autel pour faire des victimes de ceux qui refusaient d'être leurs disciples?

Ceux qui diront que les temps de ces crimes sont passés, qu'on ne verra plus de Barcochebas, de Mahomet, de Jean de Leyde, etc., que les flammes des guerres de religion sont éteintes, font, ce me semble, trop d'honneur à la nature humaine. Le même poison subsiste encore, quoique moins développé : cette peste, qui semble étouffée, reproduit de temps en temps des germes capables d'infecter la terre. N'a-t-on pas vu de nos jours les prophètes des Cévènes tuer au nom de Dieu ceux de leur secte qui n'étaient pas assez soumis?

L'action que j'ai peinte est atroce; et je ne sais si l'horreur a été plus loin sur aucun théâtre. C'est un jeune homme né avec de la vertu, qui, séduit par son fanatisme, assassine un vieillard qui l'aime; et qui, dans l'idée de servir Dieu, se rend coupable sans le savoir d'un parricide; c'est un imposteur qui ordonne ce meurtre, et qui promet à l'assassin un inceste pour récompense. J'avoue que c'est mettre l'horreur sur le théâtre; et votre majesté est bien persuadée qu'il ne faut pas que la tragédie consiste uniquement dans une déclaration d'amour, une jalousie et un mariage.

Nos historiens même nous apprennent des actions plus atroces que celle que j'ai inventée. Séide ne sait pas du moins que celui qu'il assassine est son père; et, quand il a porté le coup, il éprouve un repentir aussi grand que son crime. Mais Mézerai rapporte qu'à Melun un père tua son fils de sa main pour sa

religion, et n'en eut aucun repentir. On connaît l'aventure des deux frères Diaz, dont l'un était à Rome, et l'autre en Allemagne, dans les commencements des troubles excités par Luther. Barthélemi Diaz, apprenant à Rome que son frère donnait dans les opinions de Luther à Francfort, part de Rome dans le dessein de l'assassiner, arrive, et l'assassine. J'ai lu dans Herrera, auteur espagnol, que ce « Barthélemi Diaz risquait beau-
« coup par cette action; mais que rien n'é-
« branle un homme d'honneur quand la pro-
« bité le conduit. » Herrera, dans une religion toute sainte et tout ennemie de la cruauté, dans une religion qui enseigne à souffrir, et non à se venger, était donc persuadé que la probité peut conduire à l'assassinat et au parricide : et on ne s'élèvera pas de tous côtés contre ces maximes infernales!

Ce sont ces maximes qui mirent le poignard à la main du monstre qui priva la France de Henri le grand : voilà ce qui plaça le portrait de Jacques Clément sur l'autel, et son nom parmi les bienheureux; c'est ce qui coûta la vie à Guillaume, prince d'Orange, fondateur de la liberté et de la grandeur des Hollandais. D'abord Salcède le blessa au front d'un coup de pistolet; et Strada raconte que : « Salcède (ce sont ses « propres mots) n'osa entreprendre cette ac- « tion qu'après avoir purifié son ame par la « confession aux pieds d'un dominicain, et « l'avoir fortifiée par le pain céleste. » Herrera dit quelque chose de plus insensé et de plus atroce : « Estando firme con el exemplo « de nuestro salvador Jesu-Christo y de sus « Santos. » Balthazar Gérard, qui ôta enfin la vie à ce grand homme, en usa de même que Salcède.

Je remarque que tous ceux qui ont commis de bonne foi de pareils crimes étaient des jeunes gens comme Séide. Balthazar Gérard avait environ vingt ans. Quatre Espagnols, qui avaient fait avec lui serment de tuer le prince, étaient du même âge. Le monstre qui tua Henri III n'avait que vingt-quatre ans. Poltrot, qui assassina le grand duc de Guise, en avait vingt-cinq. C'est le temps de la séduction et de la fureur. J'ai été presque témoin en Angleterre de ce que peut sur une imagination jeune et faible la force du fanatisme. Un enfant de seize ans, nommé

Shepherd, se chargea d'assassiner le roi George Iᵉʳ, votre aïeul maternel. Quelle était la cause qui le portait à cette frénésie? c'était uniquement que Shepherd n'était pas de la même religion que le roi. On eut pitié de sa jeunesse, on lui offrit sa grâce, on le sollicita long-temps au repentir : il persista toujours à dire qu'il valait mieux obéir à Dieu qu'aux hommes, et que, s'il était libre, le premier usage qu'il ferait de sa liberté serait de tuer son prince. Ainsi on fut obligé de l'envoyer au supplice comme un monstre qu'on désespérait d'apprivoiser.

J'ose dire que quiconque a un peu vécu avec les hommes a pu voir quelquefois combien aisément on est prêt à sacrifier la nature à la superstition. Que de pères ont détesté et déshérité leurs enfants! que de frères ont poursuivi leurs frères par ce funeste principe! J'en ai vu des exemples dans plus d'une famille.

Si la superstition ne se signale pas toujours par ces excès qui sont comptés dans l'histoire des crimes, elle fait dans la société tous les petits maux innombrables et journaliers qu'elle peut faire. Elle désunit les amis, elle divise les parents; elle persécute le sage qui n'est qu'un homme de bien, par la main du fou qui est enthousiaste; elle ne donne pas toujours de la ciguë à Socrate, mais elle bannit Descartes d'une ville qui devait être l'asile de la liberté; elle donne à Jurieu, qui faisait le prophète, assez de crédit pour réduire à la pauvreté le savant et philosophe Bayle. Elle bannit, elle arrache à une florissante jeunesse qui court à ses leçons le successeur du grand Leibnitz; et il faut pour le rétablir que le ciel fasse naître un roi philosophe, vrai miracle qu'il fait bien rarement. En vain la raison humaine se perfectionne par la philosophie qui fait tant de progrès en Europe; en vain, vous surtout, grand prince, vous efforcez-vous de pratiquer et d'inspirer cette philosophie si humaine; on voit dans ce même siècle, où la raison élève son trône d'un côté, le plus absurde fanatisme dresser encore ses autels de l'autre.

On pourra me reprocher que, donnant trop à mon zèle, je fais commettre dans cette pièce un crime à Mahomet, dont en effet il ne fut point coupable.

AU ROI DE PRUSSE.

M. le comte de Boulainvilliers écrivit, il y a quelques années, la vie de ce prophète. Il essaya de le faire passer pour un grand homme que la providence avait choisi pour punir les chrétiens, et pour changer la face d'une partie du monde. M. Sale, qui nous a donné une excellente version de l'alcoran en anglais, veut faire regarder Mahomet comme un Numa et comme un Thésée. J'avoue qu'il faudrait le respecter, si, né prince légitime, ou appelé au gouvernement par le suffrage des siens, il avait donné des lois paisibles, comme Numa, ou défendu ses compatriotes, comme on le dit de Thésée. Mais qu'un marchand de chameaux excite une sédition dans sa bourgade; qu'associé à quelques malheureux coracites, il leur persuade qu'il s'entretient avec l'ange Gabriel; qu'il se vante d'avoir été ravi au ciel, et d'y avoir reçu une partie de ce livre inintelligible qui fait frémir le sens commun à chaque page; que, pour faire respecter ce livre, il porte dans sa patrie le fer et la flamme; qu'il égorge les pères; qu'il ravisse les filles; qu'il donne aux vaincus le choix de sa religion ou de la mort, c'est assurément ce que nul homme ne peut excuser, à moins qu'il ne soit né Turc, et que la superstition n'étouffe en lui toute lumière naturelle.

Je sais que Mahomet n'a pas tramé précisément l'espèce de trahison qui fait le sujet de cette tragédie. L'histoire dit seulement qu'il enleva la femme de Séide, l'un de ses disciples, et qu'il persécuta Abusofian, que je nomme Zopire; mais quiconque fait la guerre à son pays, et ose la faire au nom de Dieu, n'est-il pas capable de tout? Je n'ai pas prétendu mettre seulement une action vraie sur la scène, mais des mœurs vraies; faire penser les hommes comme ils pensent dans les circonstances où ils se trouvent, et représenter enfin ce que la fourberie peut inventer de plus atroce, et ce que le fanatisme peut exécuter de plus horrible. Mahomet n'est ici autre chose que Tartuffe les armes à la main.

Je me croirai bien récompensé de mon travail si quelqu'une de ces ames faibles, toujours prêtes à recevoir les impressions d'une fureur étrangère, qui n'est pas au fond de leur cœur, peut s'affermir contre ces funestes séductions par la lecture de cet ouvrage; si, après avoir eu en horreur la malheureuse obéissance de Séide, elle se dit à elle-même : Pourquoi obéirais-je en aveugle à des aveugles qui me crient : Haïssez, persécutez, perdez celui qui est assez téméraire pour n'être pas de notre avis sur des choses même indifférentes que nous n'entendons pas ? Que ne puis-je servir à déraciner de tels sentiments chez les hommes ! L'esprit d'indulgence ferait des frères ; celui d'intolérance peut former des monstres.

C'est ainsi que pense votre majesté. Ce serait pour moi la plus grande des consolations de vivre auprès de ce roi philosophe. Mon attachement est égal à mes regrets ; et si d'autres devoirs m'entraînent, ils n'effaceront jamais de mon cœur les sentiments que je dois à ce prince qui pense et qui parle en homme, qui fuit cette fausse gravité sous laquelle se cachent toujours la petitesse et l'ignorance, qui se communique avec liberté parce qu'il ne craint point d'être pénétré, qui veut toujours s'instruire, et qui peut instruire les plus éclairés.

Je serai toute ma vie avec le plus profond respect et la plus vive reconnaissance, etc.

LETTRE DE VOLTAIRE
AU PAPE BENOIT XIV.

B^(mo) PADRE,

La santità vostra perdonerà l'ardire che prende uno de' più infimi fedeli, ma uno de maggiori ammiratori della virtù, di sottomettere al capo della vera religione questa opera contro il fondatore d'una falsa e barbara setta.

A chi potrei più convenevolmente dedicare la satira della crudeltà e degli errori d'un falso profeta, che al vicario ed imitatore d'un Dio di verità e di mansuetudine?

Vostra santità mi conceda dunque di poter mettere a i sui piedi il libretto e l'autore, e di domandare umilmente la sua protezzione per l'uno, e le sue benedizioni per l'altro. In tanto profundissimamente m'inchino, e le baccio i sacri piedi.

Parigi, 17 agosto 1745.

LETTRE A BENOIT XIV.
TRADUCTION.

Très saint père,

Votre sainteté voudra bien pardonner la liberté que prend un des plus humbles, mais l'un des plus grands admirateurs de la vertu, de consacrer au chef de la véritable religion un écrit contre le fondateur d'une religion fausse et barbare.

A qui pourrais-je plus convenablement adresser la satire de la cruauté et des erreurs d'un faux prophète, qu'au vicaire et à l'imitateur d'un Dieu de paix et de vérité!

Que votre sainteté daigne permettre que je mette à ses pieds et le livre et l'auteur. J'ose lui demander sa protection pour l'un, et sa bénédiction pour l'autre. C'est avec ces sentiments d'une profonde vénération que je me prosterne et que je baise vos pieds sacrés.

Paris, 17 auguste 1745.

RÉPONSE DE BENOIT XIV
A VOLTAIRE.

Benedictus P.P. XIV, dilecto filio, salutem et apostolicam benedictionem.

Settimane sono ci fu presentato da sua parte la sua bellissima tragedia di Mahomet, la quale leggemmo con sommo piacere. Poi ci presentò il cardinale Passionei in di lei nome il suo eccellente poema di Fontenoi.... Monsignor Leprotti ci diede poscia il distico fatto da lei sotto il nostro ritratto; ieri mattina il cardinale Valenti ci presentò la di lei lettera del 17 agosto. In questa serie d'azzioni si contengono molti capi, per ciascheduno de' quali ci riconosciamo in obbligo di ringraziarla. Noi gli uniamo tutti assieme, e rendiamo a lei le dovute grazie per così singolare bontà verso di noi, assicurandola che abbiamo tutta la dovuta stima del suo tanto applaudito merito.

Publicato in Roma il di lei distico sopradetto, ci fu riferito esservi stato un suo paesano letterato che in una publica conversazione aveva detto peccare in una sillaba, avendo fatta la parola *hic* breve, quando sempre deve esser longa.

Rispondemmo che sbagliava, potendo essere la parola e breve e longa, conforme vuole il poeta, avendola Virgilio fatta breve in quel verso;

Solus hic inflexit sensus, animumque labantem...

Avendola fatta longa in un altro :

Hic finis Priami fatorum, hic exitus illum...

Ci sembra d'aver risposto ben espresso, ancor che siano più di cinquanta anni che non abbiamo letto Virgilio. Benche la causa sia propria della sua persona, abbiamo tanta buona idea della sua sincerità e probità che facciamo la stessa giudice sopra il punto della ragione a chi assista, se a noi o al suo oppositore, ed in tanto restiamo col dare a lei l'apostolica benedizione.

Datum Romæ, apud sanctam Mariam-majorem, die 19 septembris 1745, pontificatûs nostri anno sexto.

TRADUCTION.

BENOÎT XIV, PAPE, A SON CHER FILS, SALUT ET BÉNÉDICTION APOSTOLIQUE.

Il y a quelques semaines qu'on me présenta de votre part votre admirable tragédie de Mahomet, que j'ai lue avec un très grand plaisir. Le cardinal Passionei me donna ensuite en votre nom le beau poëme de Fontenoi. M. Leprotti m'a communiqué votre distique pour mon portrait; et le cardinal Valenti me remit hier votre lettre du 17 d'auguste. Chacune de ces marques de bonté mériterait un remerciment particulier; mais vous voudrez bien que j'unisse ces différentes attentions pour vous en rendre des actions de grâces générales. Vous ne devez pas douter de l'estime singulière que m'inspire un mérite aussi reconnu que le vôtre.

Dès que votre distique [1] fut publié à Rome, on nous dit qu'un homme de lettres français, se trouvant dans une société où l'on en parlait, avait repris dans le premier vers une faute de quantité. Il prétendait que le mot *hic*, que vous employez comme bref, doit être toujours long.

Nous répondîmes qu'il étoit dans l'erreur, que cette syllabe était indifféremment brève ou longue dans les poëtes, Virgile ayant fait ce mot bref dans ce vers :

Solus hic inflexit sensus, animumque labantem....

Et long dans cet autre ;

Hic finis Priami fatorum, hic exitus illum....

C'était peut-être assez bien répondre pour un homme qui n'a pas lu Virgile depuis cinquante ans. Quoique vous soyez partie intéressée dans ce différent, nous avons une si haute idée de votre franchise et de votre droiture, que nous n'hésitons pas de vous faire juge entre votre critique et nous. Il ne nous reste plus qu'à vous donner notre bénédiction apostolique.

Donné à Rome, à Sainte-Marie-majeure, le 19 septembre 1745, la sixième année de notre pontificat.

---

[1] Voici ce distique,
Lambertinus hic est, Romæ decus, et pater orbis,
Qui mundum scriptis docuit, virtutibus ornat.

LETTRE DE REMERCIMENT
DE VOLTAIRE AU PAPE.

Non vengono tanto meglio figurate le fatezze di vostra beatitudine su i medaglioni che ho ricevuti dalla sua singolare benignità, di quello che si vedono espressi l'ingegno e l'animo suo nella lettera della quale s'è degnata d'onorarmi; ne pongo a i suoi piedi le più vive ed umilissime grazie.

Veramente sono in obbligo di riconoscere la sua infallibilità nelle decisioni di letteratura, siccome nelle altre cose più riverende: V. S. è più prattica del latino che quel francese, il di cui sbaglio s'è degnata di correggere: mi maraviglio come si ricordi così appuntino del suo Virgilio. Tra i più letterati monarchi furono sempre segnalati i sommi pontifici; ma tra loro, credo che non se ne trovasse mai uno che ardonasse tanta dottrina di tanti fregi di bella letteratura.

Agnosco rerum dominos, gentemque togatam.

Se il Francese che sbagliò nel riprendere questo *hic*, avesse tenuto a mente Virgilio come fa vostra beatitudine, avrebbe potuto citare un bene adatto verso dove *hic* è breve e longo insieme. Questo bel verso mi pareva un presagio dei favori a me conferiti dalla sua beneficenza. Eccolo :

Hic vir, hic est, tibi quem promitti sæpius audis.

Così Roma doveva gridare quando Benedetto XIV fu esaltato. In tanto baccio con somma riverenza e gratitudine i suoi sacri piedi, etc.

TRADUCTION.

Les traits de votre sainteté ne sont pas mieux exprimés dans les médailles dont elle m'a gratifié par une bonté toute particulière, que ceux de son esprit et de son caractère dans la lettre dont elle a daigné m'honorer. Je mets à ses pieds mes très humbles et mes très vives actions de grâces.

Je suis forcé de reconnaître son infaillibilité dans les décisions littéraires comme dans les autres choses plus respectables. Votre sainteté a plus d'usage de la langue latine que le censeur français dont elle a daigné relever la méprise. J'admire comment elle s'est rappelée si à propos de son Virgile. Parmi les monarques amateurs des lettres, les souverains pontifes se sont toujours signalés ; mais aucun n'a paré comme V. S. la plus profonde érudition des plus riches ornements de la belle littérature.

Agnosco rerum dominos, gentemque togatam.

LETTRE A BENOIT XIV.

Si le Français qui a repris avec si peu de justesse la syllabe *hic* avait eu son Virgile aussi présent à la mémoire, il aurait pu citer fort à propos un vers où ce mot est à la fois bref et long ; ce beau vers me semblait contenir le présage des faveurs dont votre bonté généreuse m'a comblé. Le voici :

Hic vir, hic est, tibi quem promitti sæpius audis.

Rome a dû retentir de ce vers à l'exaltation de Benoît XIV. C'est avec les sentiments de la plus profonde vénération et de la plus vive gratitude que je baise vos pieds sacrés.

PERSONNAGES.

MAHOMET.
ZOPIRE, skeik ou shérif de la Mecque.
OMAR, lieutenant de Mahomet.
SÉIDE,   } esclaves de Mahomet.
PALMIRE,   }
PHANOR, sénateur de la Mecque.
TROUPE DE MECQUOIS.
TROUPE DE MUSULMANS.

La scène est à la Mecque.

LE FANATISME,
TRAGÉDIE.

ACTE PREMIER.

SCÈNE I.
ZOPIRE, PHANOR.

ZOPIRE.

Qui ? moi, baisser les yeux devant ces faux prodiges ?
Moi, de ce fanatique encenser les prestiges !
L'honorer dans la Mecque après l'avoir banni !
Non. Que des justes dieux Zopire soit puni,
Si tu vois cette main, jusqu'ici libre et pure,
Caresser la révolte et flatter l'imposture !

PHANOR.

Nous chérissons en vous ce zèle paternel
Du chef auguste et saint du sénat d'Ismaël ;
Mais ce zèle est funeste ; et tant de résistance,
Sans lasser Mahomet, irrite sa vengeance.
Contre ses attentats vous pouviez autrefois
Lever impunément le fer sacré des lois,
Et des embrasements d'une guerre immortelle
Étouffer sous vos pieds la première étincelle.
Mahomet citoyen ne parut à vos yeux,
Qu'un novateur obscur, un vil séditieux :
Aujourd'hui c'est un prince ; il triomphe, il domine ;
Imposteur à la Mecque, et prophète à Médine,

LE FANATISME.

Il sait faire adorer à trente nations
Tous ces mêmes forfaits qu'ici nous détestons.
Que dis-je? en ces murs même une troupe égarée,
Des poisons de l'erreur avec zèle enivrée,
De ses miracles faux soutient l'illusion,
Répand le fanatisme et la sédition,
Appelle son armée, et croit qu'un dieu terrible,
L'inspire, le conduit, et le rend invincible.
Tous nos vrais citoyens avec vous sont unis;
Mais les meilleurs conseils sont-ils toujours suivis?
L'amour des nouveautés, le faux zèle, la crainte,
De la Mecque alarmée ont désolé l'enceinte;
Et ce peuple, en tout temps chargé de vos bienfaits
Crie encore à son père, et demande la paix.

ZOPIRE.

La paix avec ce traître! Ah! peuple sans courage,
N'en attendez jamais qu'un horrible esclavage ·
Allez, portez en pompe, et servez à genoux,
L'idole dont le poids va vous écraser tous.
Moi, je garde à ce fourbe une haine éternelle;
De mon cœur ulcéré la plaie est trop cruelle :
Lui-même a contre moi trop de ressentiments.
Le cruel fit périr ma femme et mes enfants :
Et moi, jusqu'en son camp j'ai porté le carnage;
La mort de son fils même honora mon courage.
Les flambeaux de la haine entre nous allumés
Jamais des mains du temps ne seront consumés.

PHANOR.

Ne les éteignez point, mais cachez-en la flamme;
Immolez au public les douleurs de votre ame.
Quand vous verrez ces lieux par ses mains ravagés,
Vos malheureux enfants seront-ils mieux vengés?

Vous avez tout perdu, fils, frère, épouse, fille;
Ne perdez point l'état : c'est là votre famille.
######ZOPIRE.
On ne perd les états que par timidité.
######PHANOR.
On périt quelquefois par trop de fermeté.
######ZOPIRE.
Périssons, s'il le faut.
######PHANOR.
Ah! quel triste courage,
Quand vous touchez au port, vous expose au naufrage?
Le ciel, vous le voyez, a remis en vos mains
De quoi fléchir encor ce tyran des humains.
Cette jeune Palmire en ses camps élevée,
Dans vos derniers combats par vous-même enlevée,
Semble un ange de paix descendu parmi nous,
Qui peut de Mahomet apaiser le courroux.
Déja par ses hérauts il l'a redemandée.
######ZOPIRE.
Tu veux qu'à ce barbare elle soit accordée?
Tu veux que d'un si cher et si noble trésor
Ses criminelles mains s'enrichissent encor?
Quoi! lorsqu'il nous apporte et la fraude et la guerre,
Lorsque son bras enchaîne et ravage la terre,
Les plus tendres appas brigueront sa faveur,
Et la beauté sera le prix de sa fureur!
Ce n'est pas qu'à mon âge, aux bornes de ma vie,
Je porte à Mahomet une honteuse envie;
Ce cœur triste et flétri que les ans ont glacé
Ne peut sentir les feux d'un désir insensé.
Mais soit qu'en tous les temps un objet né pour plaire
Arrache de nos vœux l'hommage involontaire;

Voltaire. Théâtre. 2.

Soit que, privé d'enfants, je cherche à dissiper
Cette nuit de douleurs qui vient m'envelopper;
Je ne sais quel penchant pour cette infortunée
Remplit le vide affreux de mon ame étonnée.
Soit faiblesse ou raison, je ne puis sans horreur
La voir aux mains d'un monstre artisan de l'erreur.
Je voudrais qu'à mes vœux heureusement docile,
Elle-même en secret pût chérir cet asile;
Je voudrais que son cœur, sensible à mes bienfaits,
Détestât Mahomet autant que je le hais.
Elle veut me parler sous ces sacrés portiques,
Non loin de cet autel de nos dieux domestiques;
Elle vient, et son front, siège de la candeur,
Annonce en rougissant les vertus de son cœur.

SCÈNE II.
ZOPIRE, PALMIRE.

ZOPIRE.

JEUNE et charmant objet dont le sort de la guerre,
Propice à ma vieillesse, honora cette terre,
Vous n'êtes point tombée en de barbares mains;
Tout respecte avec moi vos malheureux destins,
Votre âge, vos beautés, votre aimable innocence.
Parlez; et s'il me reste encor quelque puissance,
De vos justes désirs si je remplis les vœux,
Ces derniers de mes jours seront des jours heureux.

PALMIRE.

Seigneur, depuis deux mois sous vos lois prisonnière,
Je dus à mes destins pardonner ma misère;
Vos généreuses mains s'empressent d'effacer
Les larmes que le ciel me condamne à verser.

Par vous, par vos bienfaits, à parler enhardie,
C'est de vous que j'attends le bonheur de ma vie.
Aux vœux de Mahomet j'ose ajouter les miens :
Il vous a demandé de briser mes liens ;
Puissiez-vous l'écouter ! et puissé-je lui dire
Qu'après le ciel et lui je dois tout à Zopire !

ZOPIRE.

Ainsi de Mahomet vous regrettez les fers,
Ce tumulte des camps, ces horreurs des déserts,
Cette patrie errante, au trouble abandonnée ?

PALMIRE.

La patrie est aux lieux où l'ame est enchaînée.
Mahomet a formé mes premiers sentiments,
Et ses femmes en paix guidaient mes faibles ans ;
Leur demeure est un temple où ces femmes sacrées
Lèvent au ciel des mains de leur maître adorées.
Le jour de mon malheur, hélas ! fut le seul jour
Où le sort des combats a troublé leur séjour :
Seigneur, ayez pitié d'une ame déchirée,
Toujours présente aux lieux dont je suis séparée.

ZOPIRE.

J'entends : vous espérez partager quelque jour
De ce maître orgueilleux et la main et l'amour.

PALMIRE.

Seigneur, je le révère, et mon ame tremblante
Croit voir dans Mahomet un dieu qui m'épouvante.
Non, d'un si grand hymen mon cœur n'est point flatté ;
Tant d'éclat convient mal à tant d'obscurité.

ZOPIRE.

Ah ! qui que vous soyez, il n'est point né peut-être
Pour être votre époux, encor moins votre maître.

Et vous semblez d'un sang fait pour donner des lois
A l'Arabe insolent qui marche égal aux rois.

PALMIRE.

Nous ne connaissons point l'orgueil de la naissance;
Sans parents, sans patrie, esclaves dès l'enfance,
Dans notre égalité nous chérissons nos fers;
Tout nous est étranger, hors le dieu que je sers.

ZOPIRE.

Tout vous est étranger! cet état peut-il plaire?
Quoi! vous servez un maître, et n'avez point de père?
Dans mon triste palais, seul et privé d'enfants,
J'aurais pu voir en vous l'appui de mes vieux ans;
Le soin de vous former des destins plus propices
Eût adouci des miens les longues injustices.
Mais non, vous abhorrez ma patrie et ma loi.

PALMIRE.

Comment puis-je être à vous? je ne suis point à moi.
Vous aurez mes regrets, votre bonté m'est chère;
Mais enfin Mahomet m'a tenu lieu de père.

ZOPIRE.

Quel père! justes dieux! lui? ce monstre imposteur!

PALMIRE.

Ah! quels noms inouis lui donnez-vous, seigneur!
Lui, dans qui tant d'états adorent leur prophète!
Lui, l'envoyé du ciel, et son seul interprète!

ZOPIRE.

Etrange aveuglement des malheureux mortels!
Tout m'abandonne ici, pour dresser des autels
A ce coupable heureux qu'épargna ma justice,
Et qui courut au trône, échappé du supplice.

PALMIRE.

Vous me faites frémir, seigneur; et, de mes jours,

Je n'avais entendu ces horribles discours.
Mon penchant, je l'avoue, et ma reconnaissance
Vous donnaient sur mon cœur une juste puissance ;
Vos blasphèmes affreux contre mon protecteur
A ce penchant si doux font succéder l'horreur.

ZOPIRE.

O superstition ! tes rigueurs inflexibles
Privent d'humanité les cœurs les plus sensibles.
Que je vous plains, Palmire ; et que sur vos erreurs
Ma pitié malgré moi me fait verser de pleurs !

PALMIRE.

Et vous me refusez !

ZOPIRE.

Oui. Je ne puis vous rendre
Au tyran qui trompa ce cœur flexible et tendre ;
Oui, je crois voir en vous un bien trop précieux,
Qui me rend Mahomet encor plus odieux.

SCÈNE III.

ZOPIRE, PALMIRE, PHANOR.

ZOPIRE.

Que voulez-vous, Phanor ?

PHANOR.

Aux portes de la ville
D'où l'on voit de Moad la campagne fertile,
Omar est arrivé.

ZOPIRE.

Qui ? ce farouche Omar,
Que l'erreur aujourd'hui conduit après son char,
Qui combattit long-temps le tyran qu'il adore,
Qui vengea son pays ?

PHANOR.
Peut-être il l'aime encore.
Moins terrible à nos yeux, cet insolent guerrier,
Portant entre ses mains le glaive et l'olivier,
De la paix à nos chefs a présenté le gage.
On lui parle, il demande, il reçoit un otage.
Séide est avec lui.

PALMIRE.
Grand dieu ! destin plus doux !
Quoi ! Séide ?

PHANOR.
Omar vient, il s'avance vers vous.

ZOPIRE.
Il le faut écouter. Allez, jeune Palmire.

(*Palmire sort.*)

Omar devant mes yeux ! qu'osera-t-il me dire ?
O dieux de mon pays, qui depuis trois mille ans
Protégiez d'Ismaël les généreux enfants !
Soleil, sacrés flambeaux, qui dans votre carrière,
Images de ces dieux, nous prêtez leur lumière,
Voyez et soutenez la juste fermeté
Que j'opposai toujours contre l'iniquité !

SCÈNE IV.

ZOPIRE, OMAR, PHANOR, SUITE.

ZOPIRE.
Eh bien ! après six ans tu revois ta patrie,
Que ton bras défendit, que ton cœur a trahie.
Ces murs sont encor pleins de tes premiers exploits.
Déserteur de nos dieux, déserteur de nos lois,
Persécuteur nouveau de cette cité sainte,

ACTE I, SCÈNE IV.

D'où vient que ton audace en profane l'enceinte ?
Ministre d'un brigand qu'on dut exterminer,
Parle ; que me veux-tu ?

OMAR.

Je veux te pardonner.
Le prophète d'un dieu, par pitié pour ton âge,
Pour tes malheurs passés, surtout pour ton courage,
Te présente une main qui pourrait t'écraser ;
Et j'apporte la paix qu'il daigne proposer.

ZOPIRE.

Un vil séditieux prétend avec audace
Nous accorder la paix, et non demander grâce !
Souffrirez-vous, grands dieux ! qu'au gré de ses forfaits
Mahomet nous ravisse ou nous rende la paix ?
Et vous, qui vous chargez des volontés d'un traître,
Ne rougissez-vous point de servir un tel maître ?
Ne l'avez-vous pas vu, sans honneur et sans biens,
Ramper au dernier rang des derniers citoyens ?
Qu'alors il était loin de tant de renommée !

OMAR.

A tes viles grandeurs ton ame accoutumée
Juge ainsi du mérite, et pèse les humains
Au poids que la fortune avait mis dans tes mains.
Ne sais-tu pas encore, homme faible et superbe,
Que l'insecte insensible enseveli sous l'herbe,
Et l'aigle impérieux qui plane au haut du ciel,
Rentrent dans le néant aux yeux de l'Éternel ?
Les mortels sont égaux ; ce n'est point la naissance,
C'est la seule vertu qui fait leur différence.
Il est de ces esprits favorisés des cieux,
Qui sont tout par eux-même, et rien par leurs aïeux.
Tel est l'homme, en un mot, que j'ai choisi pour maître.

LE FANATISME.

Lui seul dans l'univers a mérité de l'être;
Tout mortel à sa loi doit un jour obéir,
Et j'ai donné l'exemple aux siècles à venir.

ZOPIRE.

Je te connais, Omar : en vain ta politique
Vient m'étaler ici ce tableau fanatique;
En vain tu peux ailleurs éblouir les esprits;
Ce que ton peuple adore excite mes mepris.
Bannis toute imposture, et d'un coup-d'œil plus sage
Regarde ce prophète à qui tu rends hommage;
Vois l'homme en Mahomet; conçois par quel degré
Tu fais monter aux cieux ton fantôme adoré.
Enthousiaste ou fourbe, il faut cesser de l'etre;
Sers-toi de ta raison, juge avec moi ton maître :
Tu verras de chameaux un grossier conducteur,
Chez sa première épouse insolent imposteur,
Qui, sous le vain appât d'un songe ridicule,
Des plus vils des humains tente la foi crédule;
Comme un séditieux à mes pieds amené,
Par quarante vieillards à l'exil condamné :
Trop léger châtiment qui l'enhardit au crime.
De caverne en caverne il fuit avec Fatime.
Ses disciples errant de cités en déserts,
Proscrits, persécutés, bannis, chargés de fers,
Promènent leur fureur, qu'ils appellent divine;
De leurs venins bientôt ils infectent Médine.
Toi-même alors, toi-même, écoutant la raison,
Tu voulus dans sa source arrêter le poison.
Je te vis plus heureux, et plus juste, et plus brave,
Attaquer le tyran dont je te vois l'esclave.
S'il est un vrai prophète, osas-tu le punir?
S'il est un imposteur, oses-tu le servir?

ACTE I, SCÈNE IV.

OMAR.

Je voulus le punir quand mon peu de lumière
Méconnut ce grand homme entré dans la carrière;
Mais enfin, quand j'ai vu que Mahomet est né
Pour changer l'univers à ses pieds consterné;
Quand mes yeux éclairés du feu de son génie
Le virent s'élever dans sa course infinie;
Éloquent, intrépide, admirable en tout lieu,
Agir, parler, punir, ou pardonner en dieu :
J'associai ma vie à ses travaux immenses :
Des trônes, des autels en sont les récompenses.
Je fus, je te l'avoue, aveugle comme toi ;
Ouvre les yeux, Zopire, et change ainsi que moi;
Et, sans plus me vanter les fureurs de ton zèle,
Ta persécution si vaine et si cruelle,
Nos frères gémissants, notre dieu blasphémé,
Tombe aux pieds d'un héros par toi-même opprimé.
Viens baiser cette main qui porte le tonnerre.
Tu me vois après lui le premier de la terre;
Le poste qui te reste est encore assez beau
Pour fléchir noblement sous ce maître nouveau.
Vois ce que nous étions, et vois ce que nous sommes.
Le peuple, aveugle et faible, est né pour les grands hommes
Pour admirer, pour croire, et pour nous obéir.
Viens régner avec nous, si tu crains de servir;
Partage nos grandeurs au lieu de t'y soustraire;
Et, las de l'imiter, fais trembler le vulgaire.

ZOPIRE.

Ce n'est qu'à Mahomet, à ses pareils, à toi,
Que je prétends, Omar, inspirer quelque effroi.
Tu veux que du sénat le shérif infidèle
Encense un imposteur, et couronne un rebelle!

Je ne te nierai point que ce fier séducteur
N'ait beaucoup de prudence et beaucoup de valeur :
Je connais comme toi les talents de ton maître ;
S'il était vertueux, c'est un héros peut-être :
Mais ce héros, Omar, est un traître, un cruel,
Et de tous les tyrans c'est le plus criminel.
Cesse de m'annoncer sa trompeuse clémence ;
Le grand art qu'il possède est l'art de la vengeance.
Dans le cours de la guerre un funeste destin
Le priva de son fils que fit périr ma main.
Mon bras perça le fils, ma voix bannit le père ;
Ma haine est inflexible, ainsi que sa colère ;
Pour rentrer dans la Mecque, il doit m'exterminer,
Et le juste aux méchants ne doit point pardonner.

OMAR.

Eh bien ! pour te montrer que Mahomet pardonne
Pour te faire embrasser l'exemple qu'il te donne,
Partage avec lui-même, et donne à tes tribus
Les dépouilles des rois que nous avons vaincus.
Mets un prix à la paix, mets un prix à Palmire ;
Nos trésors sont à toi.

ZOPIRE.

   Tu penses me séduire,
Me vendre ici ma honte, et marchander la paix
Par ses trésors honteux, le prix de ses forfaits ?
Tu veux que sous ses lois Palmire se remette ?
Elle a trop de vertus pour être sa sujette ;
Et je veux l'arracher aux tyrans imposteurs,
Qui renversent les lois et corrompent les mœurs

OMAR.

Tu me parles toujours comme un juge implacable,
Qui sur son tribunal intimide un coupable.

ACTE I, SCÈNE IV.

Pense et parle en ministre, agis, traite avec moi
Comme avec l'envoyé d'un grand homme et d'un roi.

ZOPIRE.

Qui l'a fait roi ? qui l'a couronné ?

OMAR.

      La victoire.
Ménage sa puissance, et respecte sa gloire.
Aux noms de conquérant et de triomphateur,
Il veut joindre le nom de pacificateur.
Son armée est encore aux bords du Saïbare ;
Des murs où je suis né le siège se prépare ;
Sauvons, si tu m'en crois, le sang qui va couler :
Mahomet veut ici te voir et te parler.

ZOPIRE.

Lui ? Mahomet ?

OMAR.

    Lui-même ; il t'en conjure.

ZOPIRE.

          Traître !
Si de ces lieux sacrés j'étais l'unique maître,
C'est en te punissant que j'aurais répondu.

OMAR.

Zopire, j'ai pitié de ta fausse vertu.
Mais puisqu'un vil sénat insolemment partage
De ton gouvernement le fragile avantage,
Puisqu'il règne avec toi, je cours m'y présenter.

ZOPIRE.

Je t'y suis ; nous verrons qui l'on doit écouter.
Je défendrai mes lois, mes dieux, et ma patrie.
Viens-y contre ma voix prêter ta voix impie
Au dieu persécuteur, effroi du genre humain,
Qu'un fourbe ose annoncer les armes à la main.

(à Phanor.)
Toi, viens m'aider, Phanor, à repousser un traître;
Le souffrir parmi nous, et l'épargner, c'est l'être.
Renversons ses desseins, confondons son orgueil :
Préparons son supplice, ou creusons mon cercueil.
Je vais, si le sénat m'écoute et me seconde,
Délivrer d'un tyran ma patrie et le monde.

ACTE SECOND.

SCÈNE I.
SÉIDE, PALMIRE.

PALMIRE.

Dans ma prison cruelle est-ce un dieu qui te guide ?
Mes maux sont-ils finis ? te revois-je, Séide ?

SÉIDE.

O charme de ma vie et de tous mes malheurs !
Palmire, unique objet qui m'a coûté des pleurs.
Depuis ce jour de sang qu'un ennemi barbare,
Près des camps du prophète, aux bords du Saibar
Vint arracher sa proie à mes bras tout sanglants ;
Qu'étendu loin de toi sur des corps expirants,
Mes cris mal entendus sur cette infâme rive,
Invoquèrent la mort sourde à ma voix plaintive,
O ma chère Palmire, en quel gouffre d'horreur
Tes périls et ma perte ont abîmé mon cœur !
Que mes feux, que ma crainte et mon impatience
Accusaient la lenteur des jours de la vengeance !
Que je hâtais l'assaut si long-temps différé,
Cette heure de carnage, où, de sang enivré,
Je devais de mes mains brûler la ville impie
Où Palmire a pleuré sa liberté ravie !
Enfin de Mahomet les sublimes desseins,
Que n'ose approfondir l'humble esprit des humains,
Ont fait entrer Omar en ce lieu d'esclavage ;
Je l'apprends, et j'y vole. On demande un otage ;

LE FANATISME.

J'entre, je me présente; on accepte ma foi;
Et je me rends captif, ou je meurs avec toi.

PALMIRE.

Séide, au moment même, avant que ta présence
Vînt de mon désespoir calmer la violence,
Je me jetais aux pieds de mon fier ravisseur.
Vous voyez, ai-je dit, les secrets de mon cœur :
Ma vie est dans les camps dont vous m'avez tirée;
Rendez-moi le seul bien dont je suis séparée.
Mes pleurs, en lui parlant, ont arrosé ses pieds,
Ses refus ont saisi mes esprits effrayés.
J'ai senti dans mes yeux la lumière obscurcie :
Mon cœur sans mouvement, sans chaleur, et sans vie,
D'aucune ombre d'espoir n'était plus secouru;
Tout finissait pour moi, quand Séide a paru.

SÉIDE.

Quel est donc ce mortel insensible à tes larmes ?

PALMIRE.

C'est Zopire : il semblait touché de mes alarmes :
Mais le cruel enfin vient de me déclarer
Que des lieux où je suis rien ne peut me tirer.

SÉIDE.

Le barbare se trompe : et Mahomet mon maître,
Et l'invincible Omar, et ton amant peut-être,
(Car j'ose me nommer après ces noms fameux,
Pardonne à ton amant cet espoir orgueilleux :)
Nous briserons ta chaîne, et tarirons tes larmes.
Le dieu de Mahomet, protecteur de nos armes,
Le dieu dont j'ai porté les sacrés étendards,
Le dieu qui de Médine a détruit les remparts,
Renversera la Mecque à nos pieds abattue
Omar est dans la ville, et le peuple à sa vue

ACTE II, SCÈNE I.

N'a point fait éclater ce trouble et cette horreur
Qu'inspire aux ennemis un ennemi vainqueur;
Au nom de Mahomet un grand dessein l'amène.

PALMIRE.

Mahomet nous chérit; il briserait ma chaîne;
Il unirait nos cœurs; nos cœurs lui sont offerts :
Mais il est loin de nous, et nous sommes aux fers.

SCÈNE II.

PALMIRE, SÉIDE, OMAR.

OMAR.

Vos fers seront brisés, soyez pleins d'espérance;
Le ciel vous favorise, et Mahomet s'avance.

SÉIDE.

Lui ?

PALMIRE.

Notre auguste père!

OMAR.

     Au conseil assemblé
L'esprit de Mahomet par ma bouche a parlé.
« Ce favori du dieu qui préside aux batailles,
« Ce grand homme, ai-je dit, est né dans vos murailles.
« Il s'est rendu des rois le maître et le soutien,
« Et vous lui refusez le rang de citoyen !
« Vient-il vous enchaîner, vous perdre, vous détruire :
« Il vient vous protéger, mais surtout vous instruire :
« Il vient dans vos cœurs même établir son pouvoir. »
Plus d'un juge à ma voix a paru s'émouvoir;
Les esprits s'ébranlaient : l'inflexible Zopire,
Qui craint de la raison l'inévitable empire,

Veut convoquer le peuple et s'en faire un appui.
On l'assemble; j'y cours, et j'arrive avec lui :
Je parle aux citoyens, j'intimide, j'exhorte;
J'obtiens qu'à Mahomet on ouvre enfin la porte.
Après quinze ans d'exil, il revoit ses foyers;
Il entre accompagné des plus braves guerriers,
D'Ali, d'Ammon, d'Hercide, et de sa noble élite;
Il entre, et sur ses pas chacun se précipite.
Chacun porte un regard, comme un cœur différent :
L'un croit voir un héros, l'autre voir un tyran.
Celui-ci le blasphème et le menace encore;
Cet autre est à ses pieds, les embrasse, et l'adore.
Nous faisons retentir à ce peuple agité
Les noms sacrés de dieu, de paix, de liberté.
De Zopire éperdu la cabale impuissante
Vomit en vain les feux de sa rage expirante.
Au milieu de leurs cris, le front calme et serein,
Mahomet marche en maître et l'olive à la main :
La trêve est publiée, et le voici lui-même.

SCÈNE III.

MAHOMET, OMAR, ALI, HERCIDE, SÉIDE, PALMIRE, suite.

MAHOMET.

Invincibles soutiens de mon pouvoir suprême,
Noble et sublime Ali, Morad, Hercide, Ammon,
Retournez vers ce peuple, instruisez-le en mon nom;
Promettez, menacez; que la vérité règne;
Qu'on adore mon dieu, mais surtout qu'on le craigne.
Vous, Séide, en ces lieux!

ACTE II, SCÈNE III.

SÉIDE.

    O mon père, ô mon roi !
Le dieu qui vous inspire a marché devant moi.
Prêt à mourir pour vous, prêt à tout entreprendre,
J'ai prévenu votre ordre.

MAHOMET.

    Il eût fallu l'attendre.
Qui fait plus qu'il ne doit ne sait point me servir.
J'obéis à mon dieu ; vous, sachez m'obéir.

PALMIRE.

Ah ! seigneur, pardonnez à son impatience.
Élevés près de vous dans notre tendre enfance :
Les mêmes sentiments nous animent tous deux :
Hélas ! mes tristes jours sont assez malheureux !
Loin de vous, loin de lui, j'ai langui prisonnière ;
Mes yeux de pleurs noyés s'ouvraient à la lumière :
Empoisonneriez-vous l'instant de mon bonheur ?

MAHOMET.

Palmire, c'est assez ; je lis dans votre cœur :
Que rien ne vous alarme et rien ne vous étonne.
Allez ; malgré les soins de l'autel et du trône,
Mes yeux sur vos destins seront toujours ouverts ;
Je veillerai sur vous comme sur l'univers.

   (à Séide.)

Vous, suivez mes guerriers ; et vous, jeune Palmire,
En servant votre dieu ne craignez que Zopire.

SCÈNE IV.

MAHOMET, OMAR.

MAHOMET.

Toi, reste, brave Omar : il est temps que mon cœur
De ses derniers replis t'ouvre la profondeur.
D'un siège encor douteux la lenteur ordinaire
Peut retarder ma course et borner ma carrière :
Ne donnons point le temps aux mortels détrompés
De rassurer leurs yeux de tant d'éclat frappés.
Les préjugés, ami, sont les rois du vulgaire.
Tu connais quel oracle et quel bruit populaire
Ont promis l'univers à l'envoyé d'un dieu,
Qui, reçu dans la Mecque, et vainqueur en tout lieu,
Entrerait dans ces murs en écartant la guerre;
Je viens mettre à profit les erreurs de la terre.
Mais tandis que les miens, par de nouveaux efforts,
De ce peuple inconstant font mouvoir les ressorts,
De quel œil revois-tu Palmire avec Séide?

OMAR.

Parmi tous ces enfants enlevés par Hercide,
Qui, formés sous ton joug et nourris dans ta loi,
N'ont de dieu que le tien, n'ont de père que toi,
Aucun ne te servit avec moins de scrupule,
N'eut un cœur plus docile, un esprit plus crédule;
De tous tes musulmans ce sont les plus soumis.

MAHOMET.

Cher Omar, je n'ai point de plus grands ennemis.
Ils s'aiment, c'est assez.

OMAR.

Blâmes-tu leurs tendresses?

ACTE II, SCÈNE IV.

MAHOMET.

Ah! connais mes fureurs et toutes mes faiblesses

OMAR.

Comment?

MAHOMET.

Tu sais assez quel sentiment vainqueur
Parmi mes passions règne au fond de mon cœur.
Chargé du soin du monde, environné d'alarmes,
Je porte l'encensoir, et le sceptre, et les armes:
Ma vie est au combat, et ma frugalité
Asservit la nature à mon austérité.
J'ai banni loin de moi cette liqueur traîtresse,
Qui nourrit des humains la brutale mollesse:
Dans des sables brûlants, sur des rochers déserts,
Je supporte avec toi l'inclémence des airs.
L'amour seul me console; il est ma récompense.
L'objet de mes travaux, l'idole que j'encense,
Le dieu de Mahomet; et cette passion
Est égale aux fureurs de mon ambition.
Je préfère en secret Palmire à mes épouses.
Conçois-tu bien l'excès de mes fureurs jalouses,
Quand Palmire à mes pieds, par un aveu fatal,
Insulte à Mahomet et lui donne un rival?

OMAR.

Et tu n'es pas vengé?

MAHOMET.

Juge si je dois l'être.
Pour le mieux détester, apprends à le connaître.
De mes deux ennemis apprends tous les forfaits:
Tous deux sont nés ici du tyran que je hais.

OMAR.

Quoi! Zopire....

LE FANATISME.

MAHOMET.

Est leur père : Hercide en ma puissance
Remit depuis quinze ans leur malheureuse enfance.
J'ai nourri dans mon sein ces serpents dangereux ;
Déja sans se connaître ils m'outragent tous deux.
J'attisai de mes mains leurs feux illégitimes.
Le ciel voulut ici rassembler tous les crimes.
Je veux.... Leur père vient ; ses yeux lancent vers nous
Les regards de la haine, et les traits du courroux.
Observe tout, Omar, et qu'avec son escorte
Le vigilant Hercide assiège cette porte.
Reviens me rendre compte, et voir s'il faut hâter
Ou retenir les coups que je dois lui porter.

SCÈNE V.

ZOPIRE, MAHOMET.

ZOPIRE.

Ah ! quel fardeau cruel à ma douleur profonde !
Moi, recevoir ici cet ennemi du monde !

MAHOMET.

Approche, et puisqu'enfin le ciel veut nous unir,
Vois Mahomet sans crainte, et parle sans rougir.

ZOPIRE.

Je rougis pour toi seul, pour toi dont l'artifice
A traîné ta patrie au bord du précipice :
Pour toi de qui la main sème ici les forfaits,
Et fait naître la guerre au milieu de la paix.
Ton nom seul parmi nous divise les familles,
Les époux, les parents, les mères, et les filles ;
Et la trève pour toi n'est qu'un moyen nouveau
Pour venir dans nos cœurs enfoncer le couteau.

ACTE II, SCÈNE V.

La discorde civile est partout sur ta trace.
Assemblage inouï de mensonge et d'audace,
Tyran de ton pays, est-ce ainsi qu'en ce lieu
Tu viens donner la paix et m'annoncer un dieu?

MAHOMET.

Si j'avais à répondre à d'autres qu'à Zopire,
Je ne ferais parler que le dieu qui m'inspire;
Le glaive et l'alcoran, dans mes sanglantes mains,
Imposeraient silence au reste des humains;
Ma voix ferait sur eux les effets du tonnerre,
Et je verrais leurs fronts attachés à la terre:
Mais je te parle en homme, et sans rien déguiser;
Je me sens assez grand pour ne pas t'abuser.
Vois quel est Mahomet: nous sommes seuls; écoute:
Je suis ambitieux; tout homme l'est, sans doute;
Mais jamais roi, pontife, ou chef, ou citoyen
Ne conçut un projet aussi grand que le mien.
Chaque peuple à son tour a brillé sur la terre
Par les lois, par les arts, et surtout par la guerre;
Le temps de l'Arabie est à la fin venu.
Ce peuple généreux, trop long-temps inconnu,
Laissait dans ses déserts ensevelir sa gloire;
Voici les jours nouveaux marqués pour la victoire.
Vois du nord au midi l'univers désolé,
La Perse encor sanglante, et son trône ébranlé,
L'Inde esclave et timide, et l'Égypte abaissée,
Des murs de Constantin la splendeur éclipsée;
Vois l'empire romain tombant de toutes parts,
Ce grand corps déchiré, dont les membres épars
Languissent dispersés sans honneur et sans vie:
Sur ces débris du monde élevons l'Arabie.

Il faut un nouveau culte, il faut de nouveaux fers;
Il faut un nouveau dieu pour l'aveugle univers.
 En Égypte Osiris, Zoroastre en Asie,
Chez les Crétois Minos, Numa dans l'Italie,
A des peuples sans mœurs, et sans culte, et sans rois,
Donnèrent aisément d'insuffisantes lois.
Je viens après mille ans changer ces lois grossières.
J'apporte un joug plus noble aux nations entières.
J'abolis les faux dieux; et mon culte épuré,
De ma grandeur naissante est le premier degré.
Ne me reproche point de tromper ma patrie;
Je détruis sa faiblesse et son idolâtrie :
Sous un roi, sous un dieu, je viens la réunir,
Et, pour la rendre illustre, il la faut asservir.

ZOPIRE.

Voilà donc tes desseins! c'est donc toi dont l'audace
De la terre à ton gré prétend changer la face!
Tu veux, en apportant le carnage et l'effroi,
Commander aux humains de penser comme toi :
Tu ravages le monde, et tu prétends l'instruire.
Ah! si par des erreurs il s'est laissé séduire,
Si la nuit du mensonge a pu nous égarer,
Par quels flambeaux affreux veux-tu nous éclairer?
Quel droit as-tu reçu d'enseigner, de prédire,
De porter l'encensoir, et d'affecter l'empire?

MAHOMET.

Le droit qu'un esprit vaste, et ferme en ses desseins,
A sur l'esprit grossier des vulgaires humains.

ZOPIRE.

Et quoi! tout factieux, qui pense avec courage,
Doit donner aux mortels un nouvel esclavage?
Il a droit de tromper, s'il trompe avec grandeur?

ACTE II, SCÈNE V.

MAHOMET.

Oui; je connais ton peuple, il a besoin d'erreur;
Ou véritable ou faux, mon culte est nécessaire.
Que t'ont produit tes dieux? quel bien t'ont-ils pu faire?
Quels lauriers vois-tu croître au pied de leurs autels?
Ta secte obscure et basse avilit les mortels,
Énerve le courage, et rend l'homme stupide;
La mienne élève l'ame et la rend intrépide.
Ma loi fait des héros.

ZOPIRE.

    Dis plutôt des brigands.
Porte ailleurs tes leçons, l'école des tyrans;
Va vanter l'imposture à Médine où tu règnes,
Où tes maîtres séduits marchent sous tes enseignes,
Où tu vois tes égaux à tes pieds abattus.

MAHOMET.

Des égaux! dès long-temps Mahomet n'en a plus.
Je fais trembler la Mecque, et je règne à Médine;
Crois-moi, reçois la paix, si tu crains ta ruine.

ZOPIRE.

La paix est dans ta bouche, et ton cœur en est loin:
Penses-tu me tromper?

MAHOMET.

    Je n'en ai pas besoin.
C'est le faible qui trompe, et le puissant commande.
Demain j'ordonnerai ce que je te demande;
Demain je puis te voir à mon joug asservi:
Aujourd'hui Mahomet veut être ton ami.

ZOPIRE.

Nous amis! nous, cruel! ah, quel nouveau prestige!
Connais-tu quelque dieu qui fasse un tel prodige?

MAHOMET.

J'en connais un puissant, et toujours écouté,
Qui te parle avec moi.

ZOPIRE.

Qui?

MAHOMET.

La nécessité,
Ton intérêt.

ZOPIRE.

Avant qu'un tel nœud nous rassemble,
Les enfers et les cieux seront unis ensemble.
L'intérêt est ton dieu, le mien est l'équité;
Entre ces ennemis il n'est point de traité.
Quel serait le ciment, réponds-moi, si tu l'oses,
De l'horrible amitié qu'ici tu me proposes?
Réponds; est-ce ton fils que mon bras te ravit?
Est-ce le sang des miens que ta main répandit?

MAHOMET.

Oui, ce sont tes fils même. Oui, connais un mystère
Dont seul dans l'univers je suis dépositaire:
Tu pleures tes enfants, ils respirent tous deux.

ZOPIRE.

Ils vivraient! qu'as-tu dit? ô ciel! ô jour heureux!
Ils vivraient! c'est de toi qu'il faut que je l'apprenne!

MAHOMET.

Élevés dans mon camp, tous deux sont dans ma chaîne.

ZOPIRE.

Mes enfants dans tes fers! ils pourraient te servir!

MAHOMET.

Mes bienfaisantes mains ont daigné les nourrir.

ZOPIRE.

Quoi! tu n'as point sur eux étendu ta colère?

ACTE II, SCÈNE V.

MAHOMET.

Je ne les punis point des fautes de leur père.

ZOPIRE.

Achève, éclaircis-moi, parle, quel est leur sort ?

MAHOMET.

Je tiens entre mes mains et leur vie et leur mort ;
Tu n'as qu'à dire un mot, et je t'en fais l'arbitre.

ZOPIRE.

Moi, je puis les sauver ! à quel prix ? à quel titre ?
Faut-il donner mon sang ? faut-il porter leurs fers ?

MAHOMET.

Non, mais il faut m'aider à tromper l'univers ;
Il faut rendre la Mecque, abandonner ton temple,
De la crédulité donner à tous l'exemple,
Annoncer l'Alcoran aux peuples effrayés,
Me servir en prophète, et tomber à mes pieds :
Je te rendrai ton fils, et je serai ton gendre.

ZOPIRE.

Mahomet, je suis père, et je porte un cœur tendre.
Après quinze ans d'ennuis, retrouver mes enfants,
Les revoir, et mourir dans leurs embrassements,
C'est le premier des biens pour mon ame attendrie :
Mais s'il faut à ton culte asservir ma patrie,
Ou de ma propre main les immoler tous deux,
Connais-moi, Mahomet, mon choix n'est pas douteux.
Adieu.

MAHOMET.

Fier citoyen, vieillard inexorable,
Je serai plus que toi cruel, impitoyable.

LE FANATISME.

SCÈNE VI.

MAHOMET, OMAR.

OMAR.

Mahomet, il faut l'être ou nous sommes perdus :
Les secrets des tyrans me sont déja vendus.
Demain la trève expire, et demain l'on t'arrête ;
Demain Zopire est maître, et fait tomber ta tête
La moitié du sénat vient de te condamner ;
N'osant pas te combattre, on t'ose assassiner.
Ce meurtre d'un héros, ils le nomment supplice ;
Et ce complot obscur, ils l'appellent justice.

MAHOMET.

Ils sentiront la mienne ; ils verront ma fureur.
La persécution fit toujours ma grandeur :
Zopire périra.

OMAR.

Cette tête funeste,
En tombant à tes pieds, fera fléchir le reste
Mais ne perds point de temps.

MAHOMET.

Mais, malgré mon courroux,
Je dois cacher la main qui va lancer les coups,
Et détourner de moi les soupçons du vulgaire.

OMAR.

Il est trop méprisable.

MAHOMET.

Il faut pourtant lui plaire ;
Et j'ai besoin d'un bras qui, par ma voix conduit,
Soit seul chargé du meurtre, et m'en laisse le fruit.

ACTE II, SCÈNE VI.

OMAR.

Pour un tel attentat je réponds de Séide.

MAHOMET.

De lui ?

OMAR.

C'est l'instrument d'un pareil homicide.
Otage de Zopire, il peut seul aujourd'hui
L'aborder en secret, et te venger de lui.
Tes autres favoris, zélés avec prudence,
Pour s'exposer à tout ont trop d'expérience ;
Ils sont tous dans cet âge où la maturité
Fait tomber le bandeau de la crédulité :
Il faut un cœur plus simple, aveugle avec courage,
Un esprit amoureux de son propre esclavage :
La jeunesse est le temps de ces illusions.
Séide est tout en proie aux superstitions ;
C'est un lion docile à la voix qui le guide.

MAHOMET.

Le frère de Palmire ?

OMAR.

Oui, lui-même, oui, Séide,
De ton fier ennemi le fils audacieux,
De son maître offensé rival incestueux.

MAHOMET.

Je déteste Séide, et son nom seul m'offense ;
La cendre de mon fils me crie encor vengeance :
Mais tu connais l'objet de mon fatal amour ;
Tu connais dans quel sang elle a puisé le jour.
Tu vois que dans ces lieux environnés d'abîmes
Je viens chercher un trône, un autel, des victimes ;
Qu'il faut d'un peuple fier enchanter les esprits ;
Qu'il faut perdre Zopire, et perdre encor son fils :

Allons, consultons bien mon intérêt, ma haine,
L'amour, l'indigne amour, qui malgré moi m'entraîne,
Et la religion, à qui tout est soumis,
Et la nécessité, par qui tout est permis.

FIN DU SECOND ACTE.

ACTE TROISIÈME.

SCÈNE I.

SÉIDE, PALMIRE.

PALMIRE.

Demeure. Quel est donc ce secret sacrifice ?
Quel sang a demandé l'éternelle justice ?
Ne m'abandonne pas.

SÉIDE.

Dieu daigne m'appeler :
Mon bras doit le servir ; mon cœur va lui parler.
Omar veut à l'instant, par un serment terrible,
M'attacher de plus près à ce maître invincible.
Je vais jurer à dieu de mourir pour sa loi,
Et mes seconds serments ne seront que pour toi.

PALMIRE.

D'où vient qu'à ce serment je ne suis point présente ?
Si je t'accompagnais, j'aurais moins d'épouvante.
Omar, ce même Omar, loin de me consoler,
Parle de trahison, de sang prêt à couler,
Des fureurs du sénat, des complots de Zopire.
Les feux sont allumés, bientôt la trève expire ;
Le fer cruel est prêt, on s'arme, on va frapper :
Le prophète l'a dit, il ne peut nous tromper.
Je crains tout de Zopire, et je crains pour Séide

SÉIDE.

Croirai-je que Zopire ait un cœur si perfide !

Ce matin, comme otage à ses yeux présenté,
J'admirais sa noblesse et son humanité;
Je sentais qu'en secret une force inconnue
Enlevait jusqu'à lui mon ame prévenue :
Soit respect pour son nom, soit qu'un dehors heureux
Me cachât de son cœur les replis dangereux,
Soit que, dans ces moments où je t'ai rencontrée,
Mon ame tout entière à son bonheur livrée,
Oubliant ses douleurs, et chassant tout effroi,
Ne connût, n'entendit, ne vît plus rien que toi;
Je me trouvais heureux d'être auprès de Zopire.
Je le hais d'autant plus qu'il m'avait su séduire :
Mais, malgré le courroux dont je dois m'animer,
Qu'il est dur de haïr ceux qu'on voulait aimer !

PALMIRE.

Ah ! que le ciel en tout a joint nos destinées !
Qu'il a pris soin d'unir nos ames enchaînées !
Hélas ! sans mon amour, sans ce tendre lien,
Sans cet instinct charmant qui joint mon cœur au tien,
Sans la religion que Mahomet m'inspire,
J'aurais eu des remords en accusant Zopire.

SEIDE.

Laissons ces vains remords, et nous abandonnons
A la voix de ce dieu qu'à l'envi nous servons.
Je sors. Il faut prêter ce serment redoutable;
Le dieu qui m'entendra nous sera favorable;
Et le pontife roi, qui veille sur nos jours,
Bénira de ses mains de si chastes amours.
Adieu. Pour être à toi, je vais tout entreprendre.

SCÈNE II.

PALMIRE.

D'un noir pressentiment je ne puis me défendre.
Cet amour dont l'idée avait fait mon bonheur,
Ce jour tant souhaité n'est qu'un jour de terreur.
Quel est donc ce serment qu'on attend de Séide?
Tout m'est suspect ici; Zopire m'intimide.
J'invoque Mahomet; et cependant mon cœur
Éprouve à son nom même une secrète horreur.
Dans les profonds respects que ce héros m'inspire,
Je sens que je le crains presque autant que Zopire.
Délivre-moi, grand dieu! de ce trouble où je suis;
Craintive je te sers, aveugle je te suis:
Hélas! daigne essuyer les pleurs où je me noie!

SCÈNE III.

MAHOMET, PALMIRE.

PALMIRE.

C'est vous qu'à mon secours un dieu propice envoie,
Seigneur. Séide....

MAHOMET.

Eh bien! d'où vous vient cet effroi?
Et que craint-on pour lui, quand on est près de moi?

PALMIRE.

O ciel! vous redoublez la douleur qui m'agite.
Quel prodige inouï! votre ame est interdite;
Mahomet est troublé pour la première fois.

MAHOMET.

Je devrais l'être au moins du trouble où je vous vois.

LE FANATISME.

Est-ce ainsi qu'à mes yeux votre simple innocence
Ose avouer un feu qui peut-être m'offense ?
Votre cœur a-t-il pu, sans être épouvanté,
Avoir un sentiment que je n'ai pas dicté ?
Ce cœur que j'ai formé n'est-il plus qu'un rebelle,
Ingrat à mes bienfaits, à mes lois infidèle ?

PALMIRE.

Que dites-vous ? surprise et tremblante à vos pieds,
Je baisse en frémissant mes regards effrayés.
Et quoi ! n'avez-vous pas daigné, dans ce lieu même,
Vous rendre à nos souhaits, et consentir qu'il m'aime ?
Ces nœuds, ces chastes nœuds, que dieu formait en nous,
Sont un lien de plus qui nous attache à vous.

MAHOMET.

Redoutez des liens formés par l'imprudence.
Le crime quelquefois suit de près l'innocence.
Le cœur peut se tromper ; l'amour et ses douceurs
Pourront coûter, Palmire, et du sang et des pleurs.

PALMIRE.

N'en doutez pas, mon sang coulerait pour Séide.

MAHOMET

Vous l'aimez à ce point ?

PALMIRE.

                Depuis le jour qu'Hercide
Nous soumit l'un et l'autre à votre joug sacré,
Cet instinct tout-puissant, de nous-même ignoré,
Devançant la raison, croissant avec notre âge,
Du ciel, qui conduit tout, fut le secret ouvrage.
Nos penchants, dites-vous, ne viennent que de lui ;
Dieu ne saurait changer ; pourrait-il aujourd'hui
Réprouver un amour que lui-même il fit naître ?

ACTE III, SCÈNE III.

Ce qui fut innocent peut-il cesser de l'être ?
Pourrais-je être coupable ?

MAHOMET.

Oui. Vous devez trembler ;
Attendez les secrets que je dois révéler ;
Attendez que ma voix veuille enfin vous apprendre
Ce qu'on peut approuver, ce qu'on doit se défendre.
Ne croyez que moi seul.

PALMIRE.

Et qui croire que vous ?
Esclave de vos lois, soumise, à vos genoux,
Mon cœur d'un saint respect ne perd point l'habitude

MAHOMET.

Trop de respect souvent mène à l'ingratitude.

PALMIRE.

Non, si de vos bienfaits je perds le souvenir,
Que Séide à vos yeux s'empresse à m'en punir !

MAHOMET.

Séide !

PALMIRE.

Ah ! quel courroux arme votre œil sévère ?

MAHOMET.

Allez, rassurez-vous, je n'ai point de colère.
C'est éprouver assez vos sentiments secrets ;
Reposez-vous sur moi de vos vrais intérêts :
Je suis digne du moins de votre confiance.
Vos destins dépendront de votre obéissance.
Si j'eus soin de vos jours, si vous m'appartenez,
Méritez des bienfaits qui vous sont destinés.
Quoi que la voix du ciel ordonne de Séide,
Affermissez ses pas où son devoir le guide :
Qu'il garde ses serments ; qu'il soit digne de vous.

LE FANATISME.

PALMIRE.

N'en doutez point, mon père, il les remplira tous :
Je réponds de son cœur ainsi que de moi-même.
Séide vous adore encòr plus qu'il ne m'aime ;
Il voit en vous son roi, son père, son appui :
J'en atteste à vos pieds l'amour que j'ai pour lui.
Je cours à vous servir encourager son ame.

SCÈNE IV.

MAHOMET.

Quoi ! je suis malgré moi confident de sa flamme !
Quoi ! sa naïveté, confondant ma fureur,
Enfonce innocemment le poignard dans mon cœur ?
Père, enfants, destinés au malheur de ma vie,
Race toujours funeste, et toujours ennemie,
Vous allez éprouver, dans cet horrible jour,
Ce que peut à la fois ma haine et mon amour.

SCÈNE V.

MAHOMET, OMAR.

OMAR.

Enfin voici le temps et de ravir Palmire,
Et d'envahir la Mecque, et de punir Zopire :
Sa mort seule à tes pieds mettra nos citoyens ;
Tout est désespéré, si tu ne le préviens.
Le seul Séide ici te peut servir, sans doute ;
Il voit souvent Zopire, il lui parle, il l'écoute
Tu vois cette retraite, et cet obscur détour
Qui peut de ton palais conduire à son séjour ;
Là, cette nuit, Zopire à ses dieux fantastiques
Offre un encens frivole et des vœux chimériques.

ACTE III, SCÈNE V.

Là, Séide, enivré du zèle de ta loi,
Va l'immoler au dieu qui lui parle par toi.

MAHOMET.

Qu'il l'immole, il le faut; il est né pour le crime :
Qu'il en soit l'instrument, qu'il en soit la victime.
Ma vengeance, mes feux, ma loi, ma sûreté,
L'irrévocable arrêt de la fatalité,
Tout le veut. Mais crois-tu que son jeune courage,
Nourri du fanatisme, en ait toute la rage?

OMAR.

Lui seul était formé pour remplir ton dessein.
Palmire à te servir excite encor sa main.
L'amour, le fanatisme, aveuglent sa jeunesse;
Il sera furieux par excès de faiblesse.

MAHOMET.

Par les nœuds des serments as-tu lié son cœur?

OMAR.

Du plus saint appareil la ténébreuse horreur,
Les autels, les serments, tout enchaîne Séide.
J'ai mis un fer sacré dans sa main parricide,
Et la religion le remplit de fureur.
Il vient.

SCÈNE VI.

MAHOMET, OMAR, SÉIDE.

MAHOMET.

Enfant d'un dieu qui parle a votre cœur,
Ecoutez par ma voix sa volonté suprême;
Il faut venger son culte, il faut venger dieu même.

SÉIDE

Roi, pontife et prophète, à qui je suis voué,
Maître des nations par le ciel avoué,

Vous avez sur mon être une entière puissance :
Eclairez seulement ma docile ignorance.
Un mortel venger dieu !

MAHOMET.

C'est par vos faibles mains
Qu'il veut épouvanter les profanes humains.

SÉIDE.

Ah ! sans doute, ce dieu dont vous êtes l'image,
Va d'un combat illustre honorer mon courage.

MAHOMET.

Faites ce qu'il ordonne ; il n'est point d'autre honneur.
De ses décrets divins aveugle exécuteur,
Adorez et frappez ; vos mains seront armées
Par l'ange de la mort et le dieu des armées.

SÉIDE.

Parlez : quels ennemis vous faut-il immoler ?
Quel tyran faut-il perdre ? et quel sang doit couler ?

MAHOMET.

Le sang du meurtrier que Mahomet abhorre,
Qui nous persécuta, qui nous poursuit encore,
Qui combattit mon dieu, qui massacra mon fils ;
Le sang du plus cruel de tous nos ennemis :
De Zopire.

SÉIDE.

De lui ! quoi ! mon bras....

MAHOMET.

Téméraire,
On devient sacrilège alors qu'on délibère.
Loin de moi les mortels assez audacieux
Pour juger par eux-même et pour voir par leurs yeux.
Quiconque ose penser n'est pas né pour me croire.
Obéir en silence est votre seule gloire.

ACTE III, SCÈNE VI.

Savez-vous qui je suis? Savez-vous en quels lieux
Ma voix vous a chargé des volontés des cieux?
Si, malgré ses erreurs et son idolâtrie,
Des peuples d'Orient la Mecque est la patrie;
Si ce temple du monde est promis à ma loi;
Si dieu m'en a créé le pontife et le roi;
Si la Mecque est sacrée, en savez-vous la cause?
Ibrahim y naquit, et sa cendre y repose:
Ibrahim, dont le bras docile à l'Eternel
Traîna son fils unique aux marches de l'autel,
Étouffant pour son dieu les cris de la nature.
Et quand ce dieu par vous veut venger son injure,
Quand je demande un sang à lui seul adressé,
Quand dieu vous a choisi, vous avez balancé!
Allez, vil idolâtre, et ne peut toujours l'être,
Indigne musulman, cherchez un autre maître.
Le prix était tout prêt; Palmire était à vous:
Mais vous bravez Palmire et le ciel en courroux.
Lâche et faible instrument des vengeances suprêmes,
Les traits que vous portez vont tomber sur vous-mêmes;
Fuyez, servez, rampez sous mes fiers ennemis.

SÉIDE.
Je crois entendre dieu; tu parles, j'obéis.

MAHOMET.
Obéissez, frappez : teint du sang d'un impie,
Méritez par sa mort une éternelle vie.
  (à Omar.)
Ne l'abandonne pas ; et non loin de ces lieux
Sur tous ses mouvements ouvre toujours les yeux.

SCÈNE VII.

SÉIDE.

Immoler un vieillard, de qui je suis l'otage,
Sans armes, sans défense, appesanti par l'âge !
N'importe ; une victime amenée à l'autel
Y tombe sans défense, et son sang plaît au ciel.
Enfin Dieu m'a choisi pour ce grand sacrifice :
J'en ai fait le serment ; il faut qu'il s'accomplisse.
Venez à mon secours, ô vous, de qui le bras
Aux tyrans de la terre a donné le trépas ;
Ajoutez vos fureurs à mon zèle intrépide ;
Affermissez ma main saintement homicide.
Ange de Mahomet, ange exterminateur,
Mets ta férocité dans le fond de mon cœur.
Ah ! que vois-je ?

SCÈNE VIII.

ZOPIRE, SÉIDE.

ZOPIRE.

A mes yeux tu te troubles, Séide !
Vois d'un œil plus content le dessein qui me guide ;
Otage infortuné, que le sort m'a remis,
Je te vois à regret parmi mes ennemis.
La trêve a suspendu le moment du carnage ;
Ce torrent retenu peut s'ouvrir un passage :
Je ne t'en dis pas plus ; mais mon cœur, malgré moi,
A frémi des dangers assemblés près de toi.
Cher Séide, en un mot, dans cette horreur publique,
Souffre que ma maison soit ton asile unique.

ACTE III, SCÈNE VIII.

Je réponds de tes jours; ils me sont précieux;
Ne me refuse pas.

SÉIDE.
O mon devoir! ô cieux!
Ah, Zopire! est-ce vous qui n'avez d'autre envie
Que de me protéger, de veiller sur ma vie?
Prêt à verser son sang, qu'ai-je ouï? qu'ai-je vu?
Pardonne, Mahomet, tout mon cœur s'est ému.

ZOPIRE.
De ma pitié pour toi tu t'étonnes peut-être;
Mais enfin je suis homme, et c'est assez de l'être
Pour aimer à donner des soins compatissants
A des cœurs malheureux que l'on croit innocents.
Exterminez, grands dieux, de la terre où nous sommes
Quiconque avec plaisir répand le sang des hommes!

SÉIDE.
Que ce langage est cher à mon cœur combattu!
L'ennemi de mon dieu connaît donc la vertu!

ZOPIRE.
Tu la connais bien peu, puisque tu t'en étonnes.
Mon fils, à quelle erreur, hélas! tu t'abandonnes!
Ton esprit, fasciné par les lois d'un tyran,
Pense que tout est crime hors d'être musulman.
Cruellement docile aux leçons de ton maître,
Tu m'avais en horreur avant de me connaître;
Avec un joug de fer, un affreux préjugé
Tient ton cœur innocent dans le piège engagé.
Je pardonne aux erreurs où Mahomet t'entraîne;
Mais peux-tu croire un dieu qui commande la haine?

SÉIDE.
Ah! je sens qu'à ce dieu je vais désobéir;
Non, seigneur, non, mon cœur ne saurait vous haïr.

ZOPIRE.

Hélas! plus je lui parle, et plus il m'intéresse.
Son âge, sa candeur, ont surpris ma tendresse.
Se peut-il qu'un soldat de ce monstre imposteur
Ait trouvé malgré lui le chemin de mon cœur?
Quel es-tu? de quel sang les dieux t'ont-ils fait naître?

SÉIDE.

Je n'ai point de parents, seigneur, je n'ai qu'un maître,
Que jusqu'à ce moment j'avais toujours servi,
Mais qu'en vous écoutant ma faiblesse a trahi.

ZOPIRE.

Quoi! tu ne connais point de qui tu tiens la vie?

SÉIDE.

Son camp fut mon berceau; son temple est ma patrie :
Je n'en connais point d'autre; et, parmi ces enfants
Qu'en tribut à mon maître on offre tous les ans,
Nul n'a plus que Séide éprouvé sa clémence.

ZOPIRE.

Je ne puis le blâmer de sa reconnaissance.
Oui, les bienfaits, Séide, ont des droits sur un cœur.
Ciel! pourquoi Mahomet fut-il son bienfaiteur?
Il t'a servi de père, aussi bien qu'à Palmire :
D'où vient que tu frémis, et que ton cœur soupire?
Tu détournes de moi ton regard égaré;
De quelque grand remords tu sembles déchiré.

SÉIDE.

Eh! qui n'en aurait pas dans ce jour effroyable!

ZOPIRE.

Si tes remords sont vrais, ton cœur n'est plus coupable.
Viens; le sang va couler; je veux sauver le tien.

ACTE III, SCÈNE VIII.

SÉIDE.

Juste ciel ! et c'est moi qui répandrais le sien !
O serments ! ô Palmire ! ô vous, dieu des vengeances !

ZOPIRE.

Remets-toi dans mes mains ; tremble, si tu balances ;
Pour la dernière fois, viens, ton sort en dépend.

SCÈNE IX.

ZOPIRE, SÉIDE, OMAR, SUITE.

OMAR, *entrant avec précipitation.*

TRAITRE, que faites-vous ? Mahomet vous attend.

SÉIDE.

Où suis-je ! ô ciel ! où suis-je ! et que dois-je résoudre ?
D'un et d'autre côté je vois tomber la foudre.
Où courir ? où porter un trouble si cruel ?
Où fuir ?

OMAR.

Aux pieds du roi qu'a choisi l'Eternel.

SÉIDE.

Oui, j'y cours abjurer un serment que j'abhorre.

SCÈNE X.

ZOPIRE.

Ah, Séide ! où vas-tu ? Mais il me fuit encore ;
Il sort désespéré, frappé d'un sombre effroi,
Et mon cœur qui le suit s'échappe loin de moi.
Ses remords, ma pitié, son aspect, son absence
A mes sens déchirés font trop de violence.
Suivons ses pas.

SCÈNE XI.

ZOPIRE, PHANOR

PHANOR.
Lisez ce billet important
Qu'un Arabe en secret m'a donné dans l'instant.

ZOPIRE.
Hercide! qu'ai-je lu? Grands dieux, votre clémence
Répare-t-elle enfin soixante ans de souffrance?
Hercide veut me voir! lui, dont le bras cruel
Arracha mes enfants à ce sein paternel!
Ils vivent! Mahomet les tient sous sa puissance,
Et Séide et Palmire ignorent leur naissance!
Mes enfants! tendre espoir que je n'ose écouter!
Je suis trop malheureux, je crains de me flatter.
Pressentiment confus, faut-il que je vous croie?
O mon sang! où porter mes larmes et ma joie?
Mon cœur ne peut suffire à tant de mouvements;
Je cours, et je suis prêt d'embrasser mes enfants.
Je m'arrête, j'hésite, et ma douleur craintive
Prête à la voix du sang une oreille attentive.
Allons. Voyons Hercide au milieu de la nuit;
Qu'il soit sous cette voûte en secret introduit,
Au pied de cet autel, où les pleurs de ton maître
Ont fatigué les dieux, qui s'apaisent peut-être.
Dieux! rendez-moi mes fils: dieux, rendez aux vertus
Deux cœurs nés généreux, qu'un traître a corrompus.
S'ils ne sont point à moi, si telle est ma misère,
Je les veux adopter, je veux être leur père.

FIN DU TROISIÈME ACTE.

ACTE QUATRIÈME.

SCÈNE I.

MAHOMET, OMAR.

OMAR.

Oui, de ce grand secret la trame est découverte;
Ta gloire est en danger, ta tombe est entr'ouverte.
Séide obéira : mais avant que son cœur,
Raffermi par ta voix, eût repris sa fureur,
Séide a révélé cet horrible mystère.
MAHOMET.
O ciel !
OMAR.
Hercide l'aime : il lui tient lieu de père.
MAHOMET.
Eh bien ! que pense Hercide ?
OMAR.
Il paraît effrayé ;
Il semble pour Zopire avoir quelque pitié.
MAHOMET.
Hercide est faible ; ami, le faible est bientôt traître.
Qu'il tremble, il est chargé du secret de son maître.
Je sais comme on écarte un témoin dangereux.
Suis-je en tout obéi ?
OMAR.
J'ai fait ce que tu veux.
MAHOMET.
Préparons donc le reste. Il faut que dans une heure
On nous traîne au supplice, ou que Zopire meure.

S'il meurt, c'en est assez ; tout ce peuple éperdu
Adorera mon dieu, qui m'aura défendu.
Voilà le premier pas ; mais sitôt que Séide
Aura rougi ses mains de ce grand homicide,
Réponds-tu qu'au trépas Séide soit livré ?
Réponds-tu du poison qui lui fut préparé ?

OMAR.

N'en doute point.

MAHOMET.

Il faut que nos mystères sombres
Soient cachés dans la mort, et couverts de ses ombres.
Mais tout prêt à frapper, prêt à percer le flanc
Dont Palmire a tiré la source de son sang,
Prends soin de redoubler son heureuse ignorance :
Épaississons la nuit qui voile sa naissance,
Pour son propre intérêt, pour moi, pour mon bonheur.
Mon triomphe en tout temps est fondé sur l'erreur.
Elle naquit en vain de ce sang que j'abhorre :
On n'a point de parents alors qu'on les ignore.
Les cris du sang, sa force et ses impressions,
Des cœurs toujours trompés sont les illusions.
La nature à mes yeux n'est rien que l'habitude ;
Celle de m'obéir fit son unique étude :
Je lui tiens lieu de tout. Qu'elle passe en mes bras
Sur la cendre des siens, qu'elle ne connaît pas.
Son cœur même en secret, ambitieux peut-être,
Sentira quelque orgueil à captiver son maître.
Mais déjà l'heure approche où Séide en ces lieux
Doit m'immoler son père à l'aspect de ses dieux
Retirons-nous.

OMAR.

Tu vois sa démarche égarée ;
De l'ardeur d'obéir son âme est dévorée.

SCÈNE II.

MAHOMET, OMAR, *sur le devant, mais retirés de côté;* SÉIDE, *dans le fond.*

SÉIDE.

Il le faut donc remplir ce terrible devoir!

MAHOMET.

Viens, et par d'autres coups assurons mon pouvoir.
(*il sort avec Omar.*)

SÉIDE, *seul.*

A tout ce qu'ils m'ont dit je n'ai rien à répondre.
Un mot de Mahomet suffit pour me confondre.
Mais quand il m'accablait de cette sainte horreur,
La persuasion n'a point rempli mon cœur.
Si le ciel a parlé, j'obéirai sans doute;
Mais quelle obéissance! ô ciel! et qu'il en coûte!

SCÈNE III.

SÉIDE, PALMIRE.

SÉIDE.

Palmire, que veux-tu? Quel funeste transport!
Qui t'amène en ces lieux consacrés à la mort?

PALMIRE.

Séide, la frayeur et l'amour sont mes guides;
Mes pleurs baignent tes mains saintement homicides.
Quel sacrifice horrible, hélas! faut-il offrir?
A Mahomet, à dieu, tu vas donc obéir?

SÉIDE.

O de mes sentiments souveraine adorée,
Parlez, déterminez ma fureur égarée;

Éclairez mon esprit, et conduisez mon bras ;
Tenez-moi lieu d'un dieu que je ne comprends pas.
Pourquoi m'a-t-il choisi ? ce terrible prophète
D'un ordre irrévocable est-il donc l'interprète ?

PALMIRE.

Tremblons d'examiner. Mahomet voit nos cœurs,
Il entend nos soupirs, il observe mes pleurs.
Chacun redoute en lui la divinité même ;
C'est tout ce que je sais ; le doute est un blasphème :
Et le dieu qu'il annonce avec tant de hauteur,
Séide, est le vrai dieu, puisqu'il le rend vainqueur.

SÉIDE.

Il l'est, puisque Palmire et le croit et l'adore.
Mais mon esprit confus ne conçoit point encore
Comment ce dieu si bon, ce père des humains,
Pour un meurtre effroyable a réservé mes mains.
Je ne le sais que trop, que mon doute est un crime,
Qu'un prêtre sans remords égorge sa victime,
Que par la voix du ciel Zopire est condamné,
Qu'à soutenir ma loi j'étais prédestiné.
Mahomet s'expliquait, il a fallu me taire ;
Et, tout fier de servir la céleste colère,
Sur l'ennemi de dieu je portais le trépas ;
Un autre dieu, peut-être, a retenu mon bras.
Du moins, lorsque j'ai vu ce malheureux Zopire,
De ma religion j'ai senti moins l'empire.
Vainement mon devoir au meurtre m'appelait ;
A mon cœur éperdu l'humanité parlait.
Mais avec quel courroux, avec quelle tendresse,
Mahomet de mes sens accuse la faiblesse !
Avec quelle grandeur, et quelle autorité,
Sa voix vient d'endurcir ma sensibilité !

ACTE IV, SCÈNE III.

Que la religion est terrible et puissante!
J'ai senti la fureur en mon cœur renaissante.
Palmire, je suis faible, et du meurtre effrayé;
De ces saintes fureurs je passe à la pitié;
De sentiments confus une foule m'assiège:
Je crains d'être barbare, ou d'être sacrilège.
Je ne me sens point fait pour être un assassin
Mais quoi! dieu me l'ordonne, et j'ai promis ma main;
J'en verse encor des pleurs de douleur et de rage.
Vous me voyez, Palmire, en proie à cet orage,
Nageant dans le reflux des contrariétés,
Qui pousse et qui retient mes faibles volontés.
C'est à vous de fixer mes fureurs incertaines:
Nos cœurs sont réunis par les plus fortes chaines:
Mais, sans ce sacrifice à mes mains imposé,
Le nœud qui nous unit est à jamais brisé
Ce n'est qu'à ce seul prix que j'obtiendrai Palmire.

PALMIRE.

Je suis le prix du sang du malheureux Zopire!

SÉIDE.

Le ciel et Mahomet ainsi l'ont arrêté.

PALMIRE.

L'amour est-il donc fait pour tant de cruauté?

SÉIDE.

Ce n'est qu'au meurtrier que Mahomet te donne.

PALMIRE.

Quelle effroyable dot!

SÉIDE.

    Mais si le ciel l'ordonne?
Si je sers et l'amour et la religion?

PALMIRE.

Hélas!

SÉIDE.
Vous connaissez la malédiction
Qui punit à jamais la désobéissance.
PALMIRE.
Si dieu même en tes mains a remis sa vengeance,
S'il exige le sang que ta bouche a promis...
SÉIDE.
Eh bien! pour être à toi que faut-il?
PALMIRE.
Je frémis.
SÉIDE.
Je t'entends, son arrêt est parti de ta bouche.
PALMIRE.
Qui, moi?
SÉIDE.
Tu l'as voulu.
PALMIRE.
Dieu! quel arrêt farouche!
Que t'ai-je dit?
SÉIDE.
Le ciel vient d'emprunter ta voix;
C'est son dernier oracle, et j'accomplis ses lois.
Voici l'heure où Zopire à cet autel funeste
Doit prier en secret des dieux que je déteste.
Palmire, éloigne-toi.
PALMIRE.
Je ne puis te quitter.
SÉIDE.
Ne vois-tu point l'attentat qui va s'exécuter?
Ces moments sont affreux. Va, fuis; cette retraite
Est voisine des lieux qu'habite le prophète.
Va, dis-je.

ACTE IV, SCÈNE III.

PALMIRE.

Ce vieillard va donc être immolé !

SÉIDE.

De ce grand sacrifice ainsi l'ordre est réglé ;
Il le faut de ma main traîner sur la poussière,
De trois coups dans le sein lui ravir la lumière,
Renverser dans son sang cet autel dispersé.

PALMIRE.

Lui, mourir par tes mains ! tout mon sang s'est glacé.
Le voici, juste ciel !....
(Le fond du théâtre s'ouvre. On voit un autel.)

SCÈNE IV.

ZOPIRE, SÉIDE, PALMIRE, *sur le devant.*

ZOPIRE, *près de l'autel.*

     O dieux de ma patrie !
Dieux prêts à succomber sous une secte impie,
C'est pour vous-même ici que ma débile voix
Vous implore aujourd'hui pour la dernière fois.
La guerre va renaître, et ses mains meurtrières
De cette faible paix vont briser les barrières.
Dieux ! si d'un scélérat vous respectez le sort....

SÉIDE, *à Palmire.*

Tu l'entends qui blasphème ?

ZOPIRE

     Accordez-moi la mort,
Mais rendez-moi mes fils à mon heure dernière ;
Que j'expire en leurs bras ; qu'ils ferment ma paupière.
Hélas ! si j'en croyais mes secrets sentiments,
Si vos mains en ces lieux ont conduit mes enfants....

PALMIRE, à Séide.

Que dit-il ? ses enfants !

ZOPIRE.

O mes dieux que j'adore !
Je mourrais du plaisir de les revoir encore.
Arbitre des destins, daignez veiller sur eux ;
Qu'ils pensent comme moi, mais qu'ils soient plus heureux !

SÉIDE.

Il court à ses faux dieux ! frappons.
(il tire son poignard.)

PALMIRE.

Que vas-tu faire ?
Hélas !

SÉIDE.

Servir le ciel, te mériter, te plaire.
Ce glaive à notre dieu vient d'être consacré ;
Que l'ennemi de dieu soit par lui massacré !
Marchons. Ne vois-tu pas dans ces demeures sombres
Ces traits de sang, ce spectre, et ces errantes ombres ?

PALMIRE.

Que dis-tu ?

SÉIDE.

Je vous suis, ministres du trépas :
Vous me montrez l'autel ; vous conduisez mon bras.
Allons.

PALMIRE.

Non ; trop d'horreur entre nous deux s'assemble.
Demeure.

SÉIDE.

Il n'est plus temps ; avançons : l'autel tremble.

PALMIRE.

Le ciel se manifeste, il n'en faut pas douter.

ACTE IV, SCÈNE IV.

SÉIDE.

Me pousse-t-il au meurtre, ou veut-il m'arrêter?
Du prophète de dieu la voix se fait entendre;
Il me reproche un cœur trop flexible et trop tendre.
Palmire!

PALMIRE.

Eh bien?

SÉIDE.

Au ciel adressez tous vos vœux.
Je vais frapper.
(il sort, et va derrière l'autel où est Zopire.)

PALMIRE.

Je meurs! O moment douloureux!
Quelle effroyable voix dans mon ame s'élève!
D'où vient que tout mon sang malgré moi se soulève!
Si le ciel veut un meurtre, est-ce à moi d'en juger?
Est-ce à moi de m'en plaindre, et de l'interroger?
J'obéis. D'où vient donc que le remords m'accable?
Ah! quel cœur sait jamais s'il est juste ou coupable?
Je me trompe, ou les coups sont portés cette fois;
J'entends les cris plaintifs d'une mourante voix.
Séide... hélas!....

SÉIDE *revient d'un air égaré.*

Où suis-je? et quelle voix m'appelle?
Je ne vois point Palmire; un dieu m'a privé d'elle.

PALMIRE.

Eh quoi! méconnais-tu celle qui vit pour toi?

SÉIDE.

Où sommes-nous?

PALMIRE.

Eh bien! cette effroyable loi,
Cette triste promesse est-elle enfin remplie?

LE FANATISME.

SÉIDE.
Que me dis-tu?

PALMIRE.
Zopire a-t-il perdu la vie?

SÉIDE.
Qui? Zopire!

PALMIRE.
Ah! grand dieu! dieu de sang altéré,
Ne persécutez point son esprit égaré.
Fuyons d'ici.

SÉIDE.
Je sens que mes genoux s'affaissent.
(il s'assied.)
Ah! je revois le jour, et mes forces renaissent.
Quoi! c'est vous?

PALMIRE
Qu'as-tu fait?

SÉIDE.
(il se relève.)
Moi! je viens d'obéir.
D'un bras désespéré je viens de le saisir.
Par ses cheveux blanchis j'ai traîné ma victime.
O ciel! tu l'as voulu! peux-tu vouloir un crime?
Tremblant, saisi d'effroi, j'ai plongé dans son flanc
Ce glaive consacré qui dut verser son sang.
J'ai voulu redoubler; ce vieillard vénérable
A jeté dans mes bras un cri si lamentable!
La nature a tracé dans ses regards mourants
Un si grand caractère, et des traits si touchants!....
De tendresse et d'effroi mon ame s'est remplie,
Et, plus mourant que lui, je déteste ma vie.

ACTE IV, SCÈNE IV.

PALMIRE.

Fuyons vers Mahomet qui doit nous protéger :
Près de ce corps sanglant vous êtes en danger.
Suivez-moi.

SÉIDE.

Je ne puis. Je me meurs. Ah! Palmire!....

PALMIRE.

Quel trouble épouvantable à mes yeux le déchire!

SÉIDE, *en pleurant.*

Ah! si tu l'avais vu, le poignard dans le sein,
S'attendrir à l'aspect de son lâche assassin!
Je fuyais. Croirais-tu que sa voix affaiblie
Pour m'appeler encore a ranimé sa vie?
Il retirait ce fer de ses flancs malheureux.
Hélas! il m'observait d'un regard douloureux.
Cher Séide, a-t-il dit, infortuné Séide!
Cette voix, ces regards, ce poignard homicide,
Ce vieillard attendri, tout sanglant à mes pieds,
Poursuivent devant toi mes regards effrayés.
Qu'avons-nous fait!

PALMIRE.

On vient; je tremble pour ta vie.
Fuis au nom de l'amour, et du nœud qui nous lie.

SÉIDE.

Va, laisse-moi. Pourquoi cet amour malheureux
M'a-t-il pu commander ce sacrifice affreux?
Non, cruelle! sans toi, sans ton ordre suprême,
Je n'aurais pu jamais obéir au ciel même.

PALMIRE.

De quel reproche horrible oses-tu m'accabler!
Hélas! plus que le tien mon cœur se sent troubler.
Cher amant, prends pitié de Palmire éperdue!

SÉIDE.

Palmire! quel objet vient effrayer ma vue?
*(Zopire paraît, appuyé sur l'autel, après s'être relevé
derrière cet autel où il a reçu le coup.)*

PALMIRE.

C'est cet infortuné, luttant contre la mort,
Qui vers nous tout sanglant se traîne avec effort.

SÉIDE.

Eh quoi! tu vas a lui?

PALMIRE.

De remords dévorée,
Je cède à la pitié dont je suis déchirée.
Je n'y puis résister; elle entraîne mes sens.

ZOPIRE, *avançant et soutenu par elle.*

Hélas! servez de guide à mes pas languissants!
(il s'assied.)
Séide, ingrat! c'est toi qui m'arraches la vie!
Tu pleures! ta pitié succède à ta furie!

SCÈNE V.

ZOPIRE, SÉIDE, PALMIRE, PHANOR.

PHANOR.

CIEL! quels affreux objets se présentent à moi!

ZOPIRE.

Si je voyais Hercide!.... Ah! Phanor, est-ce toi?
Voilà mon assassin.

PHANOR.

O crime! affreux mystère!
Assassin malheureux, connaissez votre père.

SÉIDE.

Qui?

ACTE IV, SCÈNE V.

PALMIRE.
Lui?

SÉIDE.
Mon père?

ZOPIRE.
O ciel!

PHANOR.
Hercide est expirant :
Il me voit, il m'appelle; il s'écrie en mourant :
S'il en est encor temps, préviens un parricide;
Cours arracher ce fer à la main de Séide.
Malheureux confident d'un horrible secret.
Je suis puni, je meurs des mains de Mahomet :
Cours, hâte-toi d'apprendre au malheureux Zopire
Que Séide est son fils, et frère de Palmire.

SÉIDE.
Vous!

PALMIRE.
Mon frère?

ZOPIRE.
O mes fils! ô nature! ô mes dieux!
Vous ne me trompiez pas quand vous parliez pour eux.
Vous m'éclairiez sans doute. Ah! malheureux Séide!
Qui t'a pu commander cet affreux homicide?

SÉIDE, *se jetant à genoux.*
L'amour de mon devoir et de ma nation,
Et ma reconnaissance, et ma religion;
Tout ce que les humains ont de plus respectable
M'inspira des forfaits le plus abominable.
Rendez, rendez ce fer à ma barbare main.

PALMIRE *à genoux, arrêtant le bras de Séide.*
Ah, mon père! ah, seigneur! plongez-le dans mon sein

J'ai seule à ce grand crime encouragé Séide ;
L'inceste était pour nous le prix du parricide.

SÉIDE.

Le ciel n'a point pour nous d'assez grands châtiments.
Frappez vos assassins.

ZOPIRE, *en les embrassant.*

J'embrasse mes enfants.
Le ciel voulut mêler, dans les maux qu'il m'envoie,
Le comble des horreurs au comble de la joie.
Je benis mon destin ; je meurs, mais vous vivez.
O vous, qu'en expirant mon cœur a retrouvés,
Séide, et vous, Palmire, au nom de la nature,
Par ce reste de sang qui sort de ma blessure,
Par ce sang paternel, par vous, par mon trépas,
Vengez-vous, vengez-moi ; mais ne vous perdez pas.
L'heure approche, mon fils, où la trève rompue
Laissait à mes desseins une libre étendue :
Les dieux de tant de maux ont pris quelque pitié ;
Le crime de tes mains n'est commis qu'à moitié.
Le peuple avec le jour en ces lieux va paraître ;
Mon sang va les conduire ; ils vont punir un traître.
Attendons ces moments.

SÉIDE.

Ah ! je cours de ce pas
Vous immoler ce monstre, et hâter mon trépas ;
Me punir, vous venger

SCÈNE VI.

ZOPIRE, SÉIDE, PALMIRE, OMAR, SUITE.

OMAR.

Qu'on arrête Séide.
Secourez tous Zopire; enchaînez l'homicide.
Mahomet n'est venu que pour venger les lois.

ZOPIRE.

Ciel! quel comble du crime! et qu'est-ce que je vois?

SÉIDE.

Mahomet me punit?

PALMIRE.

Eh quoi! tyran farouche,
Après ce meurtre horrible ordonné par ta bouche!

OMAR.

On n'a rien ordonné.

SÉIDE.

Va, j'ai bien mérité
Cet exécrable prix de ma crédulité.

OMAR.

Soldats, obéissez.

PALMIRE.

Non; arrêtez. Perfide!

OMAR.

Madame, obéissez, si vous aimez Séide.
Mahomet vous protège; et son juste courroux,
Prêt à tout foudroyer, peut s'arrêter pour vous.
Auprès de votre roi, madame, il faut me suivre

PALMIRE.

Grand dieu, de tant d'horreurs que la mort me délivre!
(On emmène Palmire et Séide.)

ZOPIRE, à *Phanor.*
On les enlève ! O ciel ! ô père malheureux !
Le coup qui m'assassine est cent fois moins affreux.
PHANOR.
Déja le jour renaît ; tout le peuple s'avance ;
On s'arme, on vient à vous, on prend votre défense.
ZOPIRE.
Quoi ! Séide est mon fils !
PHANOR.
N'en doutez point.
ZOPIRE.
Hélas !
O forfaits ! ô nature !.... Allons, soutiens mes pas,
Je meurs. Sauvez, grands dieux ! de tant de barbarie
Mes deux enfants que j'aime, et qui m'ôtent la vie.

FIN DU QUATRIÈME ACTE.

ACTE CINQUIÈME.

SCÈNE I.

MAHOMET, OMAR, SUITE DANS LE FOND.

OMAR.

Zopire est expirant, et ce peuple éperdu
Levait déja son front dans la poudre abattu.
Tes prophètes et moi, que ton esprit inspire,
Nous désavouons tous le meurtre de Zopire.
Ici, nous l'annonçons à ce peuple en fureur
Comme un coup du Très-Haut qui s'arme en ta faveur :
Là, nous en gémissons ; nous promettons vengeance ;
Nous vantons ta justice, ainsi que ta clémence.
Partout on nous écoute, on fléchit à ton nom ;
Et ce reste importun de la sédition
N'est qu'un bruit passager de flots après l'orage,
Dont le courroux mourant frappe encor le rivage
Quand la sérénité règne aux plaines du ciel.

MAHOMET.

Imposons à ces flots un silence éternel.
As-tu fait des remparts approcher mon armée ?

OMAR.

Elle a marché la nuit vers la ville alarmée ;
Osman la conduisait par de secrets chemins.

MAHOMET.

Faut-il toujours combattre, ou tromper les humains !
Séide ne sait point qu'aveugle en sa furie
Il vient d'ouvrir le flanc dont il reçut la vie ?

OMAR.

Qui pourrait l'en instruire? un éternel oubli
Tient avec ce secret Hercide enseveli :
Séide va le suivre, et son trépas commence.
J'ai détruit l'instrument qu'employa ta vengeance.
Tu sais que dans son sang ses mains ont fait couler
Le poison qu'en sa coupe on avait su mêler.
Le châtiment sur lui tombait avant le crime;
Et tandis qu'à l'autel il traînait sa victime,
Tandis qu'au sein d'un père il enfonçait son bras,
Dans ses veines, lui-même, il portait son trépas.
Il est dans la prison, et bientôt il expire.
Cependant en ces lieux j'ai fait garder Palmire.
Palmire à tes desseins va même encor servir;
Croyant sauver Séide, elle va t'obéir.
Je lui fais espérer la grâce de Séide.
Le silence est encor sur sa bouche timide;
Son cœur toujours docile, et fait pour t'adorer,
En secret seulement n'osera murmurer.
Législateur, prophète, et roi dans ta patrie,
Palmire achèvera le bonheur de ta vie.
Tremblante, inanimée, on l'amène à tes yeux.

MAHOMET.

Va rassembler mes chefs, et revole en ces lieux.

SCÈNE II.

MAHOMET, PALMIRE, SUITE DE PALMIRE ET DE MAHOMET.

PALMIRE.

Ciel! où suis-je? ah, grand dieu!

MAHOMET.

Soyez moins consternés;

ACTE V, SCÈNE II.

J'ai du peuple et de vous pesé la destinée.
Le grand évènement qui vous remplit d'effroi,
Palmire, est un mystère entre le ciel et moi.
De vos indignes fers à jamais dégagée,
Vous êtes en ces lieux libre, heureuse, et vengée.
Ne pleurez point Séide, et laissez à mes mains
Le soin de balancer le destin des humains.
Ne songez plus qu'au vôtre; et si vous m'êtes chère,
Si Mahomet sur vous jeta des yeux de père,
Sachez qu'un sort plus noble, un titre encor plus grand,
Si vous le méritez, peut-être vous attend.
Portez vos vœux hardis au faîte de la gloire;
De Séide et du reste étouffez la mémoire :
Vos premiers sentiments doivent tous s'effacer
A l'aspect des grandeurs où vous n'osiez penser.
Il faut que votre cœur à mes bontés réponde,
Et suive en tout mes lois, lorsque j'en donne au monde.

PALMIRE.

Qu'entends-je? quelles lois, ô ciel! et quels bienfaits!
Imposteur teint de sang, que j'abjure à jamais,
Bourreau de tous les miens, va, ce dernier outrage
Manquait à ma misère, et manquait à ta rage.
Le voilà donc, grand dieu! ce prophète sacré,
Ce roi que je servis, ce dieu que j'adorai!
Monstre, dont les fureurs et les complots perfides
De deux cœurs innocents ont fait deux parricides.
De ma faible jeunesse infâme séducteur,
Tout souillé de mon sang, tu prétends à mon cœur!
Mais tu n'as pas encore assuré ta conquête;
Le voile est déchiré, la vengeance s'apprête.
Entends-tu ces clameurs? entends-tu ces éclats?
Mon père te poursuit des ombres du trépas.

Le peuple se soulève ; on s'arme en ma défense ;
Leurs bras vont à ta rage arracher l'innocence.
Puissé-je de mes mains te déchirer le flanc,
Voir mourir tous les tiens, et nager dans leur sang !
Puissent la Mecque ensemble, et Médine, et l'Asie,
Punir tant de fureur et tant d'hypocrisie !
Que le monde, par toi séduit et ravagé,
Rougisse de ses fers, les brise, et soit vengé !
Que ta religion, que fonda l'imposture,
Soit l'éternel mépris de la race future !
Que l'enfer, dont tes cris menaçaient tant de fois
Quiconque osait douter de tes indignes lois,
Que l'enfer, que ces lieux de douleur et de rage,
Pour toi seul préparés, soient ton juste partage !
Voilà les sentiments qu'on doit à tes bienfaits,
L'hommage, les serments, et les vœux que je fais !

MAHOMET.

Je vois qu'on m'a trahi ; mais quoi qu'il en puisse être,
Et qui que vous soyez, fléchissez sous un maître.
Apprenez que mon cœur....

SCÈNE III.

MAHOMET, PALMIRE, OMAR, ALI, suite.

OMAR.

On sait tout, Mahomet :
Hercide en expirant révéla ton secret.
Le peuple en est instruit ; la prison est forcée ;
Tout s'arme, tout s'émeut : une foule insensée,
Élevant contre toi ses hurlements affreux,
Porte le corps sanglant de son chef malheureux,

ACTE V, SCÈNE III.

Séide est à leur tête, et d'une voix funeste
Les excite à venger ce déplorable reste.
Ce corps, souillé de sang, est l'horrible signal
Qui fait courir le peuple à ce combat fatal.
Il s'écrie en pleurant, Je suis un parricide :
La douleur le ranime, et la rage le guide.
Il semble respirer pour se venger de toi.
On déteste ton dieu, tes prophètes, ta loi.
Ceux mêmes qui devaient, dans la Mecque alarmée,
Faire ouvrir, cette nuit, la porte à ton armée,
De la fureur commune avec zèle enivrés,
Viennent lever sur toi leurs bras désespérés.
On n'entend que les cris de mort et de vengeance.

PALMIRE.

Achève, juste ciel ! et soutiens l'innocence.
Frappe.

MAHOMET, à *Omar.*

Eh bien, que crains-tu ?

OMAR.

Tu vois quelques amis,
Qui contre les dangers comme moi raffermis,
Mais vainement armés contre un pareil orage,
Viennent tous à tes pieds mourir avec courage.

MAHOMET.

Seul je les défendrai. Rangez-vous près de moi,
Et connaissez enfin qui vous avez pour roi.

LE FANATISME.

SCÈNE IV.

MAHOMET, OMAR, SA SUITE, d'un côté; SÉIDE, et
LE PEUPLE de l'autre, PALMIRE au milieu.

SÉIDE, *un poignard à la main, mais déjà affaibli par le poison.*

Peuple, vengez mon père, et courez à ce traître.

MAHOMET.

Peuple, né pour me suivre, écoutez votre maître.

SÉIDE.

N'écoutez point ce monstre, et suivez-moi... Grands dieux!
Quel nuage épaissi se répand sur mes yeux!
    (*il avance, il chancelle.*)
Frappons.... Ciel! je me meurs.

MAHOMET.

    Je triomphe.

PALMIRE, *courant à lui.*

        Ah, mon frère!
N'auras-tu pu verser que le sang de ton père?

SÉIDE.

Avançons. Je ne puis.... Quel dieu vient m'accabler?
   (*il tombe entre les bras des siens.*)

MAHOMET.

Ainsi tout téméraire à mes yeux doit trembler.
Incrédules esprits, qu'un zèle aveugle inspire,
Qui m'osez blasphémer, et qui vengez Zopire,
Ce seul bras que la terre apprit à redouter,
Ce bras peut vous punir d'avoir osé douter.
Dieu qui m'a confié sa parole et sa foudre,
Si je me veux venger va vous réduire en poudre.

ACTE V, SCÈNE IV.

Malheureux! connaissez son prophète et sa loi,
Et que ce dieu soit juge entre Séide et moi.
De nous deux, à l'instant, que le coupable expire

PALMIRE.

Mon frère! eh quoi! sur eux ce monstre a tant d'empire!
Ils demeurent glacés, ils tremblent à sa voix.
Mahomet, comme un dieu, leur dicte encor ses lois!
Et toi, Séide aussi!

SÉIDE, *entre les bras des siens.*

Le ciel punit ton frère.
Mon crime était horrible autant qu'involontaire;
En vain la vertu même habitait dans mon cœur.
Toi, tremble, scélérat; si dieu punit l'erreur,
Vois quel foudre il prépare aux artisans des crimes;
Tremble; son bras s'essaie à frapper ses victimes.
Détournez d'elle, ô dieu, cette mort qui me suit!

PALMIRE.

Non, peuple, ce n'est point un dieu qui le poursuit.
Non; le poison sans doute....

MAHOMET, *en l'interrompant et s'adressant au peuple.*

Apprenez, infidèles,
A former contre moi des trames criminelles:
Aux vengeances des cieux reconnaissez mes droits.
La nature et la mort ont entendu ma voix.
La mort qui m'obéit, qui, prenant ma défense,
Sur ce front pâlissant a tracé ma vengeance,
La mort est à vos yeux, prête à fondre sur vous.
Ainsi mes ennemis sentiront mon courroux;
Ainsi je punirai les erreurs insensées,
Les révoltes du cœur, et les moindres pensées..
Si ce jour luit pour vous, ingrats, si vous vivez,
Rendez grâce au pontife à qui vous le devez.

Fuyez, courez au temple apaiser ma colère.
(*le peuple se retire.*)

PALMIRE, *revenant à elle.*

Arrêtez. Le barbare empoisonna mon frère.
Monstre, ainsi son trépas t'aura justifié !
A force de forfaits tu t'es déifié.
Malheureux assassin de ma famille entière,
Ote-moi de tes mains ce reste de lumière.
O frère ! ô triste objet d'un amour plein d'horreurs !
Que je te suive au moins.

(*elle se jette sur le poignard de son frère.*)

MAHOMET.

Qu'on l'arrête.

PALMIRE,

Je meurs.

Je cesse de te voir, imposteur exécrable.
Je me flatte, en mourant, qu'un dieu plus équitable
Réserve un avenir pour les cœurs innocents.
Tu dois régner ; le monde est fait pour les tyrans.

MAHOMET

Elle m'est enlevée.... Ah ! trop chère victime !
Je me vois arracher le seul prix de mon crime.
De ses jours pleins d'appas détestable ennemi,
Vainqueur et tout-puissant, c'est moi qui suis puni.
Il est donc des remords ! ô fureur ! ô justice !
Mes forfaits dans mon cœur ont donc mis mon supplice !
Dieu, que j'ai fait servir au malheur des humains,
Adorable instrument de mes affreux desseins,
Toi que j'ai blasphémé, mais que je crains encore,
Je me sens condamné, quand l'univers m'adore.
Je brave en vain les traits dont je me sens frapper.
J'ai trompé les mortels, et ne puis me tromper.

ACTE V, SCÈNE IV.

Père, enfants malheureux, immolés à ma rage,
Vengez la terre et vous, et le ciel que j'outrage:
Arrachez-moi ce jour, et ce perfide cœur,
Ce cœur, né pour haïr, qui brûle avec fureur.
Et toi, de tant de honte étouffe la mémoire;
Cache au moins ma faiblesse, et sauve encor ma gloire :
Je dois régir en dieu l'univers prévenu;
Mon empire est détruit, si l'homme est reconnu.

FIN DU FANATISME.

TABLE

DES PIÈCES CONTENUES DANS CE VOLUME

ADÉLAÏDE DU GUESCLIN, TRAGÉDIE.
Fragment d'une lettre de l'Auteur à un de ses amis........................... Pag 3
Texte d'ADÉLAÏDE DU GUESCLIN..... 7
ALZIRE, TRAGÉDIE.
Discours préliminaire................ 79
Épitre à madame la marquise du Châtelet.... 85
Texte d'ALZIRE.................... 95
L'ENFANT PRODIGUE, COMÉDIE.
Préface de l'Éditeur de l'édition de 1738.... 161
Texte de l'ENFANT PRODIGUE........ 167
LE FANATISME, ou MAHOMET LE PROPHÈTE, TRAGÉDIE.
Avis de l'Éditeur................... 261
Lettre de Voltaire au roi de Prusse........ 268
Lettre du même au pape Benoît XIV...... 278
Réponse de Benoît XIV à Voltaire........ 279
Lettre de remercîment de Voltaire au pape.... 283
Texte du FANATISME................ 287

FIN DE LA TABLE DU DEUXIÈME VOLUME.

www.ingramcontent.com/pod-product-compliance
Lightning Source LLC
Chambersburg PA
CBHW070856170426
43202CB00012B/2088